_ae_

colección acción empresarial

SILVER
SURFERS

D1528316

Colección Acción Empresarial de LID Editorial Empresarial, S.L.
Sopelana 22, 28023 Madrid, España - Tel. 913729003 - Fax 913728514
info@lidbusinessmedia.com - lidbusinessmedia.com

A member of:
Business Publishers Roundtable.com

EAN-ISBN13: 9788417277741
Directora editorial: Jeanne Bracken
Editora de la colección: Laura Madrigal
Corrección: Cristina Matallana
Revisión: Lucía Beniel
Maquetación: produccioneditorial.com
Fotografía de portada: Adobe Stock/goodluz
Diseño de portada: Javier Perea Unceta
Impresión: Cofás, S.A.
Depósito legal: M-10729-2019

Impreso en España / *Printed in Spain*

Primera edición: abril de 2019

Te escuchamos. Escríbenos con tus sugerencias, dudas, errores que veas o lo que tú quieras. Te contestaremos, seguro: info@lidbusinessmedia.com

Raquel Roca
Prólogo de Mireia Vidal
Epílogo de Raúl Sánchez

SILVER SURFERS

MADRID   BOGOTÁ
MÉXICO D.F.   NUEVA DELHI   BUENOS AIRES
LONDRES   NUEVA YORK   SHANGHÁI

ÍNDICE

PRÓLOGO

Bienvenidos lectores;

Para Raquel Roca su profesión es su pasión, y sus obras hablan de ella. Tras la rigurosidad en los datos y estudios que comparte en el libro, hay una auténtica vocación por hacer que el lugar de trabajo sea mejor para todos: que los profesionales estén preparados, informados, más seguros, y a la vez también influya en las empresas para que cumplan su responsabilidad como corporación y en la sociedad. Es como si Raquel hubiera vivido «lo que no debe ser» y ello la empujara no solo a saber «lo que será», sino también a ocuparse del «cómo debería ser». Hay humanidad y responsabilidad en sus palabras, ¡es fácil surfear su libro!

Hoy vivimos varias generaciones en el mismo plató de trabajo, nuestra población crece por la cola (pirámide invertida) y la necesidad de agilidad, innovación y rentabilidad aumenta. Este novedoso fenómeno demográfico es tan rico como complejo de gestionar, por lo que un libro como *Silver Surfers* resulta vital para los profesionales (autónomos o por cuenta ajena), empresarios, profesionales de recursos humanos y líderes.

Ya sabemos que ser *millennial* es una actitud ante la vida, una mentalidad, más allá de la edad con la que uno cuente. Pero también sabemos que, como nos explica Raquel en este libro, esta mayoría de población mayor de 40 años presenta una serie de nuevos retos que tenemos que abordar.

Leer algunos capítulos de *Silver Surfers* puede resultar incómodo por las realidades que comparte, pero son desafíos a los que debemos hacer frente tanto si nos gusta como si no. Por ejemplo:

• Carreras más largas: Un mundo en continua ebullición, el cambio como única constante, un marco legal cambiante como consecuencia, unos costes de pensiones insostenibles y una carrera profesional cada vez más larga.

• *Learning Agility*: Estereotipos ligados a la edad que hay que eliminar y la necesidad continua de reinventarse, de aprender, de no conformarse.

• El papel de las empresas: La responsabilidad de las organizaciones de ayudar a los empleados a seguir siendo competitivos hasta el fin de sus carreras pese a todos los cambios, el reto de formarlos y que sean relevantes independientemente de su edad, de integrar las tecnologías (porque han venido a ayudarnos) en las posiciones de trabajo, transformándolas a mejor.

Raquel es una experta en reinventarse a través del espíritu *knowmad* y es capaz de dar pistas de lo que se busca en el futuro (y el presente), así como de ofrecer herramientas para realizar este camino. El futuro laboral consiste en no dejar de aprender, y *Silver Surfers* explica cómo.

También nos da ideas interesantes desde su perspectiva *surfer*, aquellos para los que la edad no es un obstáculo para poder seguir creando, trabajando y aportando, ya sea por necesidad económica o por inquietud social o intelectual.

Como profesional de recursos humanos, si me preguntaran cuál debería ser el estado ideal de los empleados de hoy en día, diría que deben estar incómodamente motivados. Porque como bien dice la autora en este libro, «los únicos que están en riesgo son tanto los empleados como las empresas que se sientan demasiado cómodos».

Al final, ante tanto cambio incesante, la única decisión que de verdad te pertenece es cómo te lo tomas, tu actitud. ¡Y este libro está lleno de ella! Te anima a entender los cambios con positivismo, a aprender a surfear, a sacar lo mejor de uno mismo, a no dejar de crecer y a planificar tu jubilación con antelación ¡con un método muy interesante!

Gracias, Raquel, por recordarnos que «viejo» es aquel que se rinde ante la ola, el que se conforma, y que «joven» es el que sigue curioso y aprendiendo cada día.

No dejemos nunca de surfear, de aprender.

#SilverSurfers

Mireia Vidal
Directora de Recursos Humanos en L'Oréal España

INTRODUCCIÓN

RECUERDO perfectamente la primera vez que empecé a preocuparme intrínsecamente por el paso del tiempo. Fue una mañana dando una formación sobre marca personal en una compañía. Durante la sesión hay un momento en el que invito a los alumnos a que practiquen el *egosurfing,* es decir, *googlear* tu nombre y apellidos para averiguar cuál es la huella y el mensaje que estás dejando en el universo digital; después pongo de ejemplo mi perfil para analizar la importancia de la identidad visual y el porqué es importante ocupar al menos la primera página del buscador —ey, ya he explicado que esto se llama *egosurfing...*—. Bien, pues ese día me fijé en algo a lo que jamás había prestado atención: las búsquedas relacionadas. Sí, esos enlaces que aparecen al final de la página donde se destaca el resultado de las búsquedas que más realizan los usuarios sobre la información original y que a veces son fruto de la interpretación que hace el algoritmo de Google —vaya usted a saber por qué— sobre la relación de palabras que considera relevante para el usuario.

Y esto es lo que se buscaba sobre mí:

raquel roca TED
quién es raquel roca
raquel roca linkedin
raquel roca knowmads pdf (este me dolió).

Entre todos ellos también apareció, ni más ni menos que en segunda posición: «raquel roca edad». ¿Raquel Roca edad? ¿Pero a quién le importa cuántos años tengo?

Ese fue mi primer pensamiento, pero claramente debía de importarle a muchos. Tenía dos opciones: a) averiguar si mi edad era una de las cosas que realmente más se buscaba sobre mí, y b) saber si había sido una sugerencia del algoritmo de Google, lo que se traduciría en que además de un problema de programación tiene un escaso sentido de la relevancia.

El paso siguiente fue hacer una búsqueda de perfiles similares al mío, como los que te recomienda LinkedIn, para cotejar si también aparecía la edad como relación de búsqueda prioritaria. Y no.

Entonces, ¿por qué a mí? Y, sobre todo, ¿para qué? —qué poco nos hacemos esta pregunta, por cierto—; ¿simple cotilleo? —*chusmear* para mis amigos del sur—; ¿quizá no les cuadra mi físico con mi trayectoria profesional?; ¿me ayudaría el parecer más mayor, o quizá más joven?; ¿acaso puede depender de mi edad cronológica el que puedan contratarme para dar una conferencia o para un trabajo de consultoría? Así nació la primera preocupación no resuelta, básicamente porque no sé —ni sé si quiero— cómo obtener las respuestas, directamente relacionada conmigo, el trabajo y la edad.

Ha sido ahora, a mis cuarenta y algo (si quieres saber cuántos exactamente, *googlea* «raquel roca edad») cuando he comprendido a través de esta inofensiva anécdota que el tener ciertos años en verdad da lo mismo; la importancia se adquiere en función de cómo posan los demás su mirada sobre la edad. Una anécdota inocua porque no he sentido efectos adversos en mi trabajo y, sobre todo, en comparación con ese 46 % de desempleados de larga duración que tenemos en España, todos ellos por encima de los 45 años. O ese escaso porcentaje de compañías que aún mantiene entre sus filas a personas mayores de 55 años, y tantas otras injusticias que están pasando ahí fuera y que, por supuesto, vamos a tratar.

Y ahí es donde queda mucho por trabajar.

La preocupación extrínseca, empática, por el edadismo, la discriminación por cuestión de edad, así como por el impacto que tiene el envejecimiento de la población y la escasa demografía en nuestras economías, carreras profesionales y empresas, sin embargo, no es reciente para mí. Desde que empecé a dar conferencias en el 2013 sobre el concepto *knowmad*, profesionales nómadas del conocimiento del siglo XXI, y el futuro del trabajo, siempre ha estado presente esta cuestión demográfica como una de las tendencias más transformadoras de lo que significa y va a significar trabajar. De ahí que sienta este libro, que hoy tengo la suerte y honor de poder compartir contigo, como el resultado natural de mi propia experiencia personal y evolución profesional.

Hasta hace no mucho, cuando me detenía a explicar esta tendencia añadía la coletilla de la «gran olvidada, la demografía...». Hoy, por suerte, parece que ya empieza a tener interés social y mediático en cada vez más países, sobre todo porque nos tocaron donde más nos duele: las pensiones. Y como dice la copla, lo que te rondaré, morena... De ellas también hablaremos, así como de la planificación financiera, de estar con el emprendimiento en modo *on*, del capital social, del *age management* en las empresas, de la convivencia intergeneracional, del *reverse aging* (darle la vuelta al envejecimiento) y de tantas otras cosas que nos atañen a quienes estamos entre los 40 y 60 años, los *silvers* del mundo, para preparar mejor nuestro futuro.

Como sabes, la tasa de envejecimiento en los países europeos se ha triplicado en los últimos cuarenta años. ¡Triplicado! España, por ejemplo, ya es el país más saludable del mundo y el que tiene mayor esperanza de vida ¡incluso por delante de Japón! En 2040 llegaremos a los 86 años de media según el Bloomberg Healthiest Country Index de 2019. Eso sí, con poca gente joven en la población: en 2065 el 40 % serán personas mayores de 65 años, según los datos del Instituto Nacional de Estadística (INE). Brutal. Muchos países del continente asiático llevan ya el mismo recorrido: en veinte años China tendrá más personas en edad de jubilarse que toda la población de Estados Unidos. Por no hablar del continente americano. México, por ejemplo, envejece aceleradamente, con una población de mayores de 65 años que aumentará hasta un 16.2 % para 2050. Igual de rápido que Chile, cuya tasa de fecundidad, el promedio de hijos por mujer, ya está por debajo del 1.79 %. Por no hablar de Uruguay, Brasil, Costa Rica o Panamá, que están a punto de agotar su bonus demográfico.

Una enorme parte del mundo ha dejado de tener hijos. Por otro lado, hemos conseguido vivir más, vivir mejor. La edad biológica del ser humano se está alargando hasta los 100 años. Es más, el 50 % de nuestros niños actuales será centenario el día de mañana. Impresionante.

Feliz y larga vida hasta los ochenta o noventa y pico años... Sí. Pero, por favor, que sea en una posición también de cierta libertad financiera y prosperidad. Realizados. Con significado. Digitalizados. Generando. Haciendo. Cotizando. Construyendo. Y derribando. Amando. Sintiendo. Creando. Innovando. Disfrutando. Sumando. Aprendiendo. Colaborando. Compartiendo. Con-viviendo. En activo, aportando valor.

Bien, eso es ser *knowmad*.

Pero si además te toca añadir el plus de la edad (más de 40, 50, 60 años), aparecen inevitablemente nuevas reflexiones y responsabilidades en el horizonte laboral. Porque el tiempo de repente apremia y el futuro adquiere un nuevo significado. Porque cuando ya no todo vale lo que te pide el cuerpo es calidad. Porque es precisamente en esta parte de la vida cuando aparece la maldita o bendita crisis existencial. Y ya no queremos tirar para adelante como el correcaminos; necesitamos significado. Propósito. Y unas cuantas políticas de teletrabajo y flexibilidad también, ya de paso. Porque te notas más sabio. Y más diablo. Porque la mochila de la experiencia nos viene que ni pintada cuando estamos rodeados de otras generaciones más jóvenes —*millennials*, generación Z...—, pero qué bien nos sienta también recibir transfusiones de ideas nuevas, irreverentes y frescas. Porque llevamos toda la vida tomando el café con los de siempre, pero va a ser que toca pasarse al cóctel intergeneracional, compartiendo la guinda del conocimiento. Porque cuando eras joven y buscabas trabajo te preguntaban qué experiencia tenías, y ahora, que experiencia te sobra, van y te quieren (pre)jubilar...

Porque cuando haces cálculos sobre tu pensión futura no te salen las cuentas.

Porque, aunque te salgan, aún te queda mucho que aportar.

Porque a veces creemos que estamos tan de vuelta de todo que acabamos sin querer otra vez en la casilla de salida, y nos toca empezar de cero. Y nos morimos de miedo... Para finalmente asomar la nariz por la ventana de la reinvención, de la segunda carrera o del emprendimiento. Y otra vez a comerse el mundo.

Porque el futuro que los viejos sistemas y las viejas mentalidades han dibujado para nosotros ya no encaja con nuestra realidad. Porque cuando seamos mayores, mayores de verdad, queremos seguir siendo significativos, visibles, brillantes. Porque sabemos qué difícil resulta tener un propósito de vida en una cultura que nos dice que ser mayores es viajar hacia la invisibilidad. Pero justo por eso —si lo sabemos hacer bien hoy— nos van a necesitar. Nuestra larga vida laboral nos invita y obliga a desarrollarnos como trabajadores ágiles, en continuo (re)aprendizaje para convertirnos en exploradores de soluciones (*solvers explorers*) de lo desconocido. Y estaremos preparados. Ahora es el momento de hacer piña para potenciar el cambio que el entorno profesional asociado a la edad aún requiere —empezando por nosotros mismos— y poder así diseñar y planificar adecuadamente nuestra nueva longevidad.

El futuro será para los robots y la inteligencia artificial, sí, junto con quienes sean capaces de surfear las constantes olas de cambio que están por llegar.

Todo esto es ser *silver surfers*.

Profesionales *knowmads,* solo que de cabello y talento plateado (el color blanco grisáceo de la plata y el valor preciado del metal), que deben hacer frente a una longevidad profesional activa con la que casi nadie contaba. Constructores y receptores de una nueva economía, personas que se preocupan y comprometen con mejorar el entorno profesional, económico y social de las personas con más edad.

Generación sénior, *goldworkers*, generación U (*unretired*), *viejennials*, generación de las canas... Ponle el nombre que más se acomode a ti. Personalmente, —como defensora de los términos que transmiten buenas vibraciones—, ya que cronológicamente me toca ser *silver* sí o sí, escojo que la forma de vivir esta etapa sea *surfer:* por la libertad de poder elegir y construir el futuro que nos merecemos, por el talento que nunca debemos dejar de pulir y por la energía que hay que cuidar y tangibilizar, por seguir estando en la cima digital, por tener la flexibilidad para adaptarnos a lo que vaya llegando, la fuerza para cambiar todo eso que juntos debemos cambiar y la sabiduría para aceptar que los eurekas de la vida aparecen cuando se potencia la diversidad intergeneracional... Y si me apuras, hasta ver en la oscuridad y transportarnos a otras dimensiones como nuestro colega de Marvel...

Es el momento de repensar no solo qué significa trabajar, sino la naturaleza misma del trabajo. Construir una buena vida longeva activa y participar en la concienciación social de que sumar años nunca resta, multiplica.

#SilverSurfers #Knowmads #StopAgeism #ProAging

Feliz futuro. Es tu responsabilidad.
Gracias por ser y estar.

1

EL NUEVO ARCO DE LA VIDA

Vivir más allá de los 80 años (aparentando 10 menos)

«I see skies of blue and clouds of white
The bright blessed day, the dark sacred night
And I think to myself what a wonderful world.

The colours of the rainbow so pretty in the sky
Are also on the faces of people going by.
I see friends shaking hands, saying how do you do
They're really saying I love you...».

Louis Armstrong

PUES SÍ, así es cada vez más nuestro mundo: maravilloso. Con todas sus imperfecciones y sus áreas de mejora; con sus errores, debilidades, injusticias e incluso maldades, y por supuesto, con todo lo relacionado con el trabajo y la edad. Pero la realidad es que hoy vivimos en un mundo infinitamente mejor que el de ayer, y me niego a invitarte a cruzar el nuevo arco de la vida y a explorar lo que nos depara el futuro si no somos capaces de hacerlo desde el positivismo, el constructivismo y, por supuesto, el idealismo, que es lo que mueve a la acción. Y aunque tengamos los pies puestos en la realidad más empírica que podamos, que los sueños sean utópicos, ya que la distopía solo sirve para entretenernos un rato y luego quitarnos —literalmente— el sueño.

Así que permíteme que empecemos haciendo un pequeño viaje hacia ese *wonderful world* de la mano de las investigaciones del profesor sueco Hans Rosling, quien hace ya tiempo se dio cuenta de que los seres humanos tenemos tendencia a distorsionar para mal nuestras perspectivas, por varias razones:

- Por la manía de dividir el mundo en dos campos (habitualmente «nosotros» y «ellos»).

- Por la forma en que consumimos información en los medios, redes sociales, etc. (donde el miedo gobierna).

- Por cómo percibimos el progreso (creyendo que todo está empeorando).

Así que, como bien explica en ese estupendo legado científico que nos dejó en forma de libro (*Factfulness*), nuestro problema es que:

- No sabemos lo que no sabemos.

- Nuestras suposiciones se basan con demasiada frecuencia en prejuicios inconscientes y predecibles.

- Y el peor problema con diferencia: aunque actualicemos los datos y tengamos acceso a la información correcta, ¡pasamos de ella! Las personas preferimos conservar la visión *viejuna* del mundo que tenían nuestros padres y profesores en la época en la que íbamos al colegio. Increíble.

No pasa nada, *errare humanum est...* Y —contrastado por Rosling— es algo que les pasa a las mejores mentes del mundo. Lo que no quita el que sea nuestra responsabilidad corregir en la medida de lo posible esta desviación hacia una concepción en exceso dramática y, sobre todo, obsoleta del mundo.

Quizá por eso te sorprenda saber que, por ejemplo:

- Según el Banco Mundial, los países pobres representan el 9 % de la población mundial, los de ingresos medios el 76 % de la población mundial y los ricos el 16 %.

- Durante los últimos veinte años, la proporción de la población mundial que vive en condiciones de pobreza extrema se ha reducido a la mitad.

- El 60 % de las niñas de los países pobres finaliza la educación primaria.

- La media de esperanza de vida mundial para los nacidos en 2016 es de 72.48 años, según el IHME (Institute for Health Metrics and Evaluation).

- El 80 % de los niños menores de un año en todo el mundo han sido vacunados contra alguna enfermedad.

Cuento todo esto para que no nos olvidemos de que el mundo va a mejor, y no pasa nada por decirlo en voz alta; que nos corresponde sentirnos orgullosos, pero también esperanzados por el increíble progreso del que es capaz el ser humano (lo que incluye a la inteligencia artificial y la robótica, que ya trataremos), aunque siga habiendo paralelamente cientos de miles de cosas que denunciar y mejorar. Aún vivimos en un mundo gravemente desequilibrado e injusto. Es más, la desigualdad en los ingresos está aumentando en todo el mundo, y algunos informes sugieren que el 82 % de toda la riqueza creada en 2017 fue al 1 % de la población más privilegiada económicamente. Hacen falta muchos cambios. Obvio que sí. En ello estamos.

También es importante comentar que este libro no está pensado para abrir más la brecha en el enfrentamiento de jóvenes versus séniors, sino todo lo contrario. Y lo traigo también a colación porque es imprescindible conocer los datos y la información actualizada para poder detonar esas mentalidades y *modus operandi viejunos* y obsoletos —empezando siempre por uno mismo— que no dan respuesta a las necesidades de esta nueva longevidad humana.

Ni tampoco quiero polarizar el complejo tema de la jubilación. Aunque gran parte de la lógica demográfica nos indique que el camino a seguir es alargar nuestras carreras laborales y, por tanto, estar en activo más tiempo, esto no impide que se trabaje paralelamente la viabilidad económica-financiera de los sistemas públicos de pensiones (variables como la tasa de crecimiento de empleo, tasa de actividad, crecimiento de la productividad, crecimiento de los salarios, crecimiento económico, etc.). Podremos jubilarnos o no, pero lo que seguro que necesitaremos es jubilarnos mejor.

Estos maravillosos años que hemos sumado a nuestra especie traen consigo nuevos retos sobre los que reflexionar y actuar para seguir viviendo en el progreso, es decir, aún mucho mejor de lo que lo hemos hecho hasta ahora.

1. Pero ¿cuándo somos viejos... de verdad? No prepares tu vejez, planifica tu longevidad

En uno de estos *booms* que de repente se da en las redes sociales e involucra a miles de personas de todas partes del mundo, hubo uno impresionante en Instagram que estaba totalmente relacionado con el paso del tiempo. Si participaste seguro que lo recordarás: #10yearschallenge. Un desafío en el que comparabas a través de dos fotografías juntas tu «yo» de ahora con quien eras (mejor dicho, cómo se te veía) hacía diez años. Un juego adictivo en el que la mayoría de los comentarios que se recibían eran del tipo «mucho mejor ahora» o «cada día mejor», sobre todo entre los *instagramers* de cierta edad. He de reconocer que casi todas las personas que vi —en función de las fotos compartidas, claro, y puede que buscando esta reafirmación— ¡estaban mejor! Método nada científico el mío, pero la impresión general tras ver tanto «antes y después» fue que verdaderamente le habíamos ganado unos diez años al tiempo. Tenemos más salud y claramente nos cuidamos más. Vivimos vidas más #healthy desde el #MondayMiles hasta el #Sundayrunday porque además #IQuitSugar para #GetFit, así que si quieres un #BestLifeProject #TrainHard #NoExcuses que #YouCanDoIt ...

Las expresiones coloquiales del tipo «si es que ahora parecemos diez años más jóvenes», «mi abuelo a mi edad ya era un anciano» y «los 40 son los nuevos 30» (cambia 50 por 40 o 60 por 50...) tienen toda la razón. Siempre tan certera la instintiva sabiduría popular.

Nuestra edad biológica (la edad de nuestros órganos, sistemas, tejidos o células) ha robado unos 10 años a la edad cronológica (fecha de nacimiento). Somos más jóvenes, por dentro y por fuera. Vivimos hasta los ochenta y tantos, pero aparentando diez años menos. Para que nos entendamos: vivimos muchos más años... siendo más tiempo jóvenes; la cosa ya no va de vivir más tiempo como viejos sino de ser jóvenes durante más años. No porque lo prefiramos —que obviamente sí— sino porque está pasando. A esto se le conoce como *juvenescencia* (rejuvenecimiento de la población).

2. El fenómeno demográfico más insólito en la historia de la humanidad

Aunque en el capítulo nueve sobre *reverse aging* trataremos más en detalle qué significa el envejecimiento, la literatura nos dice que «el envejecimiento o *senescencia* es el conjunto de modificaciones morfológicas y fisiológicas que aparecen como consecuencia de la acción del tiempo sobre los seres vivos, que supone una disminución de la capacidad de adaptación en cada uno de los órganos, aparatos y sistemas, así como de la capacidad de respuesta a los agentes lesivos que inciden en el individuo». Pues bien, gracias a la cantidad ingente de avances en medicina, tecnología y bienestar social, el ser humano le gana cada año cerca de dos meses y medio a la muerte, incrementando nuestra esperanza de vida en unas cinco horas cada día (¡ole!). En este último siglo ya hemos prolongado nuestra vida unos treinta años.

Gracias a la cantidad ingente de avances en medicina, tecnología y bienestar social, el ser humano ha incrementado su esperanza de vida cerca de dos meses y medio cada año, unas cinco horas al día.

Hemos alargado enormemente la esperanza de vida, lo que sumado a la escasez de nacimientos da lugar —y esta es la mala noticia— a sociedades terriblemente envejecidas. Gana peso la proporción de septuagenarios y octogenarios entre los habitantes de gran parte del planeta.

Prepárate porque las cifras que vienen a continuación marean:

De los 7300 millones de personas que habitan nuestro mundo, según la oficina estadounidense del censo, tiene más de 65 años:

• Hoy, el 8.5 % (617 millones de personas)

• En los próximos 15 años, el 12 % (1 000 millones)

• En 2050, el 17 % (de una población mundial de 9400 millones).

En resumen, la población de más edad (mayores de 65 años) crecerá hasta 2050 en 27.1 millones anuales, siendo en los próximos decenios su ritmo de envejecimiento del 150 %. Y esto es bueno. Muy bueno. Vivimos más porque vivimos mejor. Y vivimos mejor mucho más tiempo.

El verdadero dato preocupante es que la población menor de 20 años se prevé que permanezca casi sin cambios: pasará de los 2500 millones actuales a 2600 millones en 2050. Bienvenidos al fenómeno demográfico más insólito en la historia del ser humano: en 2050 los mayores de 65 años seremos (sí, seremos) más del doble que la población de niños de menos de cinco años.

¿Acaso somos conscientes de las implicaciones que tiene esto? (No hace falta que contestes todavía... démonos unos cuantos capítulos más para hacerlo).

3. Esto ya no va por barrios: El envejecimiento es global

Expresión un tanto castiza (madrileña) para invitarte a echar un vistazo al mundo y saber qué está ocurriendo con esto de la longevidad, pues este envejecimiento tan brutal no es algo localizado. Ni pasa solo en Okinawa o en Torrevieja... Es un fenómeno global como podemos comprobar a través de esta pequeña muestra.

Empecemos por la nacionalidad española: la media de esperanza de vida de los españoles (83.4 años) es de las más altas del mundo, de acuerdo con un informe del Foro Económico Mundial. Dentro de quince años en España residirían 12.3 millones de personas mayores de 65 años, casi 3.4 millones más que en la actualidad. El grupo de edad más numeroso en 2018 era el de 40 a 44 años, pero esto cambiaría en 2033, cuando el grupo con más efectivos sería el de 55 a 59 años.

Japón, España y Suiza son los países con mayor esperanza de vida entre los países que integran la Organización para la Cooperación y el Desarrollo Económicos (OCDE) según Health at a Glance 2017, que en su edición 2018 ya nos avisaba de que más del 18 % de la población europea tiene ahora más de 65 años, y el 5 % más de 80.

En 2050 los mayores de 65 años seremos más del doble que la población de niños de menos de cinco años.

Esto es lo que se conoce como envejecimiento de la población o a *geing population* (o *aging* en inglés americano). Sí, no queda más que tirar de anglicismos porque de nuevo han sido los países anglosajones (en concreto Estados Unidos e Inglaterra) quienes se han preocupado primero por tratar estos temas.

Puede que España no acabe con un envejecimiento tan dramático como el japonés si hacemos caso a las estimaciones de la Autoridad Independiente de Responsabilidad Fiscal (Airef); su método incluye la fecundidad, la llegada de inmigrantes y la esperanza de vida. Según sus técnicos, la tasa de dependencia, es decir, el porcentaje de trabajadores mayores de 66 años sobre el total de quienes están en edad de trabajar no sería del 60 % en 2050, sino del 45 %. No, tampoco es para tirar cohetes...

En el país más populoso del mundo, China (1400 millones de habitantes, qué locura), casi un quinto de la población (el 17.3 %) ya ha alcanzado o superado los 60 años, según el Ministerio de Asuntos Civiles en Pekín. Y llegará al 34.9 % en 2050. Con un problemón con sus pensiones también, por cierto.

En América Latina, países como Chile, Uruguay, Brasil o Colombia están entrando en procesos de envejecimiento acelerado. En Colombia, por ejemplo, según el Departamento Administrativo Nacional de Estadística, el índice de envejecimiento es del 46 % (por cada 100 jóvenes menores de 15 años ya hay 46 personas mayores y se estima que el número de mayores de 60 años para el 2050 se duplicará). Si vives en Chile, la esperanza de vida en tu país es de 79.1 años, los adultos mayores de 80 años ya representan el 16.2 % de los habitantes... Uy. Si estás en Centro América, allí el envejecimiento tiene dos velocidades diferentes: Nicaragua y Guatemala tienen hasta el 2035 para sacar provecho al llamado *bono demográfico*, mientras que Costa Rica y Panamá ya casi han agotado ese proceso.

México es otro caso de envejecimiento vertiginoso. De acuerdo con las Proyecciones de Población del Consejo Nacional de Población, los habitantes adultos mayores (65 años o más) actualmente representan unos 8 millones de personas (54.4 % mujer y 45.6 % hombre) y se estima que para el 2050 este grupo crecerá de 7.2 a 16.2 %.

La gravedad de la sociedad envejecida, como vemos, es un fenómeno global muy similar en el que se acaban repitiendo situaciones y patrones: para todos los países va a significar un impacto muy fuerte tanto en la economía familiar (muchos deberían revisar entre otras cosas sus actuales sistemas de pensiones), social (por ejemplo, el tema de la dependencia, viviendas, infraestructuras, movilidad, etc.) y empresarial.

Vale, ya os habréis dado cuenta de que la cifra con el que uno cruza el umbral hacia el más allá —de que te consideren *viejo*— es de 65 años. Lo cual es increíble teniendo en cuenta que la verdadera vejez hoy día ¡comienza mínimo a los 75 años! Veamos esto con más detalle.

4. Esperanza de vida (súper) saludable: Vivir hasta los 103 años

Un mayor número de años de vida saludable en teoría se traduce en una fuerza laboral más saludable, menos jubilaciones anticipadas (asociadas a problemas de salud y no por conveniencias económicas o de otra índole) y una reducción de las necesidades de atención a largo plazo. Pero ¿cómo se mide esta vida saludable? Por ejemplo, en la Unión Europea el indicador principal de los años de vida saludable está basado en el número de años que una persona vive sin limitaciones de actividad debido a problemas de salud; o sea, en función de su esperanza de vida sin discapacidad. Pues bien, en promedio —según un sesudo y exhaustivo estudio de Eurostat (Oficina Europea de Estadística)— en todos los países de la Unión Europea ¡las personas pueden vivir alrededor del 80 % de sus vidas sin discapacidad!

Así que el 80 % de nuestra largas y longevas vidas las vamos a vivir —las estamos viviendo— a pleno rendimiento; vidas tan sanas como manzanas.

Que cada país haga su propio cálculo, si bien a grandes rasgos para los envejecidos y los que envejecen aceleradamente sería parecido.

Sigamos afinando. Esta proporción de años de vida saludable es menor entre las mujeres que entre los hombres (77 % frente a 81 %) porque las mujeres, y cito del estudio Eurostat, «generalmente reportan más limitaciones de actividad debido a problemas de salud y también porque las mujeres viven más tiempo». Si eres mujer, a tus 65 años puedes esperar vivir (crucemos los dedos) otros 21.6 años más, hasta los 86.6 años, de los cuales aproximadamente diez años estarían libres de limitaciones de actividad, y en los otros 11.5 años restantes tendrías alguna discapacidad.

Para los hombres, la esperanza de vida restante a partir de los 65 años es tres años más corta que en la mujer, así que tampoco está nada mal: 18.2 años más de vida (hasta los 83.2 años), diez de ellos sin discapacidad —recuerda, es una media—.

Eso hoy, porque al seguir avanzando en innovación, medicina o tecnología ¡seguiremos ganando años a la vida! Para que te hagas una idea aproximada (y tus propios cálculos), según las estimaciones de la Human Mortality Database de la Universidad de California en Berkeley viviremos hasta:

Nacidos en 1947: 85 años
Nacidos en 1957: 87/89 años
Nacidos en 1967: 91 años
Nacidos en 1977: 93/95 años
Nacidos en 1987: 97 años
Nacidos en 1997: 99/101 años
Nacidos en 2007: 103 años

Pues bien... si son justos los diez u once últimos años de nuestra vida los que ya no vamos a vivir de manera independiente, ¿no será a partir de ese momento cuando deberíamos hablar de vejez? Porque vejez es lo que se asocia con la disminución de la capacidad, ¡pero a los 65 estamos *on fire*! Por supuesto, según vivamos más tiempo, más deberíamos atrasar la edad de lo que consideramos «ser viejo» (a esto se le llama *edad prospectiva*).

Además, hoy en día más del 80 % de todas las muertes en los países de la Unión Europea se producen después de los 65 años. Francia, España e Italia, por cierto, tienen las tasas de mortalidad más bajas.

Y otra importantísima reflexión que más tarde abordaremos: cuando se establecieron las normas de la jubilación solo 1 de cada 100 trabajadores llegaba a los 65 años (qué listos ellos). Hoy en día, llegan 95 de cada 100. ¿Soy yo o todo indica que no bastará para solucionar el problema de las pensiones con alargar la jubilación en uno, dos o tres años más?

5. El nuevo arco de la vida: Descronologización de las etapas de la vida activa

De acuerdo, ya hemos visto que objetiva y estadísticamente se nos puede denominar como *mayores dependientes* unos diez u once años antes de nuestro fallecimiento, el cual cada vez se acerca más a los 100 años. Está claro, entonces, que tenemos que rehacer nuestro arco de la vida o etapas asociadas a la edad —si tienes tiempo te recomiendo leer *La vida de 100 años* de Lynda Gratton y Andrew Scott, pues hace predicciones situacionales muy interesantes—.

Cuadro 1.1 Antiguo arco de la vida

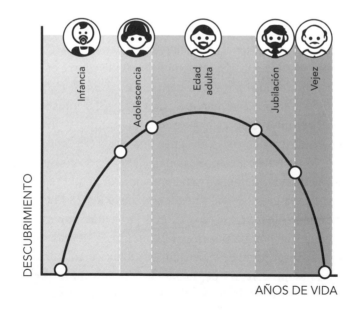

Cuadro 1.2 Nuevo ciclo vital

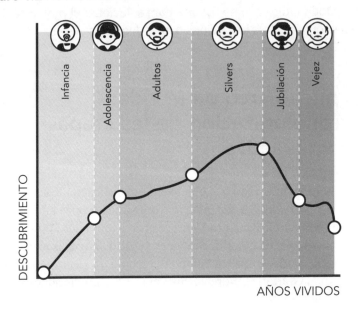

Suele decirse que, si el siglo XX fue el de la redistribución de la renta, el XXI será el de la redistribución del trabajo: habrá que repensar los horarios, así como las jornadas laborales para que todos podamos —conviviendo con la robótica y la inteligencia artificial— trabajar, probablemente cuatro días laborales a la semana. Nos alejamos de la vida en tres etapas (educación, trabajo, jubilación) para vivir carreras *knowmads*: iremos pasando por distintos estadios, estudiaremos, a veces estaremos contratados, otras seremos emprendedores, volveremos a parar para volver a estudiar y reconducir nuestras carreras, después una etapa *freelance*... Nuestras carreras serán una aventura profesional. Siempre en continuo cambio, siempre aprendiendo, siempre evolucionando. Por lo que ya hemos visto, casi seguro que la vida laboral se extienda hasta los 75 años. Y cuando llegue el momento de retirarse (cuanto más tarde más aumenta la cuantía de la pensión) muchos de nosotros buscaremos sistemas flexibles que nos permitan cobrar parte de la pensión de jubilación mientras seguimos trabajando a tiempo parcial o por cuenta propia, aliviando, por otro lado, la presión a los sistemas de la seguridad social. Experimentaros cada vez con más fuerza una descronologización de las etapas de la vida activa, como bien han datado Josep Moreno i Gené y Ana María Romero en el libro *Los trabajadores maduros*.

Esto ya es una realidad: cada vez más personas quieren trabajar más tiempo, o necesitan hacerlo porque no han podido ahorrar adecuadamente para la jubilación. La cuestión es: ¿Es posible ahorrar para treinta años de vida inactiva? De hecho, un 57 % de los empleados, según una encuesta internacional, se ve trabajando tras la jubilación. Pronto, la fuerza laboral incluirá personas de hasta cinco generaciones, que van desde adolescentes hasta los de ochenta y tantos, y eso significa que hay que replantear ya toda la organización interna de la empresa. Cómo nos comunicamos, cómo nos relacionamos, qué aportamos...

¿Están las empresas preparadas? En una palabra: no. El envejecimiento afecta a toda la cadena y procesos: desde la atracción y reclutamiento de talento, pasando por la estructura de compensación y beneficios, el desarrollo de productos y servicios, el diseño de las oficinas y las fábricas, la organización y estructuración del trabajo... Repasemos: vivimos más tiempo, no tenemos casi gente joven, la inteligencia artificial y la robótica ayudarán mucho, pero, sobre todo, a automatizar ciertos procesos (no olvidemos que son herramientas de productividad de cuarta generación, pero no podrán sustituir el conocimiento). Así que, señores y señoras, les va a tocar trabajar con personas séniors. Los líderes de las empresas de atención especial mediana y de gran corporación aún tienen que invertir tiempo y recursos para, primero, comprender bien cómo el envejecimiento cambiará las reglas del juego y, segundo, sacar ventaja competitiva de todo esto.

Es el momento de generar estrategias de longevidad en las empresas para crear una fuerza laboral multigeneracional vibrante y poderosa, que marque la diferencia.

Porque el envejecimiento de la población no es una crisis, sino una oportunidad. Si hasta ahora las miradas comerciales se centraban en los *millennials*, el interés, lógicamente, ya empieza a dirigirse hacia la población más masiva y que, por tanto, más futuribles compradores tendrá. Lo actuales *olders surfers*, personas mayores con alto poder adquisitivo que navegan y comparan por internet, ya son el foco de cientos de empresas, porque son quienes más consumen. Pero también nace una economía *silver*, muy directamente relacionada con la innovación, pensada para dar respuesta a las nuevas necesidades que emergen en esta nueva longevidad. El potencial que los adultos mayores representan como trabajadores y consumidores es brutal. Hay noticias esperanzadoras, como la de Randstand, que nos dice que en 2018 la contratación indefinida en los mayores de 45 años en España (segmento que supone el 45.6% de la población activa) ha tenido un máximo histórico desde que lo midieron en 2006. Eso sí, sobre todo en el sector agrario y servicios, y esto no es suficiente, claro.

Más allá del asunto laboral, la longevidad conlleva otro tipo de cambios sociales; por ejemplo, habrá que normalizar la idea de tener varias vidas matrimoniales a partir de los 60 años (por ejemplo, en España en las últimas cuatro décadas se han multiplicado por cinco los enlaces entre mayores de 60 años, según el INE). ¿Y qué tal ampliar la edad máxima para obtener una hipoteca hasta los 75 u 85 años? ¿Y a qué dedico mi tiempo si tengo un bonus de vida de veinte años? El ocio sin duda seguirá creciendo y reinventándose.

En el sector público, los responsables políticos también deberían tomar medidas para mejorar el respeto a la edad o, mejor dicho, a la pluriedad, y, además, mejorar las infraestructuras y la prevención de enfermedades, pero, sobre todo, diseñar nuevos modelos en todo lo relacionado con la jubilación. Flexibilidad, facilidades, poder trabajar cobrando parte de la pensión... Por ahí van los tiros.

Ser mayor no será lo mismo, pero tampoco lo será ser joven. Y esto es lo que más gusta de lo que ya está pasando: nos empezamos a mezclar, a difuminar las barreras de lo que «me toca» hacer por edad para hacer lo que «me toca» según el momento vital (no cronológico). El tiempo de duración de una vida se redistribuye: somos más tiempo jóvenes, más tiempo adultos y empezamos a ser viejos más tarde y durante menos tiempo.

Por cierto, para ir cerrando este arco de la vida, resulta que las personas son más felices al inicio y el final de sus vidas. Es lo que se conoce como *la curva de la felicidad*: la ciencia ha encontrado que, después de los 50 años, envejecer tiende a hacernos más felices (después de la crisis y las frustraciones propias de los 30 y 40 años), y así hasta el final de la vida. Un concepto que expusieron por primera vez en un estudio los economistas David Blanchflower y Andrew Oswald y que más recientemente ha corroborado el investigador estadounidense Jonathan Rauch, analizando experiencias personales y entrevistando a psicólogos y neurocientíficos. Será que es verdad que lo mejor está siempre por llegar.

6. Qué te convierte en un *silver surfer* (y no son las canas)

Si luces con orgullo un *look* plateado (o sea, tu cabello es canoso) probablemente no hayas tenido dudas al respecto, aunque sea solo por una cuestión de conexión y empatía etimológica. Pero no hace falta tenerlas, ni tampoco lucirlas si no te da la gana (puedes teñírtelas con el mismo orgullo que el que no lo hace) porque como ya comentamos en la introducción, el concepto *silver* tiene que ver más con el talento profesional que se adquiere y pule al tener cierta edad, entre los 40 y 60, que coincide a su vez con la horquilla en la que a la gran mayoría de las personas le salen canas. Y por aquello de «la mayoría», denominamos a este colectivo, grupo, tribu o como queramos llamarlo, con el color blanco-grisáceo de la plata y el preciado valor del metal que decíamos antes. Valemos nuestro peso en plata.

Por supuesto, se pueden tener perfectamente canas y mucho talento con 26 años, pero por mucho que el estilo sea *grey* y esa persona una *crack*, sería difícil que encajara en la concepción *silver,* porque las preocupaciones, complicaciones, aspiraciones y experiencia de alguien a esta edad están en otra onda, lo cual es lógico. Eso no quita que a los más jóvenes les viniera de perlas empezar a otear lo que les está por llegar, porque cuando antes empieza a cuidar uno su futuro (sobre todo lo relacionado con el tema ahorro/pensiones), mejor después les va. Tampoco estaríamos situados en el otro extremo del arco de la Vida; gran parte de las personas a quienes se dirige la *silver economy* actual son personas mayores de 70 y 80 años. Es una edad que aún no hemos alcanzado, pero un público objetivo del que tenemos mucho que aprender y al que sin duda vamos a mirar.

Silver surfer es quien, a partir de los 40 años, se preocupa por cuidar y planificar su nueva longevidad profesional. Puede haberte pillado este tsunami de cambios vertiginosos entre lo digital y lo demográfico con 40, 50 o ya entrados los 60 años, da igual, siempre y cuando tengas interés en mantenerte activo, quieras aportar —y revolucionar— a la sociedad, desees que esa sociedad a su vez siga teniendo un hueco visible para ti, te duele y enfada la discriminación por cuestión de edad (edadismo), quieres preparar tu vida de retiro (la de la vejez real) de la mejor de las maneras, deseas seguir aprendiendo para surfear las olas de cambio digital y quieres seguir estando o empezar a estar —da igual cuantos años te caigan— en la cresta de la ola profesional.

También como *silver* te sentirás identificado porque esta etapa de la vida está muy ligada a la búsqueda de la autorrealización personal y profesional —cuando se puede, por supuesto, si estamos en la parte de abajo de la pirámide de Maslow, el estado de supervivencia no deja espacio para nada más—. Ya sea por un empujón del exterior (despidos, cierres, fusiones,

Silver surfer es quien, a partir de los 40 años, se preocupa por cuidar y planificar su nueva longevidad profesional. También te hace *silver* esa sabiduría, inteligencia emocional y pensamiento transversal que se adquiere con la edad. Es, por tanto, un momento perfecto para impulsar el cambio en nosotros, en nuestros entornos, en los demás.

prejubilaciones...) o por una elección personal, este supone un poderoso período para repensar quién eres, qué quieres, cómo lo quieres y con quién lo quieres —laboralmente hablando—. De ahí que tantas personas en esta horquilla de edad estén en transición, empiecen nuevas carreras, abran negocios, emprendan, monten (o financien) *startups*...

¿La razón? Pues porque también te hace *silver* esa sabiduría, inteligencia emocional y pensamiento transversal (de mapa, holístico) que se adquiere con la edad. Es por tanto un perfecto momento para impulsar el cambio en nosotros, en nuestros entornos, en los demás.

Pero la casilla de salida del *silver surfer* está también en los 40 años por un motivo mucho más triste: aunque parezca broma, es a partir de esta década cuando al profesional empiezan a considerarle demasiado *mayor* para trabajar, levantándose un telón invisible en las empresas de prejuicios y desconocimiento que hace que conseguir un nuevo empleo por cuenta ajena o incluso colaboraciones sea difícil y se convierta en casi misión imposible a partir de los 50 años. Según la Asociación de Empleo Sénior, la edad de discriminación hace una década era para las personas de más de 45 años, pero todo apunta a que hoy se empieza a discriminar a los 40 años. Es también a partir de esta edad cuando uno comienza a tener peligrosos pensamientos del tipo «a mí esto ya me pilla muy mayor» (por ejemplo, a la hora de adquirir nuevas competencias digitales), o que se autoexpulse del mercado laboral; de ahí que sea una edad perfecta para empezar a combatir estos síntomas.

7. Ser... y parecer más jóvenes

Tener canas está de moda. No tienes más que adentrarte en ese agujero negro que es el buscador de Instagram —como te descuides te atrapa para toda la eternidad— y escribir el *hashtag* #GrannyHair. Entre sus 335 000 publicaciones —guau— hay miles de mujeres de todas las edades orgullosas de mostrar su pelo sin teñir (#nofiltres #naturalhair #silverpower #silversisters) y miles de jovencitas teñidas de gris (#matrix #grannyhair #unicorntribe).

Dos mundos, oiga. Pero quizá las mujeres más jóvenes hayan ayudado con sus experimentos capilares a normalizar el *look* de las otras. Lo que está claro que hemos ganado, sobre todo las mujeres, es en libertad, porque el hecho de poder mostrar tu cabello tal y como es resulta liberador, según las opiniones y comentarios de estas mujeres que han decidido dejar de teñirse. Bienvenidas, por lo tanto, las modas que ayudan a normalizar.

La mitad de la población mundial mayor de 45 años tiene el cabello cano, aunque solo una de cada tres mujeres lo mantienen en ese estado. Los primeros indicios de canicie (que surge por el agotamiento del melanocito en la síntesis de melanina, lo que conduce a una ausencia de melanina en el tallo piloso) suelen darse entre los 30 y los 40 años. Entre un 6 y un 23% de la población mundial tendrá el 50 % del cabello con canas a los 50 años. Parece pues inevitable que todos acabemos plateados... ¿O quizá no?

Probablemente sea la única persona en el mundo que ha buscado en Google «Por qué las cholitas no tienen canas», con cero respuestas, claro. Las cholas son esas mujeres de piernas fuertes y corazón grande que viven en la montaña de Perú (se las reconoce enseguida por sus mantas de colores y largas trenzas... negras). Google me respondió con silencio y Valentino, mi guía inca en Cuzco, con una carcajada. Sí, no pude evitar preguntarle lo mismo. Impresiona ver a esas mujeres de 70 u 80 años con cabelleras largas y negras como alas de cuervo. Aún se rio más cuando bromeé (a medias) diciéndole que si trabajara en el laboratorio de L'Oreal Professsionnel ya estaría allí en su pueblo sacando muestras de ADN. Valentino me aclaró que allí las mujeres no se tiñen porque no tienen dinero para esas cosas (bofetada de bajada a la realidad que me gané).

Después leí que en la cultura inca el sol y la luna tienen el cabello largo y por esa razón sus rayos se extienden con mucha fuerza por todo el universo. Si los incas perdieran la vitalidad de su cabello o lo cortaran, se sumarían en la soledad y el sol y la luna dejarían de brillar en sus corazones.

Cuento esta anécdota para abrir un debate necesario, porque me produce curiosidad saber por qué los caucásicos sí y los incas no; si la cana es siempre envejecimiento capilar o hay otras causas detrás que tenemos que prevenir y cuidar (relación con la edad biológica, no cronológica, cardiovasculares, etc.). Si las leyendas —en definitiva, nuestros pensamientos— pueden tener tanto peso como para acabar plasmándose en nuestro cuerpo, ¿qué factores entran en juego en los casos de recuperación del color natural del pelo (sí, los hay) y por qué se dan? Sinceramente, el día que mi cabello deje de estar naturalmente pigmentado no sé qué haré, pero puede que no elija la opción #grannyhair. Como tantas otras miles de personas.

La reflexión que quiero compartir es: ¿Realmente están menos en paz consigo mismas y con su edad las personas que cubren de color sus hebras grises? ¿Teñirse es sinónimo de no estar cómodo con tu cuerpo? ¿Forma parte del esfuerzo por permanecer jóvenes a toda costa o, sencillamente, por verse bien (define tú *bien*)? Porque ya sabemos que somos y parecemos diez años menos. Por extensión a esta reflexión: ¿Hacer ejercicio, cuidarse, ponerse cremas, etc., también significa que renegamos de nuestra edad? ¿O todo lo contrario? ¿No podría ser que el cuidarse —y también verse más joven en el espejo —ayude física y mentalmente a retrasar el envejecimiento? ¿Es luchar contra la vejez o aliarse con la longevidad desde el rejuvenecimiento? Como dicen por ahí, quizá los años que tienes no son los que has vivido, sino los que te quedan por vivir... Lo analizaremos un poco más en el capítulo de nueve sobre *age reverse*.

8. Edadismo en el trabajo, en las estadísticas, en la sociedad y más allá

Edadismo es el término referido a la discriminación y estereotipificación por cuestiones de edad, es decir, cuando alguien asume —o le hacen pensar— que es demasiado viejo o joven para desarrollar algo. El concepto nace en 1968, gracias al primer director del National Institute on Aging de Estados Unidos, el médico gerontólogo y psiquiatra y ganador de un Premio Pulitzer, Robert Butler. El edadismo es, junto al racismo y al sexismo, una de las tres grandes formas de discriminación en la sociedad, según denuncia la Confederación Española de Organizaciones de Mayores (CEOMA); con el matiz de que el edadismo afecta o afectará a cualquier persona... Si bien el término también atañe a los prejuicios y la discriminación contra los adolescentes y los niños, por ejemplo, ignorar sus ideas por considerarlos «demasiado jóvenes», se usa sobre todo en relación con el tratamiento hacia las personas mayores.

Estos prejuicios son responsables, entre otras cosas, de que un 30 % de las personas de más de 45 años en España —como reflejo de gran parte del mundo— reconozcan haber sufrido discriminación por su edad, según el Instituto Nacional de Estadística, siendo los parados de larga duración los mayores de 55 años. Cada año que se suma se resta en posibilidades de ser contratado. Estar desempleado con más de 50 años (si se quiere trabajar) es un golpe emocional devastador: cuando la identidad profesional desaparece y emergen la sensación de inutilidad e invisibilidad, la autoestima se fragmenta en mil pedazos. Da igual donde vivas... El edadismo profesional en Estados Unidos hace que dos tercios de los trabajadores de entre 45 y 74 años aseguren haber visto o experimentado discriminación por edad en el lugar de trabajo en ciudades que siempre van por delante..., pero que esto no lo han visto venir. Una investigación del Banco de la Reserva Federal de San Francisco hizo un estudio con 40 000 currículos inventados y encontró evidencias de que los solicitantes de mayor edad, especialmente las mujeres, sufren una discriminación constante por edad.

Aún hay más. El estudio de Tendencias Globales de Capital Humano 2018 de Deloitte encontró que el 20 % de los líderes empresariales y de recursos humanos encuestados consideran a los trabajadores mayores como una desventaja competitiva y un impedimento para el progreso de los trabajadores más jóvenes. Vaya. Me gustaría saber, por curiosidad, la edad de esos líderes empresariales y de recursos humanos encuestados, dudo mucho que la media sea de 23.

Edadistas son también los economistas que siguen basando sus cálculos y proyecciones futuras en base a una edad de trabajar que pone el corte por arriba en 65 años, dando por hecho que, a partir de esa edad, se es dependiente (como cuando se tienen menos de 15), y suponiendo, por tanto, que los adultos mayores generalmente son improductivos y lo único que harán será consumir beneficios en sus últimos años (gasto hospitalario, etc.). Las preocupaciones sobre el llamado *tsunami de plata* no están justificadas, porque a partir de los 65 años las personas no se vuelven enfermas, solitarias, desconectadas, necesitadas y con discapacidad cognitiva.

Más confuso puede ser el edadismo en lo social y cultural, pues entre todos lo alimentamos muchas veces sin saberlo. Como esos pensamientos y frases estereotipadas relacionadas, por ejemplo, con la apariencia, que pueden incluso contradecirse entre sí. Tan negativa es la expresión «debería vestir acorde a su edad» como «viste como una abuela». Se supone que el edadismo se alimenta de la negación: negarnos a reconocer que vamos a ser (o somos) esa persona mayor. Pero también se produce cuando intentamos encajonar a las personas en un marco cerrado de forma de ser, parecer y comportarse en función de su edad.

Incluso, si lo piensas y aunque aún te pille lejano, si no fuera porque suele compensar económicamente por lo bajita que se quedan las rentas de jubilado, da hasta un poco de rabia esa manía de segregación paternalista y condescendiente hacia los mayores: que si descuentos especiales para la tercera edad, viajes del Imserso, entretenerse en los centros para mayores, etc. Ya dijo hace un montón de tiempo Josep Mª. Fericgla en su libro *Envejecer: una antropología de la ancianidad*: «en la vejez se produce un doble vínculo del anciano con la sociedad, ya que de una parte se ven estigmatizados por la sociedad y, por otra parte, son tratados de manera especial». Como si fueran obligadamente un colectivo frágil y dependiente. Ese mismo colectivo al que subimos varios decibelios por defecto en la voz al hablarles, ¡pese a que puedan oírnos perfectamente! Da que pensar, ¿no?

Como dice Ashton Applewhite en su TED «Let's end ageism»:

> «No es la vagina lo que dificulta la vida de las mujeres. Es el sexismo. No es amar a un hombre lo que dificulta la vida de los homosexuales. Es la homofobia. Y no es el paso del tiempo lo que hace que envejecer sea mucho más difícil de lo que tiene que ser. Es el edadismo».

Así que, ya que estamos aquí para defender, planificar y generar una nueva longevidad llena de calidad y respeto, sugiero empezar por respetar el que cada uno haga con su cuerpo y su apariencia lo que le dé la mismísima gana. Ya sea con el color de pelo #naturalgrey o tiñéndose con el #LivingCoral 16-1546 de Pantone. *Feel free.*

Esa es la esencia del empoderamiento.

2

REDISEÑANDO EL FUTURO LABORAL PARA LOS MAYORES DE 40

El poder de trabajar más tiempo (pero menos días a la semana)

Hora del almuerzo. Acabo de dar una conferencia sobre *knowmads* y el futuro del trabajo en la que he compartido esas impactantes cifras que siempre llevo conmigo (y que rescato de mi anterior libro):

Según la tabla de Schwartz, tu porcentaje de años productivos pendientes es:

- Si tienes 30 años, el 83 %.
- Si tienes 40 años, el 67 %.
- Si tienes 50 años, el 50 %.
- Incluso en la edad de jubilación actual estándar (en España), los 65 años y seis meses, nos quedaría un 25 % de edad laboral todavía por delante.

Por si alguien no me cree (siempre hay personas que preferirían no saberlo) os animo a leer el maravilloso libro de Tom Butler-Bowdon donde aparecen: *Never too late to be great: The power of thinking long* (*Nunca es demasiado tarde: El poder de pensamiento a largo plazo*). Pues bien, nos llevamos el inevitable debate de la longevidad laboral a la mesa. Siempre me interesa saber qué sienten las personas cuando comprenden que su vida laboral ¡realmente! se alarga tanto en el tiempo. Si tienes más de 40 años, aún te queda por delante más tiempo para trabajar que el que ya has realizado en toda tu vida, y con más de 50 años solo has recorrido la mitad del camino de tu vida laboral. Sí, ya... Como probablemente te habrá ocurrido si es la primera vez que escuchas esto, las reacciones ante esta noticia habrán oscilado entre:

- Incredulidad o estupor porque no da tiempo a digerir la información.

- Indignación. Comedida, eso sí. En el entorno empresarial es por todos conocidos que nada se consigue matando al mensajero.

- Aceptación a regañadientes (en plan «venga ya...» o «qué pereza»).

- Ilusión en los más energéticos, que también son los menos. No potencialmente, pero sí en esta primera reacción emocional ante la noticia.

Al cabo de un tiempo algunas personas acaban filtrando esta información y reaccionan frente a ella, lo que supone el inicio de algo nuevo; otros simplemente la olvidan. Pero nunca había vivido una reacción tan impactante como en este almuerzo, en el que una emocionada mujer (*silver*) de ojos achinados, voz fina y manos inquietas, de repente se levanta y me agradece que hubiera compartido con ella esta información porque «ahora que sé que me quedan tantos años por delante de trabajo, quiero hacer algo que me guste de verdad»; se disculpa y sale volando. ¿A dónde? ¡A presentar su carta de despido! Tal cual. Ey, que nadie se asuste que mis conferencias no provocan autodespidos, ni muchísimo menos. Además, esta persona empezó a trabajar enseguida en otra empresa acorde a sus intereses, así que alguien ganó un talento comprometido, que son los que valen su peso en plata. Pero su reacción emocionada me emocionó a mí, porque ella —con sus circunstancias, siendo además una mujer de más de 50 años— había entendido qué importante es disfrutar del camino y no quiso seguir esperando a que llegara el fin de semana o la —cada vez más lejana— jubilación para disfrutar de la vida. Qué importante es escucharnos, planificarnos y no dejar nuestras vidas en manos del destino (o de terceros, que es peor aún). Solo cuando estás comprometido con tu trabajo, con tu profesión, es cuando das lo mejor de ti y por lo tanto es difícil que te vaya mal. Ganas más, sonríes más, das y recibes más. Y para eso —siempre y cuando no estés en la base de la pirámide Maslow— no hay edad, porque un día mal vivido puede ser un día perdido. Así que quizá no sea tan loco salir pitando a poner orden en nuestras vidas.

Creo que todos tenemos un propósito profesional que nos realiza, que nos conecta y reconforta (puede ser un propósito cambiante y evolutivo, por supuesto) y, por ello, animaré a pensar sobre esto en próximos capítulos, sobre todo si estás en proceso de transición profesional o de búsqueda de empleo —o pensando con quién colaborar, dónde aportar ideas, invertir dinero...—.

Pero ahora, pongamos blanco sobre negro la realidad para muchas personas de más de 40, 50 y 60 años.

1. Claves del panorama sénior en el mundo laboral actual

¿Sabes cuánto tiempo puede llegar a estar un profesional parado buscando empleo en España cuando tiene más de 50 años? Cuatro años.

Esa es la dura realidad para un 39.2 % de personas, según el estudio de la Fundación BBVA-Ivie. El 72.1 % restante lleva buscando trabajo desde hace un año o más. Claramente, los mayores de 50 años son junto con los más jóvenes un grupo en exclusión, solo que en este caso con menores posibilidades de encontrar trabajo cuanto más tiempo dediquen a la búsqueda (y cuanto mayores se hacen). Según Consumer. es, las ocupaciones para las que aún se demanda a mayores de 50 años —o, mejor dicho, no se las excluye— son: venta telefónica, atención al cliente, hostelería, mantenimiento, comerciales o *coaching*, los monitores de transporte y comedor escolar. En el resto... Las dificultades del talento sénior también se dan, por supuesto, a nivel ejecutivo o directivo.

Las claves del panorama sénior («Los trabajadores séniors en la empresa española: realidades y retos» del Observatorio de Demografía y Diversidad Generacional de la Fundación IE) son:

- Solo un 17 % de los empleados de las empresas encuestadas tienen 55 años o más, y solo el 0.5 % más de 65 años.

- Un 42 % tienen estudios universitarios, de los cuales casi un 11 % poseen también estudios de posgrado.

- La mayoría son operarios (24 %), seguidos por los técnicos (22 %) y de alta dirección (8 %).

Todo va aún más cuesta abajo cuantas más velas has soplado, pues los hombres entre 60 y 64 están en una tasa de empleo del 44 % en España (y alcanzamos esta media por los empleados públicos clarísimamente) frente al 70 % (¡fíjate qué diferencia!) de países como Noruega, Suiza o Suecia, según datos del Eurostat. Los países del norte de Europa algo están haciendo bastante mejor, tendremos que analizar el qué; y también algunos del Cono Sur, como Chile, donde se están dando cuenta de que tienen un déficit de capital humano cualificado, por lo que el mercado está volviendo a valorar a los trabajadores mayores de 50 años, que representan el 40 % de la fuerza laboral, según Adecco, pero lo está haciendo tímida y desigualmente. En México también trabajan, pero el 74.3 % se inserta en el mercado laboral de manera informal, con todo lo que eso supone.

Cuadro 2.1 ¿A qué edad «nos retiramos» del mundo laboral?

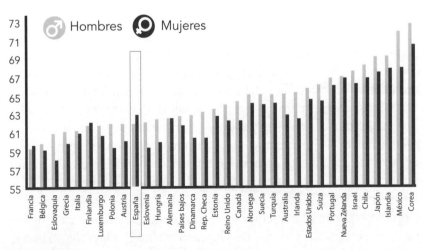

Fuente: OCDE

La conclusión es que aún son demasiadas las empresas que se desprenden de los trabajadores mayores o los profesionales séniors que deciden irse prematuramente, lo que demográficamente es una locura. Para que lo entiendas mejor y hagas tus propios cálculos para con tu vida (y tu empresa), según las proyecciones del INE para los próximos diez o quince años la población en edad de trabajar (20-69 años) va a perder un millón de efectivos (3 y 4 %) de aquí a 2027-2031. Este cambio significa una importantísima reestructuración del conjunto de la población en edad de trabajar. El peso de las personas relativamente jóvenes, menores de 50 años, dentro del conjunto de la población en edad de trabajar disminuye de un 62 % en 2017 a un 54 % en 2027 y a un 53 % en 2031. En el mismo intervalo, el peso de las personas relativamente mayores (más de 50 años) dentro de esta misma población pasará del 38 % en 2017 al 46 % en 2027 y a 47 % en 2031. Haga cada país su propio cálculo.

No podemos seguir pensando en desprendernos de las personas séniors porque, en casi todo el mundo, los mayores de 40 y 50 años (y esperemos muchos mayores de 60 años) vamos a ser el 50 % de la fuerza laboral. Y no se trata solo de no desprenderse de los séniors, sino también de tenerlos en cuenta a la hora de contratar o colaborar por proyectos.

1.1 Pero ¿qué significa exactamente perder efectivos?

En el caso de España, el país llegó a su máximo de población hace ya un tiempo: en 2012, con 47 265 321 habitantes. Desde entonces y hasta 2017, el número de defunciones superó al de nacimientos por tercer año

No podemos pensar en desprendernos de las personas séniors porque, en casi todo el mundo, los mayores de 40 y 50 años vamos a ser el 50 % de la fuerza laboral.

consecutivo, por lo que hemos perdido 700 000 habitantes. En 2030 seremos unos 46 millones y en 2065, 41 millones de habitantes, por lo que en menos de 50 años se habrán esfumado del censo más de 6 millones de personas.

La población de la Unión Europea se volverá en las próximas décadas cada vez más gris. El número de personas en edad laboral (15-64 años) disminuirá de manera significativa: de 333 millones en 2016 a 292 millones en 2070 a causa de la fertilidad, de la esperanza de vida y de las dinámicas del flujo migratorio (Ageing Report 2018).

El futuro del trabajo recaerá en su mayor parte en quienes ahora tenemos más de 40 y 50 años. Como recoge el informe Los Trabajadores Mayores en España 2017-2027:

1. El empleo está cada vez más dominado por ramas de actividad donde no se prima la fuerza física ni se produce un desgaste físico.

2. Los trabajadores que llegan a esas edades más avanzadas han tendido a llevar y llevan vidas mucho más saludables que los que los han precedido, con una evidente mejora en la salud.

3. El clima general en el que se han producido las políticas de prejubilación en determinados sectores de la economía se está volviendo cada vez más en contra de esta práctica empresarial que, aunque no deriva en merma en la Seguridad Social, da mal ejemplo en una sociedad cada vez más sensible a la necesidad de aprovechar al máximo el capital humano existente.

4. Las políticas públicas que regulan la jubilación parecen abonar la idea de hacer cada vez más difícil la jubilación anticipada y retrasar la edad de la jubilación legal. Todo ello no puede menos que incidir en la edad de salida del mercado de trabajo, retrasando la misma y alargando la vida laboral (en 2019 la jubilación está en 65 años y ocho meses con la idea de llegar a los 67 años en 2027).

Estar, están en ello, pero no convendría depender de una planificación tan lenta cuando los cambios hoy día requieren de mayor rapidez. El presente es que la edad de salida del mercado de trabajo de los españoles está en los 62 años, según la Organización para la Cooperación y el Desarrollo Económicos, que ya es de tres años antes que en Suecia, Noruega o Estados Unidos.

1.2 ¿Y las mujeres qué?

Pues somos un caso aparte: las ocupadas españolas tienden a abandonar el trabajo a los 63.1 años, casi un año más tarde que los hombres, situándose en la posición 21 del *ranking* de la jubilación temprana. España representa uno de esos pocos casos (con Francia y Finlandia) donde las mujeres pasan a la jubilación después que los hombres. Eso sí, estamos a años luz de las coreanas (70.6) o de las japonesas (67.6). Por cierto, ya que hablamos de mujeres y aún son las grandes cuidadoras, según un estudio de Cetelem, el 80 % de los mayores de 50 años siguen ayudando financieramente a sus hijos y a sus mayores. Por arriba y por abajo.

2. El efecto rebote de la prejubilación

Aunque no haya una respuesta contundentemente clarificadora sobre por qué existe tanta diferencia entre países que están casi igual de envejecidos, habría que contemplar la suma de varios factores: la edad legal de jubilación, las prejubilaciones y jubilaciones anticipadas, los desincentivos fiscales y legales de cara a la actividad económica una vez superado el momento de la jubilación, unas pensiones públicas relativamente generosas, escasas medidas de incentivación del ahorro, no hemos evolucionado ni adaptado nuestra manera de pensar a la realidad que nos rodea, vivimos en el cortoplacismo del presente y nos cuesta levantar la mirada hacia nuestro futuro. Como alguien dijo una vez «subestimamos el tiempo que vamos a vivir y sobrestimamos el dinero que tendremos».

En España, para más inri, nos hemos acostumbrado a las prejubilaciones (bajas incentivadas, desvinculaciones...) y, por tanto, a un sistema que saca a los trabajadores con tan solo 50 años —con el estigma social que esto supone— y que ya no los vuelve a recuperar. De prejubilado a jubilado y tiro porque me toca. Como las dietas salvajes, las prejubilaciones también producen un efecto rebote: reacción inversa, adversa, indeseada o secundaria. Cuando te sacan (o sales) antes de tiempo y te enfilan (o enfilas) directo hacia la jubilación, se eliminan las oportunidades de reciclarse y adquirir nuevas habilidades que refuercen la empleabilidad.

Según el barómetro de VidaCaixa, el 50 % de los jubilados españoles llegó a esta etapa de su vida de manera anticipada.

España reguló en su día un contrato de relevo para sustituir de manera progresiva a trabajadores de mayor edad por aprendices que aprendieran el oficio entre uno o dos años, pero el uso de esa figura ha sido marginal y no ayuda a incentivar lo que hoy nos hace falta. Mientras que en la mayoría de los países de la OCDE (Organización para la Cooperación y el Desarrollo Económico) la jubilación es una realidad progresiva (empieza a los 60-63 años con una suavización de la jornada laboral que además incentiva su prolongación más allá de los 65) en España la gente trabaja las mismas horas hasta que llega el día de su jubilación.

La OCDE lo tiene claro: «Los sistemas de jubilación anticipada deben eliminarse [...]; el retiro laboral antes de tiempo puede suponer un riesgo de pobreza, porque a menudo se infravalora la necesidad de ingresos que hacen falta al ser mayores. Aquí todavía hasta genera cierta envidia: «Uf, yo firmaba ya mismo una prejubilación... y a vivir que son dos días. Pues va a ser que dos días no, que son casi 100 años, y encima somos un montón y cada vez más viejos, por lo que se nota muchísimo cuando son muchas las personas que dejan de aportar a la Seguridad Social.

Por no hablar de los casos de depresión, sensación de vacío, ansiedad y tantos otros dolores emocionales que se generan —pero no se cuentan— cuando te quedas prematuramente fuera del mercado laboral, por mucho sueldo (perdón, indemnización mensual) que mantengas. No es la culpable única, ni muchísimo menos, pero la prejubilación masiva es una práctica que ahora, con estas circunstancias, se debería revisar. Reflexionar sobre ella. Además, hemos confiado en un sistema de pensiones que se vuelve dramáticamente obsoleto con cada hijo que no tenemos, con cada cana que sumamos y que apenas dará para vivir con dignidad. Otra importante reflexión, pues esto es responsabilidad de todos y para todos: la brecha económica y social se sigue agrandando; cuanto más bajo es el nivel educativo, más tiempo se puede esperar pasar en desempleo.

No hay duda de que hace falta más conocimiento y concienciación sobre este tema en las empresas (en quienes las lideran), ya sean pymes, medianas o grandes corporaciones; a todas ellas, como ya están haciendo muchas pequeñas *startups*, les convendría estar ya investigando cómo ser más creativas para generar nuevas políticas y toma de decisiones más inteligentes con respecto al mundo *silver* y al rejuvenecimiento de las plantillas. Las que sean pioneras en gestionar estas cuestiones de talento sénior (recordad que seremos mayoría ¡también como clientes!), así como la adecuada convivencia intergeneracional, hallarán ventajas competitivas (de marca, reputación, atracción de talento, mejora de la productividad...). Algunas empresas, como también veremos, ya están empezando a dar pasos interesantes al respecto.

Está claro que aquellos países que se sientan reconocidos en esta praxis necesitan también sensibilizar a la sociedad y a sus empresas sobre la importancia de romper los mitos infundados relacionados con la edad, aprovechar las oportunidades que trae la *silver economy* y entender que la nueva longevidad requiere de una nueva manera de pensar, hacer y trabajar.

Otros elementos, además, planean sobre nuestras cabezas. La revolución tecnológica implica, por ejemplo, el empleo de más robots. Bill Gates ha propuesto gravar con un impuesto a los dueños de esas máquinas inteligentes por los empleos que destruyan. Otros expertos proponen, para asegurar unos ingresos mínimos, la creación de una renta básica universal. Pero mientras todo esto se va clarificando, no podemos cruzarnos de brazos, pues la construcción de un mejor futuro es también 100 % una responsabilidad individual. Puede que lleves ya demasiados años buscando empleo o que estés en pleno proceso de renovación y transición; quizá llevas meses (o más) planteándote cambiar y dejar atrás tu empresa, tu sector... Lo mismo te encuentra la mar de a gusto en tu compañía, pero eres consciente de que esta es la era de la inestabilidad y quieres prepararte para lo que pudiera suceder, o eres un directivo, profesional de recursos humanos, preocupado por la empresa. O quizá seas un *freelance* o un emprendedor de sien (y talento) plateado en busca de nuevos mercados, potenciales clientes, inversores, mayor innovación... Sea cual sea tu situación, en la proactividad de la planificación de tu nueva longevidad se basará gran parte del éxito para alcanzar tus objetivos.

3. Cómo duele cuando nos tocan el bolsillo (hablemos de la jubilación)

No tengo ni idea de dónde leí o escuché la frase «a mis amigos siempre les digo que se pongan a ahorrar cuanto antes, porque la pensión pública que cobrarán será mínimo un 25 % inferior a las de ahora», pero se me quedó grabado. De lo mal que suena. No hace falta usar ninguna calculadora de internet para que rápidamente te salgan las cuentas... en rojo. Rojo sangre. Y es que cuando te tocan el bolsillo, los consejos se graban a fuego y nos entran ganas de alzar la voz y gritar a los cuatro vientos que queremos #pensionesdignas porque sí, #lasabuelastienendospiernas.

Ya. La media de las pensiones de los 8.7 millones de receptores en 2019 es de 932 euros al mes. Y uno de cada tres pensionistas cobra por debajo del umbral de la pobreza, según los Técnicos de Hacienda (Gestha).

Pero es que cuando se establecieron aquí las normas de la jubilación (¡en 1919!*)* solo 1 de cada 100 trabajadores llegaba a los 65 años; hoy en día, ¡llegan 95 de cada 100! Por lo que retrasar la edad de jubilación tiene una lógica demográfica aplastante (aunque totalmente insuficiente) y, sin embargo, eso de que nos retrasen la jubilación, ay, qué mal nos sienta... Los españoles son, junto a los polacos, los europeos que sueñan con retirarse cuanto antes. ¿Tan mal estamos en nuestros entornos de trabajo? ¿Cómo has llegado, hemos llegado, hasta aquí? ¿Somos conscientes de todo lo que le cae encima a una persona que se jubila antes de tiempo? Y lo más importante: ¿de verdad puedes mantenerte —y quizá a los tuyos— durante 20 o 30 años con una pensión? Y aunque pudieras, ¿tiene sentido vivir sin generar ni aportar durante casi más tiempo del que hayas podido estar en activo?

En su Informe Mundial de Protección Social 2017-2019, la OIT (Organización Internacional del Trabajo) alerta que la pobreza en la tercera edad está creciendo en Europa y que, a menos que se corrijan las reformas recientes, 19 países europeos van a ver descender sus pensiones en las próximas décadas, siendo las caídas más pronunciadas en España, Portugal y Polonia.

• Habría que seguir avanzando:

• Hacia un sistema gradual y flexible de jubilación.

• Regular la jubilación parcial.

• Permitir la compatibilidad de la pensión con el trabajo a tiempo parcial.

• Dar la posibilidad de anticipar o de retrasar la edad de jubilación en determinadas circunstancias.

4. Activistas laborales de larga duración: Beneficios de trabajar hasta bien entrados los... ¿80?

Bien, ya hemos visto que el esquema piramidal de las pensiones es difícil que pueda mantenerse en un futuro cercano. Alargar la edad de jubilación, sí, hay que hacerlo. Pero para que el aumento de la edad de jubilación alcance el objetivo deseado hay que elaborar al mismo tiempo políticas de empleo dirigidas a facilitar el trabajo de las personas mayores y desempleadas. Ahora, si no podemos trabajar ni hasta los 60 años, ¿qué sentido tiene hablar de alargarlo hasta los 70 años, ¿no?

Pero los profesionales deben a su vez comprender y aceptar también que la forma de entender qué es trabajar en este siglo XXI —así como la manera de acceder al trabajo— nos guste o no, nos parezca mejor o peor, más o menos injusta, ya no es la misma; es necesario buscar fórmulas flexibles y alternativas más dinámicas y creativas que nazcan de la proactividad y auto responsabilidad de las personas. No me cansaré de repetirlo: no podemos dejar en manos de terceros nuestra empleabilidad.

Empecemos primero cambiando la mentalidad sobre lo que significa trabajar durante más tiempo, que no es negativo. Todos debiéramos convertirnos en activistas laborales de larga duración; por ti, por la sociedad, por la lógica de la demografía y los nuevos tiempos y por los que vienen después. Alargar nuestras carreras profesionales tiene sus ventajas (y sus inconvenientes) como todo en esta vida. Pero como no nos va a quedar otra, propongo hacerlo a lo Monty Python: *Always look on the bright side of life...*

Continuemos por lo más obvio: si trabajas mucho más tiempo, es porque tienes la suerte de vivir mucho más tiempo también. Y eso, con buena salud —si no, no estaríamos hablando de trabajar— es una pasada. Fíjate: según una investigación realizada por la profesora Laura Carstensen, directora del Centro para la Longevidad de la Universidad de Stanford, el 50 % de las personas de 85 años o más afirman estar lo suficientemente saludables para trabajar. ¡Hoy! ¡85! Si es que estamos que da gusto vernos, imagínate dentro de 20 o 30 años, con más mejoras en la medicina y mayor bienestar... Según un estudio de la firma holandesa Aegon, dedicada a los seguros de vida y pensiones, el 57 % de los trabajadores encuestados en todo el mundo se ven trabajando tras la jubilación, bien a tiempo parcial o por su cuenta. ¿Sus motivos?

1. Mantener en forma su cerebro.

2. Asegurarse unos ingresos.

3. Porque les encanta lo que hacen.

Sí, ya sé. Probablemente te dé un poco de vértigo imaginarte con más de ochenta años al pie del cañón, pero es que no van a ser ocho horas al día, cinco días a la semana, no (algo que por cierto ya está cambiando con nuevas políticas más flexibles, dinámicas y conciliadoras, como las que ponen en valor empresas *smart* del siglo XXI y de las que hablaremos en su capítulo correspondiente). Trabajaremos a otro ritmo y probablemente en otra cosa. Y es que *currar* ocho horas no solo ya no habrá cuerpo que lo resista (que levante la mano quien no tenga ya algún achaque físico), sino que, por suerte, estaremos de vuelta de obsoletas herencias horarias industriales; hablamos de trabajos a media jornada o de unas horas al día o incluso horas a la semana, combinado con reposos y descanso. En muchos casos, además, se podrán desarrollar digitalmente porque será trabajo intelectual y no físico.

La gran mayoría seremos *knowmads*: no solo de mentalidad ¡que eso ya lo necesitas hoy!, sino como perfil profesional, trabajando de manera independiente, colaborando por proyectos, tendremos nuestros propios negocios, ofreceremos nuestros propios servicios *(mentoring*, docentes, consultoría...), tendremos plataformas *e-commerce*, montaremos o financiaremos *startups*... Veremos después más en detalle qué significa ser *silver knowmad*. Por supuesto, también trabajaremos asalariados (en empresas que sean diversas, conciliadoras y flexibles, eso sí) y podremos desarrollar trabajo físico, de desgaste relativo pero viable, ya que contaremos con la ayuda de la máquina (por ejemplo, ayudándonos de exoesqueletos o robots). Y muy probablemente siga revalorizándose más todo lo que tenga que ver con la artesanía, el trabajo fino, creativo, mimado, manual...

Si todo esto te suena futurista, recuerda: el cambio en el siglo XXI es exponencial. Y si te suena ideal, perfecto, ahí es justo donde queremos llegar. Por cierto, que ya hay compañías que han reducido la jornada de trabajo de cinco a cuatro e incluso tres días a la semana... con subidas de productividad. ¿Nunca te has planteado como es posible que en los meses de jornada reducida —ay, qué ricos esos meses de verano...— el trabajo salga exactamente igual si no mejor que en los meses en los que las jornadas duran el doble o más? Pregunta retórica; la respuesta es sí, los calcetines se los traga la lavadora. Será además necesario redistribuir de manera diferente los horarios para que la mayoría posible de las personas puedan trabajar.

Otro dato para el que solo hace falta una línea: cuanto más tardes en retirarte después de la edad legal de jubilación, más cobrarás.

Por no hablar de que el simple hecho de estar en activo nos mejorará la salud. El ciclo se retroalimenta, pues trabajar –en algo que te guste, que conecte contigo- es curativo. Igual que trabajar en algo que no te gusta o con quien no te gusta acaba siendo un *Burnout* (síndrome del quemado). Desde la perspectiva positiva, estar en activo influye en que nos sintamos realizados, útiles (aportando valor), socialmente conectados, y con la mente y el cuerpo al máximo rendimiento. Ayuda a frenar el deterioro cognitivo, pues es cuando dejamos de aprender cuando nos hacemos viejos. Un estudio publicado por la Asociación Americana de Psicología llamado «Bridge Employment and Retirees' Health: A Longitudinal Investigation», confirmó que las personas retiradas que hacen la transición entre el trabajo a tiempo completo a un empleo temporal (*part-time*), padecen menos enfermedades graves y son capaces de funcionar mejor en el día a día que aquellos que dejaron de trabajar y no tuvieron actividades para ocupar un tiempo largo que continua siendo productivo (¿cuántas clases de yoga o zumba tenías pensado dar?).

Por supuesto, puedes sentir lo mismo colaborando como voluntario, trabajando en una ONG, ayudando en la empresa de tu nuero o hija, etc. No necesariamente tienes que cobrar por tu trabajo si no lo necesitas, pero lo relevante sí es estar en modo *working*. Hay excepciones, pero incluso las personas que tienen grandes fortunas cuando también tienen grandes mentes siguen en modo activo. Merece la pena explorar por qué el trabajo ayuda a que a uno le entren ganas de vivir vidas más largas. Más adelante hablaremos en profundidad sobre el sentido del trabajo, pero déjame ponerte de ejemplo a continuación a unos de mis personajes inspiradores favoritos.

Estar en activo influye en que nos sintamos realizados, útiles (aportando valor), socialmente conectados, y con la mente y el cuerpo al máximo rendimiento.

5. Parada para la inspiración: Del Renacimiento con Miguel Ángel a la era digital con Barbara Beskind

Haz cuentas conmigo en base a esta esquela:
Nacimiento: 6 de marzo de 1475.
Fallecimiento: 8 de febrero de 1564.

¿Cuántos años de vida te salen?

Sí, unos sorprendentes 89 pedazos de años son los que vivió el gran escultor renacentista Michelangelo Buonarroti (Miguel Ángel para los de habla hispana).

Y, ¿sabes hasta cuando continuó trabajando? Hasta seis días antes de su muerte.

Lo más increíble aún es que este artista sufrió de osteoartritis en su mano izquierda, una dolorosa enfermedad que degrada el cartílago en las articulaciones de sus muñecas, como demostraron los investigadores del estudio «Osteoarthritis in the hands of Michelangelo Buonarroti» (*Journal of the Royal Society of Medicine*, 2016). Y que, pese a este dolor, el haber continuado con su trabajo artístico —pintando, martilleando y esculpiendo— le ayudó a evitar que sus manos sucumbieran completamente a la enfermedad. Aunque seguramente fueran los golpes de cincelar durante tantos años lo que le causó la artrosis, el no dejar de hacerlo también le curó. Una consecuencia del poder psicológico que tiene el permanecer activo, sentirse valorado, tener algo que te motive por lo que levantarte cada día, un proyecto inacabado que requiere de ti, sentir amor por lo que haces... El trabajo le mantuvo *on* hasta seis días antes de decir definitivamente adiós. Me encanta esta historia.

Tengo cerca de mí muchos Miguel Ángel: personas (más) mayores que son los mejores en lo suyo, y siguen ahí dándolo todo por amor al arte. Al suyo. Cobren o no. Que no quieren parar de crecer, de aprender, de hacer, de enseñar, de sumar. En el ámbito laboral, pero también social. Para mí estos *silvers* de hoy son la referencia de mi mañana. Así que, a todos ellos, gracias.

Precisamente hace unos meses tuve la oportunidad de conocer en Esplugues de Llobregat (Cataluña) a uno de estos genios: Francesc Turró Serrano, presidente de *SECOT* Barcelona. Me encantó lo que hacen y la energía que tienen. SECOT es una asociación sin ánimo de lucro compuesta por un montón de voluntarios séniors (profesionales, directivos y empresarios que en su mayoría ya han finalizado su actividad laboral) que se ofrecen como mentores para compartir su experiencia con jóvenes emprendedores, microempresas con dificultades, instituciones... El poder sénior, en constante evolución. Como dice Turró: «Las personas mayores ganamos en seguridad, pues nuestras vivencias profesionales nos apoyan. Pero seguimos aprendiendo, no quedamos en la obsolescencia. ¿Y qué aportamos a los jóvenes? Conocimiento, metodología, ganar en seguridad... Desde mi punto de vista ganan en orden y metodología. El poder aplicar nuestras vivencias en sus proyectos les permite tener seguridad en sí mismos, porque alguien que ya ha pasado por las mismas dudas los está ayudando a escoger el mejor camino para seguir adelante con su proyecto».

¿Su misión?

• Permitir a personas jubiladas y otros voluntarios ofrecer su experiencia y conocimientos en gestión empresarial.

• Fomentar la creación y mantenimiento de puestos de trabajo.

• Luchar contra el paro y los desequilibrios sociales entre regiones.

La belleza está precisamente en la mezcla intergeneracional. «El sénior de SECOT está en una media de 65 a 75 años y prácticamente más de la mitad de las personas a las que ayuda son jóvenes de 20 a 35 años. Es un *win-win,* porque nosotros trasladamos nuestras experiencias y ellos nos trasladan su ilusión y sus ganas de triunfar en nuevos proyectos de los que nosotros también aprendemos» dice Francesc. ¿Los mejores momentos para los mentores? «Cuando al cabo de unos años te encuentras a la persona que has mentorizado y te explica que el negocio va bien, que ha conseguido salir adelante. Esta es la mayor recompensa que podemos tener». Y es que, en palabras de uno de los emprendedores mentorizados: «Nada transmite más y abre más puertas que dar el 300 % de uno mismo y ser agradecido con los demás».

Una gran puerta es también la que abrieron a otra persona espectacular que descubrí a través de una empresa que también es fantástica: IDEO. Una firma internacional de diseño y consultoría de Palo Alto (California) pionera en temas de innovación, *Design Thinking* y otras metodologías creativas (para que te hagas una idea, fue la empresa que inventó el primer ratón de Apple). Pues bien, siguiendo esa línea de innovación auténtica, su fundador David Kelley siempre ha defendido la importancia de tener equipos diversos.

Y siguiendo también la línea de la coherencia, al trabajar e investigar con productos aplicados a la *silver economy* en IDEO decidieron buscar un consultor experto y también *silver*. Barbara Beskind se presentó al puesto, pasó varias entrevistas, y la contrataron... a sus 90 años. Licenciada en Arte y Diseño en la Universidad de Siracusa y antigua enfermera de la Segunda Guerra Mundial, se había pasado toda su vida siendo una solucionadora de problemas. La consultora perfecta para el puesto. Con 92 años Beskind fue nombrada miembro del equipo de diseño.

Su filosofía: «Diseñar con, no para». La propia Barbara reconoce haber aprendido sobre la responsabilidad y la confianza en sí misma, dos cosas que siente «deben unirse en una sociedad que envejece. Las empresas tienen la responsabilidad de llegar a los trabajadores y asesores de mayor edad». Para Beskind las personas mayores deben buscar roles que los mantengan comprometidos y relevantes». Comprometidos. Relevantes. Mayores.

Beskind solo pide más tiempo para poder disfrutar del empleo de sus sueños, una rareza en Silicon Valley, donde la media de edad no pasa de los treinta y donde el objetivo más extendido es «emprende y vende lo antes posible tu empresa». ¿El secreto de su éxito? Según ella misma ha confesado, se considera bastante superior a sus compañeros (obviamente todos más jóvenes) a la hora de concentrarse: es capaz de pensar sobre un problema concreto durante más de cuatro horas sin interrupciones. Ah, bendita senectud.

6. Los mayores de 40 años no deberían trabajar más de tres días a la semana

Venga, reconócelo: este título te ha dado subidón, ¿a qué sí? Venga a hablar y hablar de trabajar más ¡si lo suyo es trabajar menos! Cierto. Lo ideal es trabajar durante más años... pero reduciendo las horas de actividad. Aprender a combinar descanso con trabajo (confiemos que para esto las máquinas nos sean de utilidad) para subir así los índices de productividad, creatividad y esa serie de habilidades cognitivas que son las que más nos van a ayudar en este presente/futuro del trabajo. Lo queremos todos: 727 100 trabajadores según un Informe de Randstad España quieren reducir su jornada laboral, con la correspondiente disminución de sus ingresos. Cada vez más empleados buscan otros beneficios al margen del salario, como equilibrio entre su entorno laboral y personal. Por esta razón, en los últimos años, factores como la conciliación o la flexibilidad han hecho que más profesionales estén dispuestos a reducir su jornada laboral, incluso a costa de una reducción de su salario.

Según un estudio de la Universidad de Melbourne, los adultos mayores de 40 años son más productivos cuando trabajan tres días a la semana o menos (¡espera antes de salir volando a contárselo a tu jefe!).

El estudio trabajó con 3000 hombres y 3500 mujeres, todos mayores de 40 años. Analizaron su memoria, las estructuras familiares, su razonamiento ejecutivo y abstracto, el empleo y el bienestar económico y subjetivo de los participantes. ¿Cuándo mejoró el rendimiento cognitivo de los participantes? A medida que los participantes aumentaron sus horas de trabajo hasta 25. Sin embargo, a partir de las 25 horas, el rendimiento comenzó a disminuir tanto en los voluntarios masculinos como en los femeninos. Lo que más sorprende del estudio es que a los voluntarios a los que se

Los adultos mayores de 40 años son más productivos cuando trabajan tres días a la semana o menos.

les asignó la tarea de trabajar 55 horas a la semana mostraron resultados cognitivos ¡peores que los de los retirados o desempleados! Increíble. Ya la hemos liado...

Según explica uno de los autores del estudio, el profesor Colin McKenzie, el trabajo estimula el cerebro, pero es también la principal causa de fatiga, cansancio y estrés.

El estudio no asegura que una semana laboral de tres días sea el ideal (ya sé que para ti sí), pero al menos en los mayores de 40 años —no hay investigaciones con los más jóvenes— «el funcionamiento cognitivo mejora hasta que los empleados trabajan 25 horas a la semana y luego disminuye», como explica Geraint Johnes, profesor de Economía en la Escuela de Administración de la Universidad de Lancaster. No es descabellado: a lo largo de la historia hemos ido descendiendo las horas de trabajo: la jornada laboral llegó a tener hasta 72 horas, luego estas se redujeron hasta 60 horas y luego a 48 horas, llegando a las 40 o 35 horas a la semana de la actualidad. El siguiente paso podría ser trabajar hasta 33 horas durante tres días a la semana. Por otro lado, vamos encaminándonos hacia sociedades que cada vez requieren más conocimiento (creatividad, pensamiento crítico, innovación...) y menos desgaste físico. Obviamente la moraleja del estudio no es que haya que trabajar solo tres días, sino que, por encima de cierta cantidad de horas (en concreto 40) dejamos de ser todo lo efectivos y productivos que desearíamos. Por supuesto todo depende del tipo de trabajo que desempeñes y la función cognitiva que requiera.

Pero la reflexión del estudio es interesante y abre vías a explorar: ¿En qué medida podría afectar a la población el aumento de la edad de jubilación, si esta no va de la mano de una reducción en las jornadas laborales? En principio la lógica para mantener la capacidad cognitiva sería trabajar a tiempo parcial. ¿Estamos hoy echando horas de más, que solo consiguen que se haga menos? En principio la lógica para mantener la capacidad cognitiva en el momento actual podría pasar también por potenciar y ampliar los momentos de microdescansos y juego en el entorno de trabajo.

Además de políticas de flexibilidad, teletrabajo, etc., ya hay empresas aplicando directamente jornadas más cortas como, por ejemplo, la firma de Nueva Zelanda Perpetual Guardian. Tras una prueba piloto de éxito en el que subieron los índices de bienestar y productividad, decidieron adoptar una semana de cuatro días de trabajo. Los empleados trabajan cuatro días de ocho horas, pero se les paga cinco. Telmex, en México, también cambió la jornada a cuatro días a cambio de alargar las jubilaciones hasta los 75 años. O Planio, una compañía de software de gestión de proyectos con sede en Berlín, cuyo fundador Jan Schulz-Hofen asegura que «es mucho más saludable y hacemos un mejor trabajo si no estamos trabajando horas extras y locas». Schulz-Hofen y su equipo discutieron varias opciones antes de decidir entre todos (ey, esto es importante: todos pensaron y entre todos tomaron decisiones) que trabajarían de lunes a jueves. ¿Y los clientes? ¿Se quejaron? Al revés, ¡se murieron de envidia! Empatizaron y apoyaron la decisión.

Incluso hay movimientos políticos y sindicales que miran en esta dirección. En Japón, el gobierno está alentando a las empresas a dejar libres los lunes por la mañana, aunque con poco éxito por ahora. El Congreso de Sindicatos de Gran Bretaña (TUC) presiona para que todo el país tenga una semana de cuatro días a finales de este siglo (iniciativa apoyada por el partido laborista opositor). El TUC argumenta que una semana más corta es una forma de que los trabajadores puedan compartir la riqueza generada por las nuevas tecnologías, como el aprendizaje automático y la robótica (al igual que se ganó el derecho al fin de semana libre durante la revolución industrial).

Una encuesta de Future Workplace & Kronos en 2018 a 3000 empleados en ocho países, incluidos Estados Unidos, México, Francia o Alemania, encontró que tres de cada cuatro empleados a tiempo completo (78 %) aseguraban que podrían hacer su trabajo en menos de siete horas cada día si pudieran trabajar sin interrupciones, y casi la mitad (45 %) podrían terminar las cosas en solo cinco horas o menos. Sin embargo, la mayoría superaban las 40 horas semanales de todos modos...

Además, vamos hacia modelos de trabajo que se miden por objetivos, ya que la lógica sugiere dejar de firmar contratos por horas y hacerlo por proyectos u otra modalidad.

7. Los trabajadores mayores y los empleos flexibles (*gig economy*)

Nuestro entorno laboral en los últimos años ha cambiado también con el crecimiento de empleos por encargo (trabajos puntuales de corta duración como, por ejemplo, hacer alguna terea cotidiana para otras personas en TaskRabbit, ahora perteneciente a Ikea), la economía colaborativa o nuevas formas de generar ingresos alternativos (como los alquileres a corto plazo de viviendas personales, por ejemplo, una habitación de tu casa en Airbnb). También conocida como *gig economy* (economía de los pequeños encargos o economía de los bolos) define esa situación laboral en la que somos contratados puntualmente para trabajos esporádicos en los que aportaremos todo lo necesario para la actividad. Este modelo representa para muchos trabajadores la posibilidad de lograr una mayor conciliación entre la vida laboral y la personal, siendo la flexibilidad, la comunicación y la gestión *online* los pilares básicos de su funcionamiento. La deslocalización, es decir, la posibilidad de trabajar para un empleador que se encuentra a miles de kilómetros es otra de las características de la *gig economy* gracias a los avances tecnológicos y de ahí que resulte también interesante para los *freelances* y los nómadas digitales, por ejemplo.

Las empresas que basan su modelo en la *gig economy* han aumentado de forma exponencial en los últimos años: entre el 20 y el 30 % de la población activa en Estados Unidos y Europa participa en la *gig economy* en diferentes grados, según datos de McKinsey. Apreciada por unos y denostada por otros (ojo, eso sí, con los modelos tipo MTur, Amazon Mechanical Turk y el riesgo que conlleva abaratar en exceso el trabajo), lo cierto es que este tipo de trabajo puntual y esporádico está encontrando en las personas séniors grandes aliados.

A medida que los adultos mayores ofrecen cada vez más estos servicios para tener un ingreso adicional, se convierten además en los proveedores con la calificación más alta en estas comunidades digitales. Por ejemplo, una investigación de Airbnb reveló que las mujeres mayores de 60 años reciben el porcentaje más alto de críticas de cinco estrellas por parte los clientes de entre todos los anfitriones (en Estados Unidos).

Según un ejecutivo de Airbnb, un motivo por el que las mujeres y los hombres mayores se inscriben para ser anfitriones es para tener un ingreso adicional, pero se acaban «enganchando» al negocio por el sentido de comunidad: el 64 % de los adultos mayores señalan que hospedar a personas de cualquier parte del mundo tiene un efecto positivo en su modo de pensar, porque aprenden sobre nuevas culturas (abrir la mente), hacen amigos de todo el mundo (social) e incluso viajan para visitar a sus anteriores huéspedes (movilidad).

Según una investigación de la consultora MBO Partners, las personas mayores de 53 años representaron el 35 % de quienes hicieron trabajos por encargo en el 2017, un aumento del 33 % en comparación con el año anterior. Las personas mayores de 60 años ya representan el 13 % de los anfitriones de Airbnb y son el grupo demográfico con más rápido crecimiento en general, y el 24 % de los conductores de Uber son mayores de 50 años.

Como vemos, el trabajo se encamina cada vez más hacia la flexibilidad, nuevos tipos de relación con la empresa (por proyectos) y el poder reorganizar y autogestionar tus propios horarios, tareas y carga de trabajo. Hacen falta mecanismos flexibles (y mucho diálogo social entre empresas, administración y sindicatos) que sean ventajosos tanto para las empresas como para los trabajadores, evitando así que el talento *silver* se pierda. Los países en los que existen políticas específicas para los adultos mayores tienen como denominador común que cuentan con mercados laborales flexibles, dinámicos e inclusivos. Los empleadores comprenden cada vez más la necesidad de aprovechar todo ese conocimiento y experiencia que impacta en el fortalecimiento de la organización y en el incremento del capital humano. Y de paso atraen al talento joven, igual de necesario, y que también encuentra en esta libertad de autogestión del tiempo y productividad un atractivo aliciente. Por supuesto, otra medida que están llevando a cabo los países más comprometidos con el edadismo y la empleabilidad de los séniors tiene que ver con fomentar el emprendimiento.

No confundir trabajos flexibles de *win-win* con precariedad del empleo, que no necesariamente van de la mano. La Organización Internacional del Trabajo (OIT) acaba de alertar sobre los peligros de la precariedad, y como ejemplo negativo sale España, donde más del 85 % de los emplea-dos temporales están en esa situación «porque no encontraron un trabajo indefinido». España encabeza aspectos negativos del mercado laboral europeo, junto con Bélgica, Grecia o Italia (por encima del 75 %). Por el contrario, más de un 90 % de los trabajadores temporales austríacos lo son por voluntad propia; porcentaje que en Alemania es del 85 %. La clave está en analizar qué parte del empleo a tiempo parcial se explica por una decisión personal —para pasar más tiempo en familia, compaginar voluntariamente varias actividades distintas o porque se estudia— o si se debe a las condicionales laborales de un país que no puede ofrecer al trabajador una jornada laboral completa.

Resumiendo, las jubilaciones ya no son lo que eran ni volverán a serlo. El retiro (y mucho menos aún el retiro temprano) ya no es una opción para muchos mayores porque los ingresos son insuficientes para mantener el nivel de vida (¡haz ya tus cálculos!). Cada vez son más los adultos mayores que reclaman recuperar la visibilidad y el poder aportar a la sociedad sin importar la edad. Y es que los 65 años de hoy tampoco se parecen en nada a los 65 años de antes (recordemos esa década de juventud que hemos ganado al tiempo y nuestras largas vidas de casi 100 años).

8. *Silver spending* y *silver economy*: El color del dinero es plateado

El desafío demográfico es, como hemos visto, un auténtico quebradero de cabeza —por no decir otra cosa— para la sostenibilidad del estado de bienestar, pero también está añadiendo nuevos consumidores de todo tipo de bienes y servicios. Hay una generación en concreto, los *baby boomers* (nacidos entre 1958 y 1977), que en 2020 tendrán una capacidad adquisitiva valorada en 15 billones de euros. El banco americano Merrill Lynch proyecta que el poder de gasto global de muchos mayores de 60 años alcanzará los 15 billones de dólares anuales para esta fecha.

El mercado de productos y servicios para adultos mayores (generación silenciosa) ya es potente y se fortalecerá aún más. De hecho, es la madre

El banco americano Merrill Lynch proyecta que el poder de gasto global de muchos mayores de 60 años alcanzará los 15 billones de dólares anuales para esta fecha.

de todos los mercados sin explotar: la población mundial de más de 65 años alcanzará los mil millones de personas para 2030 y 1600 millones para 2050. La entidad Credit Suisse cuantifica que el 60 % de quienes tienen ingresos anuales superiores a los 200 000 dólares en Estados Unidos son mayores de 50 años.

Aumentan los *silvers* con capacidad adquisitiva y poder de compra, de ahí el nombre de *silver spending* (gasto plateado), hacia quienes cada vez se dirigen más empresas para venderles sus productos o servicios, que es lo que se conoce como *silver economy*. Pero no solo. El potencial de las empresas con visión de futuro no se queda solo en ver una oportunidad comercial interesante. Los adultos mayores están preparados (nosotros también debemos estarlo) para dar forma a los mercados de consumo y de capital en los próximos años. Nadie comprende mejor a los clientes *silvers* que los emprendedores y trabajadores *silvers*.

Con una población cada vez más longeva, hay un nicho claro en el desarrollo de productos dirigidos a los mayores. Por ejemplo, el mercado mundial de dispositivos de asistencia para ancianos y personas con diversidad funcional se espera que supere los 26 000 millones para 2024, según un informe de la empresa Coherent Market Insights. El McKinsey Global Institute asegura que la población de más de 60 años, uno de los pocos motores del crecimiento económico mundial, está en camino de generar la mitad de todo el crecimiento del consumo urbano de aquí a 2030. La economía de la longevidad está rediseñando las líneas económicas, sumándose al avance de la tecnología y las innovaciones, y a las percepciones de lo que significa envejecer. Los *silvers surfers* de hoy no solo seremos receptores, ¡también deberíamos querer ser planificadores y generadores de nuestra propia realidad! Una forma muy útil de adaptarnos al futuro pasa por potenciar el emprendimiento en el ámbito del envejecimiento y la longevidad.

Como bien dice el gerontólogo Paul Irving, presidente del Centro del Instituto Milken para el Futuro del Envejecimiento, todavía estamos en las primeras etapas de entender cuáles son las necesidades de los consumidores mayores y cómo abordarlas. «El envejecimiento de la población es diverso y las respuestas no son simples, pero sí sabemos que ya existe una clara demanda de productos y servicios que pueden ayudar a las personas a llevar una vida más larga, más cómoda y más significativa, y que se promuevan sin estigmas ni estereotipos», nos dice.

La dificultad está precisamente en que romper con los mitos y estereotipos de la vejez en particular implica aceptar que hay muchas maneras de envejecer, y esto lo marca el carácter, las experiencias vividas, la educación recibida, el contexto socioeconómico, los hábitos y las costumbres, etc. Es decir, las personas mayores no son un grupo social homogéneo y estable (como ningún otro grupo social), sino que está formado por personas diferentes entre sí, con problemas diferentes, preocupaciones diferentes y necesidades diferentes. Y estéticas distintas (recordemos el dilema de teñirse o dejarse las canas). Dicho esto, también necesitamos catalogar, clasificar y *taggear,* porque el uso de un lenguaje común nos ayuda a simplificar la complejidad del exceso de información y, por lo tanto, facilita el entendimiento y el poder avanzar.

Esta demanda crecerá rápidamente en las próximas décadas, y las compañías que comiencen a satisfacerla ahora encontrarán una buena oportunidad económica, además de aportar a la sociedad.

De acuerdo, pero ¿cómo son los *silvers spenders* del siglo XXI? Pues *silver surfers*. Los adultos mayores de hoy y, sobre todo, del mañana, además de estar digitalmente conectados y tener la tecnología integrada en sus vidas y procesos de consumo, en promedio son más ricos que las generaciones anteriores (muchos de ellos, además, siguen parcialmente en activo o tienen entradas alternativas de dinero) y han accedido a mayor nivel de educación. Y lo más importante: saben lo que quieren y cómo lo quieren. Son conscientes de su singularidad y, por lo tanto, buscan la personalización máxima en el producto, servicio u experiencia.

Los consumidores mayores no tolerarán que las empresas aborden solo las necesidades fisiológicas o de seguridad e higiene básicas, que es lo que hasta ahora hemos asociado a las necesidades de los mayores (dando a entender que el consumidor está enfermo). Las nuevas demandas en el mercado surgen de una vida de mayor longevidad joven y bienestar y, por tanto, está ligada a cuestiones más aspiracionales y de realización personal, de ocio, de estética y retos *healthy,* etc. La práctica totalidad de los jubilados españoles de hoy en día viajan, realizan algún deporte y el 60 % acude a conciertos.

El auge de la economía de la longevidad es la oportunidad de mercado más importante para la comunidad de inversores hoy en día (por cierto, muchos de ellos *silvers* también), pero vender las mismas soluciones antiguas ya no tiene sentido; al menos no hacerlo de la misma manera. Porque, como explica Joseph F. Coughlin, director del Instituto de Tecnología de Massachusetts y autor de *The Longevity Economy*, «del tipo de productos que los consumidores mayores del mañana huiremos a toda costa serán aquellos que tratan a las personas mayores como un problema a resolver».

Las empresas y emprendedores *smart* serán aquellos que no intentarán resolver a sus consumidores, sino los problemas de sus consumidores... ¡tal como los definan esos consumidores! Verán a los adultos mayores bajo una nueva perspectiva: como pioneros a los que se debe defender ya que son quienes abran nuevos caminos en una vida en constante evolución. Por tanto, sí. El futuro del trabajo será para los actuales mayores de 40 años. Dentro y fuera de las empresas. Como empleados/profesionales/emprendedores y como consumidores.

8.1 ¿Hacia dónde se dirige la *silver economy*?

Se espera que las personas disfruten de cinco años más de vida saludable e independiente en sus propios hogares para el 2035 (una encuesta de AARP reveló que el 90 % de los adultos mayores desean poder permanecer en sus propios hogares a medida que envejecen; creo que es algo que deseamos todos, ¿verdad?), pero el desafío real está es reducir la brecha entre la experiencia de los más ricos y los más pobres, medida a través de mejoras en la esperanza de vida sin discapacidad. Pongamos un ejemplo de esta disparidad: en Reino Unido 1 de cada 10 jubilados tiene una riqueza de 1 millón de libras o más, lo que representa un total de más de un millón de millonarios jubilados en ese país. Pero 1 de cada 8 apenas tiene ahorradas 500 libras. De ahí que sea tan importante hacer una buena planificación financiera con respecto a nuestra nueva longevidad. El modo en que las comunidades respondan a estas nuevas necesidades de las personas mayores contribuirá, sin duda, a mejorar también la propia economía. Curiosamente —o quizá no tanto— una investigación realizada por ILC-UK y Prudential encontró que, si bien los jubilados tienen más activos que las generaciones más jóvenes, continúan ahorrando en lugar de gastar.

Algunos de los campos de acción e innovación de esta economía de la longevidad, para los *silver surfers* emprendedores de la sala son:

- Favorecer la participación de los mayores en la vida social.
- Evitar el sedentarismo y la soledad no deseada.
- Promover la independencia personal.
- Dar cobertura a las situaciones de vulnerabilidad.
- Diseñar estrategias de economía social.
- Promover fórmulas de incorporación de nuevas tecnologías (ejemplo e-salud).
- Favorecer la investigación, el desarrollo y la innovación en los ámbitos ligados al envejecimiento.
- Ocio, diversión, viajes...

Veamos algunos ejemplos de compañías que ya están vinculándose a los conceptos de *silver spending* y *silver economy*:

- **Philips:** Reconociendo las enormes oportunidades que se avecina, ha reorientado su negocio centrando su futuro en la salud y el bienestar. Para ello se ha asociado con la Global Social Enterprise Initiative en la McDonough School of Business de la Universidad de Georgetown y están desarrollando nuevas tecnologías para satisfacer las necesidades de sus clientes más antiguos como aplicaciones de seguridad, por ejemplo.

- **Uber y Lyft** (una empresa de transporte estadounidense que conecta conductores y usuarios de coches compartidos por medio de una aplicación móvil): Han desarrollado programas para brindar transporte a adultos mayores a través de herramientas web, aplicaciones y sistemas telefónicos amigables con la edad. Están creando asociaciones para facilitar el acceso y facilidad de uso para los adultos mayores, sus familias y cuidadores.

- **Bank of America Merrill Lynch:** Está formando a su fuerza laboral orientada al cliente para que comprenda las necesidades de sus clientes mayores. En asociación con la Escuela de Gerontología Leonard Davis de la Universidad del Sur de Carolina, el programa de aprendizaje de longevidad de la compañía enseña a los asesores financieros sobre las experiencias, prioridades y objetivos de las personas mayores.

- **Intel:** Está trabajando en proyectos relacionados con IoT (internet de las cosas) para permitir que los *wearables* (ropa y *gadgets* inteligentes conectados) analicen y comuniquen los datos de salud más rápido que nunca a través de conexiones 5G.

- **Nest:** Empresa de domótica con sede en Palo Alto que produce termostatos, detectores de humos impulsados por sensores y otros sistemas de seguridad. Ha comenzado a modificar su línea de productos inteligentes para el hogar con el fin ayudar a los adultos mayores a seguir viviendo de manera independiente.

Estos ejemplos son solo un pequeño aperitivo; más adelante veremos ejemplos de innovadoras *startups,* así como el auge de plataformas digitales nacidas para dar servicio a los séniors.

Eso sí, hay que investigar bien dónde vas a encontrar tus principales clientes pues a diferencia de otros mercados de rápido crecimiento, esta expansión se llevará a cabo principalmente en países ricos. El Boston

Consulting Group proyecta que, para 2030, la población estadounidense de más de 55 años habrá representado la mitad de todo el crecimiento del gasto del consumidor nacional desde la Gran Recesión, un número que se eleva al 67 % en Japón y al 86 % en Alemania.

Seguro que se producirán otros cambios importantes en las economías del mundo; quizá relacionada con los efectos del cambio climático y nuevos recursos naturales, con el aumento de uso (y mejora en la profundidad, *deep*) de la inteligencia artificial, el 5G... Pero en términos de una previsibilidad demográfica aplastante, la *silver economy* es una economía con futuro.

9. *Age friendly*: Ser amigable con la edad es lo que toca

Después de todo este montón de cosas que hemos visto, cómo no invitarte a lo que la lógica de nuestro tiempo nos exige: a ser amigables con la edad. Con las personas de más edad. De *silver* a *silver*.

Ser #agefriendly (amigable con la edad) es un concepto que lleva desarrollando la Organización Mundial de la Salud (OMS) desde 2006 —sí, tranquilo, no eres el único que no había oído jamás hablar de ello— cuando reunió a 33 ciudades en 22 países para «generar un proyecto que ayude a determinar los elementos clave del entorno urbano que apoyan el envejecimiento activo y saludable». El resultado fue un marco para que los distintos lugares del mundo evalúen su «amigabilidad con la edad».

¿Y en qué consiste tener una perspectiva amigable con la edad? Pues básicamente en aprender a ponerse unas gafas particulares que nos ayuden a ver si lo que pasa a nuestro alrededor está enfocando adecuadamente —o no— la atención en los temas de particular relevancia para las personas mayores (que son los problemas de todos a medida que envejecemos, que no se nos olvide). Ya sean políticas, los servicios de un lugar, *age management* en las empresas...

Por ejemplo, ahora se habla y trabaja mucho —con razón— sobre las *smart cities* (ciudades inteligentes), ya que para el 2050 las ciudades acogerán al 70 % de la población. Pero ¿cuál será la edad de la mayoría de las personas que vivan en 2050 en esas ciudades? ¡Exacto! Gracias por ponerte las gafas *agefriendly*. Entonces, ¿cómo debemos rediseñar y acondicionar las ciudades inteligentes para aumentar el máximo confort de la que será la mayoría de su población? Nuestras necesidades sociales, de transporte y de vivienda cambian, por lo que los urbanistas, arquitectos y diseñadores de políticas sociales, junto con nosotros, deben ponerse estas gafas también. Vivimos más, vivimos mejor, con más salud, claro que sí. Y subiendo. Pero cuando tienes 65 años caminas a tres kilómetros por hora. Y cuando tienes 80 a dos. Pues eso te cambia muchas cosas. Por cierto, ¿son tus oficinas *age friendly*?

En Europa ya hay iniciativas muy potentes al respecto, como Age Friendly Economy (agefriendlyeconomy.eu) que a través de un *bootcamp*, un curso intensivo, y un *cluster* virtual, una agrupación o conjunto de empresas, marcas u organizaciones que suman fuerzas para aprovechar sus diferentes especializaciones, fomentan ideas innovadoras que se transformen después en nuevos productos y servicios para comercializar y que ayuden a mejorar la vida de las personas mayores.

Todos esperamos poder vivir en nuestra casa hasta el fin de nuestros días, pero ¿qué hacer si un día la soledad o la dependencia nos acechan? Un tema espinoso; no nos gusta mucho pensar en ello. Déjame contarte una anécdota. Hace unos meses tuve que ir por trabajo a Ginebra; tras pasear un rato por esa bella ciudad me senté a tomar un café. A mi lado había una madre y una hija, paraguayas creo. El caso es que les pregunté algo y me puse a charlar con ellas... La reacción de la mujer, tras mirarme fijamente un rato fue: «¿Sabes que eres la primera persona que me dirige la palabra en los siete años que llevo aquí viviendo? En este país nadie se habla si no se conoce... Es tan frío como el frío que hace. No me extraña que esté todo lleno de residencias de ancianos, ¡no había visto tantas en mi vida!». Está claro que pillé a esta mamá con ganas de regresar al calor de su país, y confío en que lo consiguiera, pero el comentario de las residencias me sorprendió y me dio muchísima pena. Frío-soledad. Creemos que en los países latinos con lazos familiares más fuertes no pasa eso, pero la realidad es que en España hay casi dos millones de personas que viven solas. Y aunque vivir en soledad no significa necesariamente sentirse solo, el 59 % de las personas mayores que viven solas sí han expresado tener sentimientos de soledad y aislamiento. Pensemos en opciones para paliar esto, que nos sean las residencias de ancianos tradicionales.

¿Qué tal vivir en pueblo 100 % *silver*? The Villages, en el condado de Sumter de Florida, es una red de pequeñas aldeas en la que viven unas 120 000 personas mayores de 55 años, en las que hay bares, cines, restaurantes, centros médicos.... También están las opciones *cohousing* (coviviendas): comunidades de vecinos séniors que aprovechan las ventajas de vivir en comunidad, con zonas comunes diseñadas por ellos mismos, pero manteniendo áreas privadas. Una mezcla entre las comunas danesas y las corralas de toda la vida donde los vecinos se cuidaban y hacían vida en el patio..., pero bien diseñadas, mejor ejecutadas y 100 % diseñadas por séniors. También están las *senior houses* diseñadas para el confort (iluminación que respeta los ritmos circadianos naturales, muebles ergonómicos, etc.) O puede que te atraiga más mezclarte con otras generaciones: ¿te imaginas haciendo *coliving*? Sí, directamente compartir piso con desconocidos ¡como cuando éramos estudiantes y no teníamos ni un euro! Ahora no lo harías por ahorrar (que también, si te viene bien), sino por la compañía y la diversión. Echa un vistazo a ollie.co, te sorprenderá... Más del 20 % de las consultas a esta página web provienen de los *baby boomers* y un tercio de los inquilinos que comparte casa tiene 60 años o más.

Hemos tocado solo unos ejemplos, pero hay mil temas más. Ser *silver surfer* significa empatizar con el sénior de hoy y planificar el día de mañana.

Ser *silver surfer* significa empatizar con el sénior de hoy y planificar el día de mañana.

3

PONER EN VALOR EL TALENTO *SILVER*

Convivencia laboral en la era de la robótica y la inteligencia artificial

SÉ PERFECTAMENTE cuándo y dónde vi por última vez una mujer *mayor* (de más de 65 años) trabajando. Fue en un VIPS del centro de Madrid, y me sirvió desde la barra un café para llevar. Que me acuerde de esta camarera con la cantidad de cafés, cafeterías y camareros que pasan por mi vida —adoro tomar esta bebida dos veces al día— es porque resulta poco común. Me llamó la atención, como a todos los que estábamos allí. Incluida una señora que la observaba, o eso me pareció, con cara de «pobre mujer, trabajando a su edad». No le correspondí la mirada cómplice. Ver trabajar a personas mayores en empresas —fuera de ella o de manera ilegal es más habitual—, sigue resultando llamativo. Lo curioso es que nos envuelven los prejuicios cuando lo tenemos delante, cuando lo que nos tendría que alertar ¡es no ver más!

Que los cincuenta son los nuevos cuarenta, y los cuarenta los nuevos treinta no lo podemos negar, porque la edad cronológica y la biológica, como ya sabemos, son dos cosas distintas... Excepto cuando se trata de trabajar. Porque en ese momento la fecha de nacimiento golpea con toda su fuerza, en general para mal. Aunque la ley en algunos países dicta que está prohibido especificar la edad en los procesos de selección y reclutamiento, hay tantas maneras de averiguar la fecha en que naciste con un margen de error de casi cero que, sinceramente, para qué molestarse. ¿Cómo vas a ocultar qué experiencia tienes, dónde estudiaste o cuándo te graduaste? ¡Si hasta tu nombre puede dar pistas sobre tu edad! Basta con echo una mirada a tu perfil de Facebook o Instagram donde subes esas fotos tan *monas* con tus hijos (pii... error) o esa cena *guay* con tus *colegas* (que además son todos de tu *quinta*) para calcular tu edad. ¡Vaya! Se me ha escapado decir *colegas* y *guay*, que son palabras 100 % ochenteras. Pillada. Mejor me preparo un «lifting lingüístico» al estilo generación Z no vaya a ser que todo esto acabe en un *epic fail*, que menuda *facepalm* (*Epicfail*: un fallo épico. *Facepalm*: Taparse la cara con la mano por vergüenza o incredulidad).

Sinceramente, no me parece que lo de los currículums ciegos sea la vía más útil para explorar, porque, como mucho, funciona en una fase muy preliminar. Lo que hace falta es que cambiemos todos la mentalidad para entender que los cortes invisibles a la hora de contratar (trabajar) en función de la edad es algo ridículo en la demografía en la que nos movemos. La educación laboral es también social. Que esto no va de años, va de lo que sabes o no hacer, de lo que puedes o no aportar, de si encajas o no en el puesto. Con 24 o con 90 años, como Barbara Beskind. La realidad, al menos en España, aún es la misma: solo un 4 % de las empresas españolas tiene políticas dirigidas a contratar a mayores de 50 años, y apenas un escaso 17 % contrató a profesionales en paro por encima de esa edad (Guía del Mercado Laboral 2018 de Hays).

1. ¿Por qué se desaprovecha (o rechaza) el talento sénior? Ya seas empleado, *freelance* o emprendedor

Puede que te sientas reflejado en estas cifras y situación o puede (ojalá) que no; puede que te encuentres a un lado u otro del mundo de la contratación, pero, aunque solo sea por las vueltas que da la vida —y ya sabes, *por viejo y por diablo*—, que darlas las da, nos obliga a todos a prestar atención, oídos y manos a esta realidad. Las complicaciones de sumar años, obviamente, no solo afectan al empleado, también te pueden afectar si eres emprendedor y necesitas financiación para tu proyecto (¿a quién crees que suelen elegir los *business angel*?); si te apetece colaborar con una *startup* o empresa que trabaja en diferido (¿un sénior trabajando 100 % en remoto con herramientas digitales?); si eres *freelance* y cobras tu trabajo acorde a lo que vale (¿quién damos por sentado que es el que menos nos va a cobrar?). Para contratar tus proyectos o tu colaboración las empresas buscan «innovación y dinamismo» (¿innovación y dinamismo no son sinónimos de joven?).

El progresivo envejecimiento de la población y la dificultad que habrá en el relevo generacional en las organizaciones ante la escasez de profesionales deberían obligar a las empresas a fidelizar y buscar a los séniors con talento.

En un lado del extremo, tenemos a algunas empresas que quieren desprenderse de sus empleados de más de 50 años y, por el otro lado, a las que no se plantean contratar ni siquiera a profesionales de 40 años. Que conste que en todos los casos nos centramos en la pérdida del talento *silver*, personas en activo, que no están adormecidas en sus puestos de trabajo ni en sus vidas, sino todo lo contrario; quieren crecer, aprender, evolucionar, aportar y seguir surfeando las olas del cambio. Los zombis laborales no están aquí contemplados, tengan la edad que tengan. Lo más llamativo es que algunas de las empresas que no contratan a gente de diversas edades son el paradigma de innovación, creatividad y evolución para muchas otras cosas, por lo que resulta ciertamente chocante que tengan escasa sensibilidad por la diversidad intergeneracional, pues no vale solo con la de género, racial y cultural.

Uno de los casos que más ruido ha hecho es Google —agarrado con pinzas el tema, porque al menos yo no he encontrado resolución judicial al respecto—. En 2018, 265 personas mayores de 40 años que habían aspirado a trabajar en Google sin conseguirlo realizaron una demanda colectiva hacia la empresa por, supuestamente, haberlos rechazado únicamente por su edad. Algo parecido les sucedió a Intel e IBM, aunque en este caso porque se hicieron despidos masivos y todos eran de más de 40 años. Concediendo el beneplácito de la duda, lo cierto es que en

Tan importante es contar entre tus filas con personas jóvenes como maduras, aunque su gestión pueda significar un nuevo reto para la empresa.

Facebook, LinkedIn, Google, Tesla y Amazon la edad media de sus empleados en 2017 no superaba apenas los 30 años (datos de PayScale que recoge Statista). 29 años Facebook, 31 Apple, 33 Microsoft...

De ser ciertas estas prácticas, da un poco de miedo pensar que algunas compañías tecnológicas —o no tecnológicas, da igual— del siglo XXI pudieran estar actuando de manera parecida a las primeras industrias del siglo pasado que discriminaron por edad. Pero, ojo, porque también podemos encontrar en Palo Alto a las empresas que mejor y más exquisitamente han entendido la inclusión por edad, como vimos con el caso de IDEO y la señora Beskind. Porque esto no va de campos —recuerda lo que hablamos en el primer capítulo—: mío versus tuyo, jóvenes versus maduros, generación X versus *millennials*. Todo lo contrario. Esto trata de la importancia que tiene compartir conocimiento sin importar la edad. De entender que, como tan sabiamente dijo Stephen Covey: «Las fortalezas están en nuestras diferencias, no en nuestras similitudes». Tan importante es contar entre tus filas con personas jóvenes como maduras, aunque su gestión pueda significar un nuevo reto para la empresa. No solo es beneficioso para la propia compañía (lo trataremos en el capítulo sobre gestión intergeneracional), sino que, además, estaremos contribuyendo socialmente a normalizar la diversidad.

Por último, otra causa de discriminación por edad es la tipificación de tareas: algunos trabajos se perciben como más adecuados para un grupo de edad u otro —también pasa con el género— y, por tanto, la tendencia es contratar solo a personas tipificadas. ¿Cuántas mujeres séniors conoces repartidoras de pizza, por ejemplo?

2. Borrarse 20 años del carné de identidad... o confiar en la ley

No sé si conoces el caso de Emile Ratelband, pero déjame que te lo cuente, porque es realmente singular y fantástico para reflexionar. Ratelband, un holandés con una edad cronológica de 69 años, edad biológica de 45 y edad autopercibida de 49, sorprendió a todo el mundo cuando pidió legalmente restar 20 años a su fecha de nacimiento. ¿Sus motivos? Se siente discriminado en el trabajo por culpa de su edad y también rechazado en Tinder —pero ahí mejor no vamos a entrar—. Según él, los médicos le aseguraron que fisiológicamente tiene el cuerpo y la salud de alguien de 45 años, por lo que, en sus palabras: «Si los transexuales pueden cambiar de género y que conste en el pasaporte, ¿por qué no de edad?». Aunque al final los tribunales le han dicho que no, el debate que abrió con respecto a la edad biológica versus cronológica fue muy interesante.

Si estoy a tope de energía y de salud, me siento bien y estoy en lo alto de la ola mental (actualizo mis conocimientos, etc.), ¿por qué mi edad cronológica resta en vez de sumar?

La realidad es que, a más años, menos posibilidades. En México, por ejemplo, un 65 % de los profesionales declaró haber sufrido algún tipo de discriminación en el trabajo, según un estudio de la OCCMundial. Un 47 % se sintió discriminado por sus años, frente a la apariencia física (20 %) o el género (10 %). No solo se produce la discriminación no contratando o expulsando antes de tiempo a los profesionales maduros, también se produce cuando *olvidamos* incluirlos en los programas de aprendizaje (capacitación), liderazgo, planes de carrera, etc. Estos son algunos posibles puntos de discriminación por edad:

- Negar el empleo o no contratar a alguien por no ser joven.
- Hacer bromas o comentarios no deseados en base a la edad.
- Salarios más bajos por el mismo trabajo.
- Asignación de tareas indeseables o humillantes solo a personas mayores.
- Negación de entrenamiento, educación o de otros beneficios a personas mayores.

- Hacer el trabajo más difícil (contenido, espacio físico, relacional...) que motive a alguien a renunciar.

- Reducción de personal o despidos desproporcionados que afecta especialmente a personas mayores.

Puede que a nosotros también nos entren ganas reivindicativas de borrarnos 20 años de un plumazo del carné de identidad, pero es mejor vivir orgullosos de nuestras cifras y recordar que todo esto de lo que estamos hablando son derechos protegidos por la ley. En unos lugares con más entusiasmo que en otros. Por ejemplo, las personas mayores de 40 años están amparadas en Estados Unidos por la Ley de Discriminación en el Empleo por Edad (ADEA), que prohíbe la discriminación por edad en contrataciones, despidos, reducción de personal, pago, beneficios, ascensos... En Europa, la legislación del Tratado de Unión Europea del año 2000 dice que es ilegal discriminar a alguien también por su edad. En Chile, también lo dice la Constitución Política de la República, en su artículo 19.

Si los *silvers surfers* del mundo —siempre hablando del buen profesional— tienen experiencia, conocen el negocio, aportan habilidades blandas (*soft skills*) especialmente valiosas y a menudo cartera y clientes... ¿Por qué entonces el porcentaje de empleados que superan los 50 años es inferior al 19 % para más de la mitad de las empresas españolas? ¿Por qué aún miramos a los camareros mayores con pena y condescendencia? Por desconocimiento de todo lo que tiene que ver con la nueva longevidad laboral, sin duda. Y porque aún andamos cargados de ideas erróneas asociadas a la edad.

3. Estereotipos y prejuicios que hay que romper

El concepto *estereotipo* hace referencia a la imagen estructurada y aceptada por la mayoría de las personas como representativa de un determinado colectivo. Mientras que el de *prejuicio* al juicio sobre alguna persona, objeto o idea de manera anticipada. Se trata de una actividad mental inconsciente que distorsiona la percepción. La discriminación es la traducción de nuestros prejuicios y estereotipos en actos que se dirige en contra de un individuo o de los miembros de un grupo que son percibidos como negativos.

Habría que diferenciar los estereotipos (opiniones) del prejuicio (más afectivo, relacionado con los sentimientos) y la discriminación (que es conductual). Pero si juntamos el hambre con las ganas de comer, obtenemos un menú repleto de mitos, prejuicios y estereotipos sobre los profesionales maduros y el trabajo, que acaba dando lugar a discriminatorios asociados a la edad: edadismo (*ageism*).

Nota importante: es natural y muy humano tener resistencias al cambio, más aún cuando nos dicen —otros— que debemos cambiar, pero no entendemos ni porqué y ni para qué; y también es habitual que en lugares con mayor concentración de personas séniors ciertas transformaciones cuesten más implementarlas con celeridad. Por supuesto, no solo depende de la edad de las personas empleadas, sino de cómo se comunica el cambio, la cultura invisible que haya en la empresa, la estrategia de transformación que se esté siguiendo... Influyen muchos factores. Veremos más adelante por qué sucede esto y como gestionar los procesos de cambio, etc. Empezando, como siempre digo, por uno mismo. Lo que estamos haciendo ahora es desasociar ciertos conceptos que damos por sentado que vienen de serie con las personas de más edad. Por supuesto que podemos conocer a alguien que encaje en el estereotipo, pero si te fijas ¡te podrán encajar personas de cualquier edad! Aplicar estos prejuicios de manera genérica y arbitraria hace mucho daño de manera directa y también colateral. Así que, rompamos mitos y estereotipos.

3.1 Mitos y leyendas en torno a los trabajadores séniors

1. «Les cuesta adaptarse a un mundo que cambia a gran velocidad». Damos por sentado que los profesionales, sobre todo los que tienen más de 60 años, están acostumbrados a trabajar de una forma más tradicional y, ahora que ha cambiado —matizo, está cambiando— la

organización, les cuesta adaptarse a la nueva cultura y a las nuevas metodologías. No se nos debe olvidar que el cerebro es igual de plástico y flexible en todos los mortales y, por lo tanto, se tiene la misma capacidad de aprender y de adaptabilidad. Recordemos, además, que el profesional sénior ya ha sabido adaptarse a grandes cambios, como ese paso del mundo analógico al digital. Por ejemplo, aquellos que se sienten —nos sentimos— *modernos* aplicando y enseñando metodologías *nuevas* como el *Design Thinking*, en verdad estamos usando una metodología creativa ¡que nació a finales de los años ochenta! El diseñador que la inventó, David Kelley nació en 1951 y la persona que la popularizó, Tim Brown (CEO de IDEO), es de 1962. Más *silvers*, imposible.

2. «No tienen en el mismo ritmo y nivel de energía que los jóvenes». Igual de falso que pensar que por ser joven eres entusiasta y energético. Como dijo Ramón y Cajal: «Todos conocemos jóvenes mentalmente viejos y ancianos seductoramente jóvenes». Esta cuestión no tiene edad. Si la energía está en el plano físico, sería conveniente recordar que vivimos más, por tanto, tenemos que cambiar el arco de la vida laboral y, además, no confundir la edad cronológica con la edad biológica y funcional. Por supuesto, a partir de una edad determinada —no es la misma para todos— puede bajar la energía, pero aquí estamos también para pensar cómo las empresas pueden adaptar los horarios laborales y buscar fórmulas flexibles para ajustarse a esta nueva demografía longeva y no perder el talento sénior.

3. «Los más jóvenes prefieren no trabajar con ellos». ¿Estamos seguros? Y de ser así, tendríamos un claro reflejo de la invisibilidad de las personas mayores en la sociedad y la falta de mezcla intergeneracional en nuestras vidas diarias. Toca dar charlas, formaciones (capacitaciones), también para concienciar a la sociedad... Y, después, trabajar e implementar políticas de convivencia intergeneracional hasta que esto deje de ser un problema y se normalice. Ganan los empleados porque mejoran como personas, y subirán también los índices de productividad en la empresa.

4. «Solo piensan en su jubilación, no en mejorar su rendimiento». Pues si solo piensan en su jubilación... ¡regálales este libro! A ver, una persona de 40 años tiene por delante el 67 % de su vida laboral. Si tiene 50 años, el 50 %... Así que, si la empresa busca a alguien que quiera crecer, desarrollarse y hacer carrera: los *silver* son la persona ideal para el puesto. Si realmente los empleados están muy cerca de la jubilación —y es lo que todas las partes quieren— entonces hay que trabajar con ellos un plan de *age retirement* para que su implicación y productividad dure hasta el día que se vayan e incluso más allá; así la compañía no pierde ese valioso conocimiento. Te puede sorprender este dato: según un informe de la Universidad de Santiago de Compostela (USC), el 40 % de los trabajadores encuestados no desean jubilarse frente al 43 % que no desea seguir trabajando.

5. «Son menos productivos». Hay personas productivas e improductivas ¡de todas las edades, género y condición! La productividad también nace del *engagement* con la compañía, de lo que me guste (o no) mi trabajo, de la motivación intrínseca y extrínseca... Todos ellos factores que influyen en personas de cualquier edad.

6. «Tiene mayor absentismo y más accidentes». Pues es justo al revés. Los trabajadores de más edad sanos poseen menores índices de absentismo y accidentabilidad que los jóvenes. Esta aparente contradicción se debe a que los séniors tienen mayor motivación para mantenerse en el puesto de trabajo (aunque a veces tristemente solo sea por las dificultades que experimentarían si lo perdieran), mayor experiencia para evitar peligros que ya conocen y porque tienen unos valores de lealtad y compromiso más arraigados. Según el estudio de la USC, la satisfacción tanto laboral como vital es mayor en el intervalo de más edad (64-70 años). Si ya lo venimos diciendo... Sumar años no resta, multiplica.

Por otro lado, el envejecimiento progresivo —y excesivo— de las plantillas también es un tema preocupante para las empresas privadas y del sector público. La preocupación se centra en:

1. La creencia extendida, aunque falsa, de que los trabajadores mayores tienen menor productividad, capacidad de adaptación, energía, etc., que los jóvenes.

2. Que ocupan los puestos más relevantes en el escalafón y, por tanto, cuestan mucho más dinero que los trabajadores jóvenes.

3. Que tienden a bloquear las posibilidades de promoción de los más jóvenes, lo que impacta en la moral y desánimo de las personas jóvenes o de mediana edad.

Quizá deberíamos plantearnos la construcción de sistemas organizacionales menos piramidales y más redárquicos (más planos, modulares, colaborativos, en forma de red), lo que ayudaría a descargar gran parte de esta presión del embudo empresarial. Y al mismo tiempo considerar y preparar a las personas para que las carreras profesionales dejen de plantearse como crecimiento vertical, sino horizontal y más transversal. Sin duda, los modelos de ciertas compañías más tradicionales deberán ser revisados en el presente, para el futuro del trabajo. En Inglaterra, por ejemplo, una mayoría abrumadora de empresarios (84 %) reconoce la necesidad de cambiar comportamientos para retener a los trabajadores de mayor edad en el futuro.

Para saber más sobre discriminación por edad o para sumarse a alguna de las campañas que existen, aquí tienes algunas alternativas:

• Campaña #StopEdadismo. Promovida por la Asociación Proyecto Los Argonautas, hace frente al edadismo y al paternalismo a través de actividades que promuevan la solidaridad y enriquecimiento entre generaciones.

• Campaña #MicroEdadismos. Promovida por *QMayor Magazine*, se trata de un nuevo espacio en su web en el que se denuncia la discriminación cotidiana por la edad.

• Campaña #nocaduco. Llamada contra la discriminación por edad realizada por mYmO (asociación sin ánimo de lucro que trabaja para la innovación intergeneracional).

4. ¿Y si preferimos vivir en un mundo de desigualdad?

Sí, soy consciente de que la pregunta es compleja, pero ya que estamos hablando de construir un futuro adecuado porque queremos ser *silvers surfers* de pleno derecho y a pleno pulmón, lo cual pasa por corregir ciertas desigualdades y malas praxis asociadas a la edad que se están dando el día de hoy, me parece relevante plantear esta reflexión. Pensar sobre ello como un ejercicio neuronal filosófico, porque la cosa se las trae. Si damos credibilidad a lo que unos investigadores de la Universidad de Yale publicaron en la revista *Nature Human Behavior*, que sepas que los seres humanos —incluso los niños pequeños y bebés— prefieren vivir en un mundo en el que existe la desigualdad.

¿Por qué? Pues porque en una situación donde todos son iguales, los estudios sugieren que la mayoría nos enfadamos o amargamos si las personas que, por ejemplo, trabajan duro no son recompensadas, o si los vagos (flojos) son excesivamente recompensados.

Según Mark Sheskin, coautor de la investigación «La gente prefiere una desigualdad justa a una igualdad injusta», si lleváramos este tema a la brecha en la distribución de la riqueza, que es uno de los temas más preocupantes del siglo XXI, en principio la idea de tener una sociedad igualitaria sería lo apropiado, ¿no? El problema está en que preferimos aceptar una sociedad desigual, si creemos que el reparto ha sido justo. Es complejo, lo sé. Parece ser que las personas, en general, no trabajamos, creamos cosas o nos esforzamos sin motivación para hacerlo y, además, nos gusta sentirnos recompensados —o que recompensen— a quien se esfuerza, a quien se lo gana. Por lo tanto, las mejoras deberían ir encaminadas hacia la eliminación de las injusticias, pero sin buscar una equidad total (pan para todos).

¿Qué conduce a una sociedad potencialmente mejor? Siguiendo con la analogía de que el 90 % de la riqueza está en manos del 1 % de la población, los expertos dicen que se presta demasiada atención al hecho de que el 1 % y los súper ricos que existen, cuando lo efectivo sería concentrarnos más en ayudar a los menos afortunados, quienes, por falta de equidad, son incapaces de mejorar su situación. En su libro *Sobre la desigualdad*, Harry G. Frankfurt, profesor emérito de Filosofía en la Universidad de Princeton, aseguraba que la obligación moral debe estar en la eliminación de la pobreza, no en lograr la igualdad, y tratar de asegurarse de que todos tienen los medios para llevar una buena vida.

En alguna de esas noches de buena cena y conversación con amigos para arreglar el mundo, os invito a sacar a relucir este tema para unir «nuestra preferencia humana en materia de desigualdad» con la idea de la renta básica universal... A ver qué sale.

5. También están pasando cosas buenas

Por supuesto que sí, nunca hay que dejar de lado los consejos de Hans Rosling. Así que repasemos esas cosas positivas, empezando por el simple hecho de que estamos hablando sobre ello, lo que ya de por sí resulta muy liberador y esperanzador. Además, el Observatorio de Demografía y Diversidad Generacional del Instituto de Empresa (IE) nos dice que, a pesar de todo, la presencia de los séniors en el mercado de trabajo español no ha cesado de crecer desde el año 2008. Los factores que explican ese aumento son lo que ya sabemos: el mayor peso de los trabajadores en las ramas de actividad donde prima menos el esfuerzo físico y más la capacidad mental; una mejor salud que permite trabajar hasta edades más avanzadas y, más recientemente, la paulatina disminución de incentivos para terminar la vida laboral de forma anticipada. Otra noticia positiva es el aumento de mujeres trabajadoras de más edad, que ha reducido significativamente la diferencia con los hombres: de 2.5 varones por mujeres en el año 2000, se ha pasado a 1.3 en el primer trimestre de 2018. Adecco también anunciaba que el desempleo entre los mayores de 50 años se había reducido un 10 % en el tercer trimestre de 2017 respecto al mismo período del año anterior (¡bien!).

Demos una pequeña vuelta positiva por el mundo, para ver qué se está haciendo y qué está pasando con algunos de los colegas séniors internacionales. Según el Índice Global de Envejecimiento que elabora

HelpAge International, los países que mejor lo están haciendo son Suiza, Suecia, Alemania, Canadá, Holanda, Islandia, Japón, Estados Unidos y Reino Unido.

Noruega implementó una reforma de su sistema de pensiones para estimular a sus ciudadanos a trabajar: pasó de un esquema en el que la edad de pensión universal era de 67 años a una pensión flexible desde los 62 a los 75 años, en el que trabajo y pensión se pueden combinar. ¿Consecuencia? Un gran incremento laboral de los mayores de 62 años.

En Canadá en el año 2000, trabajaba solo el 11 % de la población entre 65 y 70 años y hoy lo hace el 24 %. Además, el 40 % trabaja por cuenta propia.

En Japón, el rey de los países envejecidos (en 2025 tendrá 325 adultos mayores por cada cien menores de 15 años), su preocupación es máxima y llevan tiempo tomando medidas. Por ejemplo, está el programa de incentivos financieros, como subsidios o rebajas tributarias a las empresas para crear nuevos puestos de trabajo donde se contraten a personas mayores de 60 años. El subsidio solo se concreta si los puestos creados motivan a los trabajadores. También tienen subsidios para fomentar el emprendimiento.

6. Por qué las preferencias de comportamiento afectan a tu empleabilidad

Tan importante como analizar qué pasa en las empresas es averiguar qué sucede con el trabajador, con el profesional. Ya he mencionado varias veces —con esto me repito muchísimo— que lo importante que es que cada persona sea responsable de sí mismo y de su presente/futuro laboral. Si hasta ahora no habías tomado las riendas, no pasa nada, ahora es el momento. Dónde estamos hoy, pero, sobre todo, dónde estaremos mañana, depende de uno mismo. Por supuesto, el entorno nos lo puede facilitar o dificultar, y con eso también hay que ponerse las pilas —en ello estamos—, pero eso no puede servir de excusa para desprenderse de la responsabilidad. Da igual que estemos empleados o trabajemos por cuenta propia. Libertad y responsabilidad forman parte de la filosofía *knowmad*, y nos preparan para tener una mejor empleabilidad. Soy muy consciente de que es duro que la responsabilidad de tu hoy y tu mañana recaiga sobre uno mismo. Pesa sobre los hombros, pero se siente más aún en la boca del estómago: es la incertidumbre, que nos devora por dentro. Pero cuando se aprende a convivir con ella, se acaba convirtiendo en la mejor aliada, porque te obliga a estar en alerta, despierto, aprendiendo, haciendo cosas, ¡ni de broma te deja dormirte en los laureles! Porque ¿quién quiere saber todo lo que pasará mañana?

Veamos entonces qué ocurre con los profesionales que están en el paro, analicemos su perfil y sus competencias para ver si podemos encontrar algo que nos dé alguna pista sobre cosas que puede que no estemos haciendo lo suficientemente bien, ¿te parece? Tenemos la suerte de contar con un reciente trabajo de varios autores publicado en el libro *El talento invisible* que nos puede dar pistas al respecto. Tengamos en cuenta que todos los estudios hacen siempre medias, y ya sabemos que cada persona es un mundo. Pero creo que es una información de valor que puede ayudarnos a detectar comportamientos o falta de habilidades que estén entorpeciendo el camino de la empleabilidad.

Un pequeño adelanto de los resultados, como dicen sus autores: «Quizá la edad no discrimina tanto como nuestras preferencias de comportamiento. En este estudio hemos encontrado diferencias en función del rol profesional, no en función de la edad».

Libertad y responsabilidad forman parte de la filosofía *knowmad*, y nos preparan para tener una mejor empleabilidad.

7. Perfil de los desempleados mayores de 40 años versus empleados y emprendedores de más de 40 años

El perfil de un profesional desempleado prototipo mayor de 40 años es el siguiente (según los datos del baremo español MPA):

- Forma de trabajar precisa, analítica.

- Trabaja con orden, secuencialmente, evitando cometer errores tanto en las tareas como en las decisiones.

- Prefiere trabajar a su ritmo, con planificación, no tiene mucha iniciativa.

- Se centra en la calidad y en el cumplimiento de plazos y requerimientos.

- Es una persona práctica, cuanto más conoce, mejor trabaja. Su perfil es el de un especialista en su área.

- Realiza mejoras, pero no innova.

- No tiene visión estratégica, se mueve mejor en la táctica.

- Socialmente se relaciona con seguridad, le gusta trabajar en grupo y es tolerante.

- Tiene una capacidad de influencia media, no impositiva, prefiere evitar el conflicto o el enfrentamiento.

- Colabora y apoya el trabajo de los demás.

- Resiste bien el estrés porque no es muy vulnerable emocionalmente.

¿Es igual el perfil tipo en hombres que en mujeres? Pues no. Hay una diferencia importante: los hombres tienen mayor seguridad en sí mismos para influir y destacar. También se muestran más dinámicos, extrovertidos e innovadores que las mujeres. Las mujeres presentan una mayor atención a los detalles y son sistemáticas para realizar las tareas, se muestran más tolerantes y más reservadas que los hombres. Según los autores de *El talento invisible*: «La combinación de baja autoafirmación y alta tolerancia puede indicar baja autoestima». Qué importante mejorar este punto...

Para poner en contexto el perfil de los desempleados mayores de 40 años, hay que compararlo con el perfil de los desempleados más jóvenes. ¿Y cuál es el resultado? ¡Que son muy parecidos! Excepto en que los más jóvenes presentan una menor seguridad en sí mismos para liderar o influir, son algo menos dinámicos y ligeramente más innovadores. Dicen los autores que «en lo que son exactamente iguales los desempleados de ambas generaciones es en su alta orientación a detalles y adaptación a trabajos rutinarios». ¿Es una coincidencia? Parece que no.

¿Y qué diferencias hay con aquellos séniors mayores de cuarenta años que sí están en activo? Hay, lógicamente, muchas similitudes entre ambos colectivos porque han pertenecido a la misma época, pero los que están empleados son más expresivos, sociables, arriesgados y polivalentes que los que en este momento están en desempleo. Preguntas que se hacen los investigadores: «¿Las organizaciones retienen más a un tipo de perfil que a otro? ¿Influye la flexibilidad y una mayor desenvoltura social con una mayor permanencia en el trabajo?».

También están en el baremo del MPA el colectivo de los emprendedores (autoempleo) mayores de 40 años con las siguientes características:

- Seguridad en sí mismos para influir, con iniciativa y dinamismo.

- Expresivos, aunque no especialmente extrovertidos (lo que puede ser un problema para captar negocio).

- Con visión global (no detalles).

- Decididos e innovadores.

Si se compara con los desempleados de su misma edad, la diferencia entre perfiles está muy clara. ¿Qué comparten? Estabilidad emocional, tolerancia y prudencia. ¿Qué los diferencia? El dinamismo, la innovación y la visión global.

Son resultados muy significativos que nos llevaremos al capítulo de competencias del *silver surfer*.

8. ¿Qué busca el mercado laboral?

Que saque cada uno sus propias conclusiones en función de su trayectoria, experiencia y sentido común, pero escuchemos también las conclusiones de los investigadores en *El talento invisible*: «Los resultados indican que los desempleados tienen unas características que se mantienen independientemente del colectivo de su generación. En todos los casos se centran más en los detalles, en el seguimiento de métodos y procedimientos, asumen menos riesgos o retos, y defienden menos sus posiciones. En este estudio hemos encontrado diferencias en función del rol profesional no en función de la edad».

El caso de los emprendedores es sintomático. La gran diferencia está en los emprendedores comparados con los demás: profesionales activos, seguros, innovadores. El emprendimiento no tiene edad.

¿Qué busca el mercado? El mercado laboral busca y retiene a personas polivalentes, rápidas decidiendo, arriesgadas y que para sobrevivir se enfrenten más proactivamente a los conflictos. Teniendo en cuenta el perfil similar encontrado en los desempleados, independientemente de su edad, posiblemente el principal problema está en su desajuste a estas demandas o competencias trasversales. Uniendo lo anterior con otros importantísimos factores como son el conocimiento y el manejo de la tecnología y de la economía digital, los profesionales que son muy eficientes y fiables y están centrados solo en lo que conocen tienen que hacer un gran esfuerzo para salirse del ámbito que dominan. Independientemente de si están en activo o no. Muchas de las actividades que hacíamos todos son externalizables o robotizables. Permanecer en ellas o insistir en tratar de volver a desempeñarlas tiene un recorrido corto. *Nunc aut nunquam.*

Y ya que mencionamos los robots, vamos con ello... Bienvenidos a la era de la inteligencia artificial y la robótica.

9. Futuro del trabajo: Conviviendo con la inteligencia artificial (que no es una criatura mitológica)

«El 47 % de las profesiones actuales desaparecerán en los próximos años». ¿Te suena? Aún seguimos encontrando en distintos lugares este famoso estudio de la Universidad de Oxford. Y es que a todos nos preocupa y nos interesa saber de qué manera nos afectará el auge de la inteligencia artificial y la robótica. Pero pocos saben que los mismos autores de dicho estudio publicado en 2013, los profesores Karl Frey y Michael Osborne, actualizaron sus conclusiones. Su nuevo estudio, llamado «El futuro de las habilidades: El empleo en 2030», publicado en colaboración con Pearson y la Oxford Martin School de Reino Unido, asegura que tan solo el 8 % de los trabajadores tienen ocupaciones que muy *probablemente* crecerán en los próximos 10-15 años, mientras que el 21 % se encuentran en ocupaciones que muy *probablemente* disminuyan. Veamos los matices: se pierde el imperativo para pasar a probabilidad (no hay certezas), aunque en esencia el mensaje se mantiene: casi todos los trabajadores tienen actualmente ocupaciones con futuros muy inciertos.

La educación, la salud y las ocupaciones más amplias del sector público es probable que crezcan, mientras que algunos trabajos poco calificados, en campos como la construcción y la agricultura, sufrirán el destino contrario. Como los propios autores afirman, «es necesario reconocer que, paralelamente a la automatización, hay un conjunto de tendencias tecnológicas, demográficas, económicas y ambientales más amplias que tendrán profundas implicaciones para el empleo. Al fin, estamos poniendo en valor estos procesos sumamente importantes, como son la globalización, el envejecimiento de la población, la urbanización o el aumento de la economía colaborativa y verde. De ahí la necesidad de matizar el uso del imperativo, pero teniendo en cuenta que el mensaje es este: la mayoría de las personas (alrededor del 70 %) tienen empleos con perspectivas muy inciertas. Y eso significa que sus carreras, sus profesiones y sus trabajos actuales evolucionarán. Cambiarán. Se transformarán. Ya no serán lo que eran, como hoy tampoco son como eran ayer. Y esta transformación se da porque incluimos la digitalización en ellas: la inteligencia artificial, la robótica y tantas otras tecnologías menos glamurosas, pero igual de importantes serán —son o ya deberían ser— nuestras nuevas compañeras de oficina.

Corren ríos de literatura distópica a lo *Black Mirror*, que es fantástica para reflexionar sobre el futuro desde la ética, pero que no deja de ser justo eso: fantástica, una serie de ficción sobre cómo el trabajo del ser humano será fagocitado fatalmente por estas tecnologías. Encontraremos estudios que bailen peligrosamente hacia un lado y hacia otro. Cada uno que escoja donde posicionarse libremente; eso sí, acordaros del sueco Hans Rosling... «el miedo gobierna». Personalmente, comparto al 100 % la frase de Kristian Hammond, CEO de Narrative Science, porque lo resume muy bien: «La inteligencia artificial no es una criatura mitológica, sino una herramienta de productividad de siguiente generación».

Y, por lo tanto, más que tener miedo lo que hay que hacer es fusionarse amigablemente con ella, porque, precisamente, la hemos inventado para hacer más fáciles, rápidos y productivas nuestras jornadas laborales. En verdad, cada vez que subimos una foto a Facebook, interactuamos en Google o alimentamos alguna red social ya estamos contribuyendo a que funcione mejor. La inteligencia artificial ayuda en la automatización de activos cognitivos. Nos ayudan a sustituir tareas, generalmente, tediosas, pesadas, sistemáticas, aburridas o duras.

10. Vale, pero ¿me quitarán el trabajo los robots o no?

¡Importante! Hay que tener claro que inteligencia artificial y robótica no son lo mismo. En ambos casos, hablamos de ellos como *máquinas*, ya que un algoritmo es un robot, de ahí la palabra abreviada *bot* para referirnos a programas informáticos conversacionales. Mientras que la robótica es principalmente material en sus manifestaciones y opera en la intersección de ingeniería mecánica, ingeniería eléctrica y ciencias de la computación, la inteligencia artificial es mayoritariamente inmaterial y virtual en sus manifestaciones. Se puede decir que, en una máquina la inteligencia artificial es la inteligencia y se refiere a funciones cognitivas, mientras que la robótica se refiere a las funciones motoras. Los símbolos más populares de la convergencia entre la inteligencia artificial y robótica son los coches autónomos y los robots humanoides.

¿Y qué hay de la semejanza entre inteligencia artificial y la mente humana? Como explica Nicolas Miailhe en el informe «Making the AI revolution work for everyone»:

> «Es crucial no exagerar el estado actual de convergencia entre la inteligencia artificial y las neurociencias. No hay mucho que puedan emular los diseñadores de algoritmos, especialmente, dado que el aprendizaje automático todavía opera exclusivamente desde el ámbito de las estadísticas; se espera que se desarrolle una convergencia más significativa a finales de este siglo, cuando comprendamos el cerebro humano con mayor profundidad».

Por tanto, la inteligencia artificial lo que sustituye son tareas específicas, ¡no al profesional completo ni su cerebro! No deberíamos confundir entre trabajo y tarea; el trabajo cognitivo (del conocimiento) se compone de una serie de tareas, de las cuales algunas se automatizarán y otras no. Como explica el análisis de Forrester Research, el objetivo es automatizar ciertas tareas (las más tediosas, rutinarias) que pasarán a la máquina con el objetivo de mejorar la vida profesional del trabajador:

- Mejorar la capacidad de producción.

- Erradicar tareas tediosas y rutinaria.

- Tener más tiempo para aportar valor humano (creatividad, innovación...).

¿Acabarán desapareciendo algunos trabajos por *culpa* de la inteligencia artificial? Sí, cuando ésta canibalice demasiadas tareas de un trabajo específico. Pero es una transición, no pasa de un día para otro —en el corto plazo, luego la cosa se acelera—, y los seres humanos, mientras, iremos construyendo hojas de ruta para ir pasando a otro nivel profesional. Como explican Malcolm Frank, Paul Roehrig y Ben Pring en un estupendo libro que te recomiendo, *Qué haremos cuando las máquinas lo hagan todo*, la inteligencia artificial afectará al 100 % del trabajo cognitivo —será nuestra compañera de oficina—, pero solo hará desaparecer un 12 % del trabajo actual. ¿Me pueden quitar los robots el empleo? Con más facilidad que la inteligencia artificial, sí, si tu trabajo actual es más físico que cognitivo. Pero «las máquinas no nos llevarán al caos social. Con el paso del tiempo se irán perdiendo millones de puestos de trabajo, pero no serán tantos ni en plazos de tiempo tan breves como para provocar los desajustes que algunos predicen», explican. Entonces, ¿cuándo? «Consideramos que un 12 % de desaparición de puestos de trabajo durante los próximos diez o quince años es el escenario más probable». Como decía Bill Gates: «Sobreestimamos el cambio que ocurrirá en los próximos dos años y subestimamos el que ocurrirá en los próximos diez».

¿Significa un problema esto para el mercado laboral? Sin duda, sí. Según las cifras que dan estos autores, el 12 % sería equivalente a 19 millones de puestos de trabajo en Estados Unidos. ¿Es mi trabajo o profesión fácilmente sustituible? ¿Qué competencias y capacidades son las que mejor me harán encajar en este nuevo panorama laboral? Son las preguntas que yo animaría a hacerse. Obvio que no basta con hacer un curso en concreto, sino de una adquisición y aprendizaje continuos para una adaptabilidad cognitiva constante. El peor impacto estará en aquella parte de la sociedad con menos medios económicos y menos estudios y, por tanto, menor capacidad de evolucionar cognitivamente, cambiar de sector... La exposición a la robotización es positiva para los trabajadores cualificados, que tengan aptitudes complementarias que no puedan ser automatizadas fácilmente. Pero el impacto para los trabajadores menos cualificados es más relevante. ¿Qué parte de responsabilidad tengo al respecto? No es tampoco una mala cuestión para hacerse.

No puedo dejar de compartir el conocimiento y la visión al respecto de un amigo muy *crack*; ese tipo de personas que notas al hablar con él que su viaje mental y su procesamiento de datos sigue unas rutas neuronales totalmente distintas a las tuyas. Vamos, que está en otra dimensión intelectual y, por tanto, creo conveniente recoger su visión del futuro. Mi amigo es David Vivancos, CEO de Mindbigdata.com, fundador de cinco *startups* digitales, asesor de inteligencia artificial, autor del libro *Del big data a la inteligencia artificial*, experto en nanotecnología aplicada a la exploración espacial... Y ahí paro, que con él te estalla la cabeza. Esto es lo que quiere compartir con nosotros:

- El tiempo para que las personas y sociedades se adapten se agota. Predecir el futuro no es fácil, pero, desde un punto de vista técnico, esa transición hacia un mundo 99 % automatizado podría darse antes del 2040, con cambios drásticos a partir de 2025.

- La visión y el cambio de mentalidad no es utilizar los paradigmas que ya tenemos, porque esto nos resta competitividad, hay que cambiar el paradigma y aceptar lo que viene lo antes posible.

- La visión positiva es que es cierto que queda tiempo para formar parte del cambio, ya que por lo menos en los próximos 10 o 15 años existirá una gran demanda de perfiles que completen esta transición, ya hoy en día hay muchos puestos de trabajo relacionados con la ciencia de datos, la inteligencia artificial o la robótica que no se pueden cubrir porque no hay suficientes profesionales formados.

- Además de lo anterior, también se necesitarán muchos profesores de máquinas. Aún queda mucho trabajo para crear los datos sobre los que aprenderán las máquinas.

- A nivel profesional, siempre hay que pensar cómo puedo automatizar las tareas repetitivas que realizo, ya que, si no lo hacemos, perdemos competitividad y se terminará haciendo, seamos o no de la parte implicada.

- Desde un punto de vista social, queda mucho trabajo para transformar el sistema actual y crear nuevos modelos que sean compatibles con una reducción paulatina del trabajo por parte del ser humano, y que esto también sea compatible con el resto de los factores que componen la sociedad.

- Hay que estar pendiente de cómo afectará la incipiente tendencia de los implantables (tecnología implantada dentro del cuerpo humano), ya que esa mejora sí puede suponer una ventaja competitiva, aunque es pronto para vislumbrar el tiempo de desarrollo y sus implicaciones.

Pero no te vayas aún, que hay otra cara en esta moneda de la digitalización: «De lo que nunca se habla es de la creación de nuevos puestos de trabajo. Nosotros creemos que el auge de las nuevas máquinas creará alrededor de 21 millones de empleos, lo que equivaldría a un 13 % de la actual mano de obra estadounidense [...]. El trabajo consistirá en imaginar qué nuevas formas de valor se pueden crear con las máquinas de la nueva revolución», dicen Frank, Roehrig y Pring. Desaparecerán empleos, pero serán muchos más los puestos que se enriquecerán con la automatización y, con el tiempo, iremos descubriendo millones de nuevos trabajos que harán crecer el empleo del futuro en esta Cuarta Revolución Industrial. Justo así es como funcionó la Tercera. Y la Segunda. Y la Primera.

Es decir, estamos pasando y pasaremos por una transición laboral masiva que se traducirá en:

1. Automatización total en 10-15 años del 12 % de empleos existentes.

2. Enriquecimiento del trabajo (el 75 % de los profesionales colaborará con *bots*).

3. Se creará empleo (13 % nuevos empleos).

Bueno, esto sí parece coincidir con la actualización de los investigadores de la Universidad de Oxford, y nos da un margen importante para enfocarnos en el optimismo y el poder construir entre todos un futuro mejor. También coincide bastante con el último informe de la Organización para la Cooperación y el Desarrollo Económicos (OCDE) que indica que solo el 14 % de los empleos está en riesgo de ser sustituido completamente por la inteligencia artificial.

Y aún hay más: «Este temor de que los robots hayan eliminado empleos no está respaldado por la evidencia hasta ahora», ha dicho la economista jefa del Banco Mundial, Pinelopi Koujianou Goldberg. El informe «The World Development Report 2019» es el más reciente de una serie de esfuerzos realizados por académicos, consultores y gobiernos para evaluar el impacto de las nuevas tecnologías en el empleo. Este informe del Banco Mundial subraya que la naturaleza del trabajo en el futuro evolucionará —vaya, ¡sorpresa!— y generará nuevas oportunidades para empleos más creativos.

¿Y en el futuro? Lo más probable, dicen, es que los trabajadores tengan muchos empleos en el transcurso de sus carreras, en gran parte debido al aumento de la *gig economy* y de la economía colaborativa, en lugar de mantener una posición con el mismo empleador durante décadas. Esto ya lo llevamos diciendo desde el 2013, pero bienvenido sea el refuerzo. También ocurrirá que, en lugar de tener habilidades menos avanzadas que pueden ser reemplazadas por la tecnología, los empleadores buscarán cada vez más contratar personas con habilidades cognitivas avanzadas, como la resolución de problemas complejos, trabajo en equipo, razonamiento y comunicación —vaya, otra vez las competencias *knowmads*—. Para facilitar esa transición, los gobiernos deben garantizar un nivel mínimo universal de protección social, como dijo el Banco Mundial.

De acuerdo con el informe de WEF (Foro Económico Mundial) «The Future of Jobs 2018», los desarrollos en tecnologías de la automatización y la inteligencia artificial podrían desplazar 75 millones de empleos. Sin embargo, otros 133 millones de nuevos roles pueden surgir a medida que las empresas cambian su división del trabajo entre humanos y máquinas, lo que se traduce en 58 millones de nuevos empleos netos que se estarían creando en 2022. ¿Por qué somos más positivos al respecto que hace unos años? ¿Qué ha pasado? La respuesta podría estar en que las empresas y los profesionales entendemos cada vez mejor qué tipo de oportunidades nacen gracias a los avances en la tecnología. A pillar la ola entonces.

Por cierto, según el WEF, el empleo permanente a tiempo completo podría caer —poned cara de sorpresa otra vez—. Algunas empresas pueden optar por utilizar trabajadores temporales, autónomos y contratistas especializados, mientras que otras pueden automatizar muchas de las tareas. Según el informe, se necesitará desarrollar nuevos conjuntos de habilidades para los empleados a medida que la mano de obra entre las máquinas y los humanos continúe evolucionando.

Otra buena noticia es que el WEF espera que los humanos trabajen un promedio del 58 % de las horas de trabajo para 2022, en comparación con la jornada laboral actual de 71%. Además, la mitad de las compañías esperan que su fuerza laboral de tiempo completo se reduzca en los próximos años. Hasta ahora, los robots se han hecho cargo de tareas físicas repetitivas y peligrosas, mejorando la seguridad de las fábricas, la comodidad del trabajador y también la calidad del producto. La próxima fase de innovación laboral hará lo mismo con el trabajo cognitivo, eliminando de nuestra rutina diaria las tareas mentalmente estresantes y repetitivas. El trabajo humano se encamina hacia una mayor versatilidad y creatividad.

En fin, confío en que seamos capaces entre todos de aprovechar las nuevas tecnologías para vivir más adecuadamente en sociedades longevas y envejecidas. Como los suecos, pioneros en sacar provecho al aumento de la productividad para reducir en muchos sectores la jornada laboral a seis horas diarias, con el impacto correspondiente en el bienestar de las personas que eso conlleva. Como dice este titular del periódico *The Independent*: «Six-hour working day boosts productivity and makes people happier» («Seis horas de trabajo al día aumenta la productividad y hace a la gente más feliz»). Elemental, querido...

11. Cómo será la relación laboral entre máquinas y humanos

¿Qué aspecto tendrá un lugar de trabajo de producción en 2025? Los más *futur(dr)ama* seguro que imaginan una fábrica oscura o súper blanca, según sean más de *Blade Runner* o *Minority Report*, en la que máquinas y robots trabajan sin descanso... y sin una persona a la vista. O quizá seas de los que piensan que los seres humanos seguirán siendo los maestros del proceso. O que quizá la experiencia de los seres humanos en la producción haga más falta que nunca para entender las necesidades cambiantes del cliente y que su olfato para las nuevas tendencias es necesario para crear y generar nuevas ideas. Suposiciones... Demográficamente, tenemos clarísimo lo que va a pasar en 2030, pero ¿cómo cambiarán nuestros empleos? ¿Qué podemos esperar que suceda dentro de una década o dos? ¿Qué integración entre humanos y tecnología podemos esperar? Estas mismas preguntas se realizó la empresa Dell Technologies y junto con The Institute for The Future investigaron para crear su Índice de Transformación Digital (2017). No es fácil hacer proyecciones de futuro, pero es interesante estar atentos para saber por dónde irán los tiros, ya que van a ir marcando nuestra vida (con más o menos aciertos). Además, nos puede dar ideas de cosas que a lo mejor ya deberíamos estar haciendo...

Trabajaron con 4000 líderes de negocios y académicos de dieciséis países para intentar averiguar cómo el avance y aplicación de tecnologías como la inteligencia artificial, la realidad virtual y aumentada, el internet de las cosas, la computación en la nube y la robótica cambiarán los empleos y la vida diaria de las personas. El resultado de sus conclusiones son estas cuatro tendencias:

1. La incertidumbre será una constante. El 45 % de las empresas encuestadas considera que sus negocios estarán obsoletos en los próximos tres y cinco años. El 48 % de ellos no sabe cómo será su sector dentro de tres años, y el 52 % ya ha tenido disrupciones en su negocio en los últimos tres años. El panorama que se presenta es cambiar o morir (o te transformas digitalmente todo el rato o desapareces). Para hacer

frente a esto, algunas empresas comienzan a preparar su modelo de negocio ligado a la innovación y preparan su infraestructura tecnológica para las tecnologías que han de venir. Por ejemplo, los encuestados tienen la intención de triplicar sus inversiones en inteligencia artificial avanzada en los próximos cinco años, pasando el número de compañías que apuestan por esta tecnología de 27 % a 78 % en solo cinco años. Espectacular.

2. Trabajaremos en diferido, desde cualquier lugar y en diversidad. Ya no se necesita físicamente que las personas estén en el mismo país o localidad. Estarán en un ambiente virtual de colaboración, lo que aumenta la competencia laboral y el tipo de habilidades para desarrollar.

3. Lo que sabes ahora tal vez no sea importante en 2030. El avance de la tecnología dejará obsoletos algunos de los conocimientos que ya se tienen. Por ello, se valorará cada vez más que las personas tengan la capacidad de aprender sobre la marcha (*learning on the fly*).

4. Las organizaciones deben prepararse ahora. Si las empresas no actúan ya, se quedarán rezagadas. El 78 % de los líderes digitales encuestados considera a las *startups* digitales como una amenaza para su negocio, ahora o en el futuro, mientras que el 62 % ha presenciado la entrada de nuevos competidores como resultado de las tecnologías digitales.

11.1 ¿Qué aportaremos unos y otros en esta nueva simbiosis laboral?

Los robots y las personas vamos a trabajar más unidos que nunca. Los seres humanos usaremos nuestras habilidades únicas para colaborar, compartir conocimiento, generar ideas, crear, reflexionar, proyectar futuros y adaptarnos a nuevas situaciones. Nos enfrentaremos —ya lo estamos haciendo— a tareas complejas con razonamientos basados en el conocimiento y la intuición humana. Las máquinas, equipadas con tecnologías de última generación, se encargarán de las tareas más rutinarias, las que impliquen miles de datos, las más pesadas.

Para Ángel Bonet, Chief Sales y Marketing Officer en MInsait (Indra) y autor de *El tsunami tecnológico*, «los séniors humanos tenemos grandes cualidades obtenidas del conocimiento y la experiencia, y las máquinas son grandes productoras que nunca se cansan y, si están correctamente diseñadas, nunca se equivocan. El tándem es perfecto, la mejor experiencia junto a una fuerza inagotable». ¿Entonces hay razones para no tenerles miedo? «La revolución tecnológica nos permite afrontar con éxito los grandes retos de la humanidad, como erradicar el hambre y las enfermedades en el mundo, pero, si no somos capaces de dar valor a las personas en su vida diaria, tendremos serios problemas. Lo importante es que las ventajas de esta nueva generación laboral permitan mejorar la vida de todos los seres vivos que habitamos este planeta», nos sigue contando. Ángel es un *knowmad* de mente y acción, ágil en su inclinación a la colaboración, fundador de la primera aceleradora de impacto social en España, UnLtd Spain, que apoya a más de 15 000 *startups* en diez países. En su libro, nos lleva de viaje por los mil y un robots que nos acompañarán en el futuro, así que es imposible no preguntarle cómo se prepara una persona para la disrupción robótica. Su respuesta es muy clara: «Con formación. Cada uno debemos pararnos a pensar cómo nos va a afectar esta disrupción tecnológica y empezar a poner ya las medidas correctoras. Lo mismo pasa con nuestros gobernantes, han de abrir líneas de reflexión y de debate para ver cuál es el modelo de sociedad que queremos tener dentro de veinte años, donde la inversión en I+D, el desarrollo de nuevos programas formativos, las políticas activas de empleo y la redistribución de la riqueza serán los ejes principales. Hemos de cambiar todo, desde nuestra manera de hacer negocios a la forma en que interactuamos con los demás seres humanos», continúa, «La mitad de las carreras universitarias que se estudian en España no va a tener futuro en 2040. Tenemos un déficit total de talento en temas de ciberseguridad, biotecnología, nanotecnología, programación e inteligencia artificial porque no hay formación». Creo importante resaltar algo que está haciendo muy bien la Comisión Europea que es establecer una base ética en el uso y desarrollo de la inteligencia artificial que debe tener en el centro a las personas.

Se necesita capital humano. Siempre, por suerte. De hecho, hay una empresa, Korn Ferry Institute, que ha calculado el valor económico de la contribución del capital humano a la economía global en los próximos

Los robots y las personas vamos a trabajar más unidos que nunca. Los seres humanos usaremos nuestras habilidades únicas para colaborar, compartir conocimiento, generar ideas, crear, reflexionar, proyectar futuros y adaptarnos a nuevas situaciones.

cinco años en comparación con la de nuestros rivales robóticos. ¿Los resultados? Tranquilizadores. El capital humano tendrá un valor de 1215 billones de dólares para la economía mundial, más del doble del valor del capital físico (incluida la tecnología) que se estima en solo 521 billones de dólares. Resumiendo, por cada dólar invertido en un miembro humano de la fuerza laboral, se sumarán 11.39 dólares a la economía global. Si es que no paramos de decirlo... valemos nuestro peso en plata.

4

SILVER SURFERS: EXPLORADORES, DIGITALES Y MUY ÁGILES

Cómo subirse a la ola del éxito laboral

MI ANTERIOR cumpleaños decidí celebrarlo con un plan rejuvenecedor, porque sentirse joven no es edadismo, es lo que es; así que no le di más vueltas a la cabeza —miento, sí lo hice—: me deshice de mis miedos, me rodeé de la mejor de las compañías y, tras veinticinco *loopings*, tres *turbo drops* y una caída libre más tarde, había perdido diez años de un plumazo. Bueno, a base de gritar y reírme lo que no está escrito, de morirme de miedo y disfrutar a partes iguales, y de haber superado una o dos paradas cardíacas que juro que estaba convencida de que me iban a dar; me latía el corazón a mil por hora. Me debieron subir los índices de dopamina y serotonina más de lo que permite la ley, así que, sin duda considero más efectivo un día en el parque de atracciones que una semana de *spa*. ¡Hasta se te recolocan las vértebras con tanto traqueteo!

Creo que lo pasé y me sentí tan bien por el simple hecho de hacer el tipo de cosas que dejas de hacer cuando te vas haciendo mayor, sin saber por qué. ¿Típico plan de crisis de mediana edad? Pues que haya más. Porque recuperar esa energía, asociada al disfrute y, sobre todo, sentir la libertad del *no age*, de que yo decido, de que nunca es tarde ni se es viejo si la dicha es buena, es para mí la esencia de ser *silver surfer*. Por supuesto, no necesitas volar a cien kilómetros por hora bocabajo sujetado por un arnés, ni que todos los días sean una explosión dopamínica. Pero, si somos capaces profesionalmente de liberarnos de nuestros miedos paralizantes para atrevernos a hacer cosas que nos asustan o dan vértigo. Si encontramos aquello que nos hace disfrutar del camino (sí, como los

niños), que conecte contigo, que se te dé bien, que te apetezca hacer
y, por tanto, saque lo mejor de ti. Si buscamos un trabajo que te regale
sonrisas y en el que tú también las des... Estaremos adquiriendo una
forma de ver la vida *knowmad*, y ser *knowmad* significa tomar cada uno
de nosotros el control de nuestro futuro profesional, las riendas de hacia
dónde queremos ir y responsabilizarnos de cada paso que hay que dar
para ello. Lo hacemos sabiendo que solos no llegamos a ningún lado,
que necesitamos del apoyo de los demás: por eso cobra un significado
tan fuerte la palabra colaborar. Y siendo conscientes de que nos tocará
estar continuamente cambiando, evolucionando, reimaginándonos,
aprendiendo, estudiando... y trabajando.

Cuando descubrí el concepto *knowmad* (nómada del conocimiento),
sentí que era tan yo, que me representaba tan bien y que tenía tanta
lógica, y se hizo tan grande en mi cabeza y me cambió tanto la vida,
que no me quedó más remedio que sacarlo fuera: hablar, escribir sobre
ello... Contagiar a tantas personas como pudiera para ayudarlas a
mejorar su empleabilidad y felicidad, igual que había mejorado la mía.
Y, de paso, salpicar todo el rato nuestro idioma de anglicismos. Pido
comprensión a los puristas del lenguaje, pero es que hay palabras que
me resultan simplemente bellas, y otras que me parece justo mante-
nerlas en su forma original. También es mi obsesión contagiar a todas
las empresas que quisieran incorporar en sus transformaciones organizacionales una visión *knowmad* y, por lo tanto, mejorar su cultura
interna, los índices de felicidad y de productividad. Sigo incansable en
mi conexión y difusión *knowmad* y espero no dejar de hacerlo nunca. Si
se me requiere ahí estaré, incluso a mis 90 años si tengo suerte, dando
guerra y también conferencias para tratar de hacer un mundo laboral
más humano y mejor.

Ahora, sencillamente me tocaba sumar. La mente y el corazón, conectados, se amplían hacia un concepto más específico, que es más comprometido y reivindicativo porque hace falta; *silver surfer*. La idea tira de
mí porque también tiene mucho de responsabilidad social y profesional
—que es mi camino de vida profesional—, además de porque conecta
con mi momento vital. Con tu momento vital.

1. Profesionales en continua evolución (mentalidad *knowmad*)

En este siglo XXI, la flexibilidad es el camino que debemos seguir, ya que sobrevive quien mejor se adapta. Y, como sabemos, el entorno profesional está marcado por las nuevas tecnologías, cuyo crecimiento es exponencial. La diferencia entre esta Cuarta Revolución Industrial y las anteriores radica en que navegamos en el caos de lo desconocido que nos traerán las nuevas tecnologías, además, a gran velocidad. El nómada del conocimiento es el perfil profesional que mejor encaja en este entorno volátil y fluctuante. ¿Cómo prepararnos como profesionales para tareas que no podemos ni imaginar que acabaremos haciendo? ¿Y para el cambio y la digitalización constante? ¿Cómo nos hacemos amigos de la incertidumbre? ¿Cómo aprendemos a surfear y a ponerle más brillo al talento *silver*? La respuesta es adquiriendo una mentalidad *knowmad*. En mi anterior libro, *Knowmads. Los trabajadores del futuro*, profundizo de manera práctica en este concepto que tanto necesitamos y necesitaremos.

Pero, para que podamos avanzar en el entendimiento del *silver surfer* y su potencial, dejadme que haga un pequeño resumen y recordatorio del concepto *knowmad*:

Se trata de un neologismo que mezcla las palabras *know* (conocimiento) y *mad* (nómada) y hace alusión al trabajador del conocimiento, a los nómadas del conocimiento, pues se sustentan de la ruptura del paradigma espacio/tiempo que ha traído consigo esta nueva era digital. De ahí que el *claim* sea «poder colaborar con cualquier persona, en cualquier momento y lugar». Lo primero que hay que tener en cuenta es que son profesionales que adoptan e interiorizan un tipo de mentalidad (líquida) que les permite ser más flexibles para adaptarse a las necesidades de estos nuevos tiempos.

El *knowmad* es, por tanto, un gran gestor de la incertidumbre que usa su conocimiento, versatilidad y flexibilidad para buscar soluciones experimentales a problemas que hoy en día no sabe cuáles serán. Los nómadas del conocimiento son ágiles en la respuesta, creativos e innovadores, sí,

YA no se viaja en línea recta; tenemos el futuro abierto.

pero también son profesionales sociales y sociables. Es decir, trabajan y piensan en red, colaborando con cualquier persona y desde cualquier lugar (no solo con el pagador o empleador), ya que saben cómo usar las nuevas tecnologías a su favor. Están 100 % digitalizados. Tienen una marca personal digital sólida y usan las redes sociales para generan y difundir su conocimiento, así como para poner en valor su *network* y capital social.

Como perfil, no están atados a una única empresa, sino que colaboran con ellas de manera independiente, por proyecto y objetivos. Como mentalidad, es asequible a cualquier tipo de trabajador, también asalariados, directivos, etc., pues ayuda a mejorar la adaptabilidad a entornos cambiantes y a tener una actitud de emprendedor interno. El profesional del siglo XXI tiene la capacidad de vivir, pensar y actuar acorde a los tiempos que nos ha tocado vivir. Y esta es una época cambiante, líquida y emocionante, en la que todo es posible para quien se alíe con el conocimiento y las nuevas tecnologías. El *knowmad* está en estado beta (siempre buscando una mejor versión de sí mismo), alerta y en actualización constante, nunca deja de aprender.

Porque ya no se viaja en línea recta; tenemos el futuro abierto.

2. *Silver surfer*: Qué le define y el porqué de su éxito

El *knowmad* no tiene edad. Pero sí se va haciendo mayor... Un poquito, como tú y como yo. Y cuando de repente empiezas a ver a algunos de tus amigos asustados por los despidos que están haciendo en la empresa y los escuchas decir cosas del tipo «como me toque a mí ¿quién me va a contratar, con esta edad?». O cuando una querida amiga, que es una excelente profesional, no puede incorporarse al mercado de trabajo porque aún tiene hijos en casa y una madre dependiente a quien cuidar. O aquellas amigas no asalariadas que han sido mamás *tarde* y ese *parón,* sumado a la edad, las deja en una posición débil para reincorporarse. O a ese amigo emprendedor que ve cómo una *startup* se está comiendo —o se ha comido— su negocio y, entre los despidos y el drama, no se ha parado a pensar que esto va de *Lean Canvas* y no de *business plan...* Es entonces cuando te das cuenta de que has pasado —en mi caso— de intentar concienciar de los peligros del cambio demográfico y la nueva longevidad como tendencia a experimentarlo de cerca, de verdad.

Cuando a los profesionales les empieza a platear el pelo (literal o metafóricamente), también se nos arruga un poquito la cara, pero, sobre todo, el entrecejo por la cantidad de situaciones a las que hay que hacer frente y por las barreras complicadas que hay que derribar. Estereotipos de otros, miedos propios, cambios y transiciones que en este tramo cronológico no se pueden gestionar de la misma manera que en otros. Mochilas familiares bien bonitas que se consiguen tener en esta época, pero que pesan como piedras cuando uno se plantea cambiar de trabajo, hacer una transición, o dar el salto. O cuando te echan, te ignoran y no te escogen. Divorcios y separaciones que tocan en estas décadas —la edad media de separaciones se da entre los 40 y 49 años, aumentando a partir de los 60 años— y que te descolocan la vida. Hipotecas que atan y cansan... Y otras tantas situaciones como la que nos trae aquí: la dificultad que supone sumar años para la visibilidad y dignidad laboral y social. De ahí que haga falta poner en valor la resiliencia corporativa y social; la capacidad para recuperarse frente a la adversidad y seguir así proyectando el futuro acompañado de energía del cambio.

Por supuesto, no se tiene por qué estar en un momento complicado, y los 40, 50 o 60 años están llenos de cosas maravillosas, todas esas que tú ya sabes. Nos puede estar yendo bien, muy bien e incluso genial como empleado, autónomo, *freelance* o empresario —no nos determina ni nuestro cargo ni nuestra profesión actual—, pero esto no nos quita el tener inquietudes, querer seguir creciendo, cambiando, aportando, ser conscientes de nuestra vulnerabilidad. Aquí estamos quienes experimentamos o empatizamos con lo que está pasando con los séniors plus, porque vivimos en el mismo mundo y, por lo tanto, queremos cambiar ciertas cosas ya. También quienes no nos imaginamos un futuro de rechazo, condescendencia e invisibilidad, que es el que tienen, por desgracia, muchos que ahora sí son mayores de verdad. Ni tampoco un futuro económico pobre, de carencias ni de mala calidad.

El profesional que tiene mentalidad *knowmad* y más de 40 o 50 años (y más de 60 años, si quiere sumarse), por las condiciones laborales y demográficas complejas en las que le ha tocado vivir, así como por su interés en surfear para estar en la cresta de la ola laboral durante veinte o treinta años más, es un *silver surfer*.

¿Y dónde reside su éxito? En su actitud, en su proactividad y en sus competencias. No hay ninguna garantía de que vayamos a alcanzar nuestros sueños y metas, pero posibilidades —que no probabilidades— muchísimas más. Como escuché una vez (se lo leería a esa gran domadora de palabras que es Diana Orero en Instagram o quizá en su último libro *Todo cuenta*): hay dos tipos de personas, las que viven en función de las probabilidades y las que ven posibilidades. Cuando el futuro es incierto, pensar en probabilidades es como mojar a un *gremlin* con agua: se te van a multiplicar las cosas que pueden acabar saliendo mal. Sin embargo, la posibilidad es «algo que es posible». Puertas que se abren, que uno abre.

La fuerza a los *silvers surfers* del mundo nos la da, entre otras cosas como ya hemos visto, la propia demografía. Recordemos por ejemplo que en 2030 el 40 % de la población tendrá más de 65 años, con un 85% *forever young* (sano y en activo).

Imagino que ya habrás hecho tus propios cálculos partiendo de tu fecha de nacimiento... Así que sí, esos seremos nosotros. Además, en 2025, la contribución de la *silver economy* al producto interior bruto alcanzará los

El profesional que tiene mentalidad *knowmad* y más de 40 o 50 años es un *silver surfer*.

6.4 billones de euros (el 32 % del PIB de la Unión Europea) y se prevé un aumento del 5 % anual. Recordemos que este tipo de economía, como la explica la Unión Europea, es «el conjunto de oportunidades que comienzan a florecer a partir del gasto público y de las personas consumidoras, y que está relacionada con la transición demográfica que significa el envejecimiento poblacional y las necesidades específicas del mercado de las personas mayores de 50 años». Según Peter Wintlev-Jensen, director de Programas en la Comisión Europea, en 2025, este sector supondrá más de un tercio de los puestos de trabajo. Para poder ser potenciales consumidores *silvers*, nos hará falta una solvencia económica que difícilmente cubrirá ninguna pensión, de ahí la necesaria planificación financiera y las carreras activas longevas. El *silver surfer*, además de consumidor, es proveedor y generador en esta economía.

Al ser el cliente mayoritario, lo lógico es que no solo seamos receptores, sino que también podamos ser actores y ofrecer nuestros productos y servicios a nuestros iguales. No hay que confundirlos con quienes ahora venden productos o servicios «a la tercera edad» (no es ese el enfoque comercial ni la mentalidad). Y no olvidemos la propia evolución longeva y saludable prevista para los próximos años —no nos pareceremos necesariamente a los adultos mayores que tienen más de 80 años hoy en día— y las innovaciones en tecnología, porque en los negocios relacionados con la *silver economy* habrá que ir dibujándolo todo sobre la marcha. De ahí que esta evolución constante nos invite a ser...

3. Exploradores digitales: Vivir al otro lado de la frontera de la curiosidad

Vivir al otro lado de la frontera de la curiosidad. Este es el plan. No por ser más sénior somos menos exploradores o curiosos, si bien no podemos negar que el concepto de *seguridad* lo llevamos más pegadito al cuerpo, aunque solo sea porque, durante un tiempo, supimos lo que era. El inicio de nuestras carreras profesionales se desarrolló, para la mayoría de nosotros, en ámbitos analógicos en los que, si acaso tímidamente, empezaba a despuntar lo digital. Y lo analógico conllevaba cierta estabilidad, seguridad, proyección preestablecida, ruta clara a seguir, y, por tanto, una menor necesidad de ser curiosos o de andar buscando nuevas maneras de reinventarnos todo el rato. Pero de ahí venimos, y ni tan mal: haber vivido a caballo entre estos dos mundos laborales tan dispares es, sin duda, un punto a nuestro favor, pues ya sabemos lo que es hacer transiciones potentes. Pero también es cierto, no nos engañemos, que la mayoría no lleva el cabalgar a lomos de la inestabilidad con la misma soltura que los jóvenes de veintitantos que se incorporan ahora al mundo laboral.

Quienes aún puedan sentirse nostálgicos de aquellas épocas más «seguras» y crean que pueden volverla a recuperar o se sientan atados (o demasiado cómodos) por la seguridad de la nómina mensual tendrán que hacer un esfuerzo extra. Que conste que no digo que tener una nómina todos los meses sea malo, ¡faltaría más! Lo que hace falta son más contratos, y para los *silvers*, eso seguro. Me refiero a que, igual que hoy tienes una nómina, mañana por cualquier carambola del destino ¡puf!, se te va, por lo que es conveniente aprender a vivir con y sin ella. *Nómina* como metáfora de la vida actual.

Por tanto, ser *silver surfer* pasa por ser un explorador digital, lo que significa:

a) Estar dispuesto a explorarte a ti mismo (conocerte mejor, establecerte objetivos, trazar un plan...).

b) Salir al mundo a explorar lo que está pasando desde la curiosidad.

c) Hacer para ello un uso inteligente de las nuevas tecnologías (trabajamos y trabajaremos en un entorno digital).

Con el objetivo de:

1. Prepararnos para un cambio continuo y las múltiples etapas laborales por las que transitaremos a lo largo de nuestra nueva longevidad profesional.

Ser *silver surfer* pasa por ser un explorador digital y prepararnos para un cambio continuo y para las múltiples etapas laborales por las que transitaremos.

2. Mejorar nuestra empleabilidad hoy, ¡ya! *Empleabilidad* entendida como la capacidad que debe tener el ser humano de gestionar su propia trayectoria intelectual, emocional y profesional, de tal forma que dichas variables sean cada vez, con cada trabajo, más ricas y de mayor valor para la persona.

3. Aportar el máximo valor al trabajo que estemos realizando.

¿Qué diferencias hay entre cambio y transición? ¿Y por qué las transiciones son algo «muy de *silvers*»? El cambio es situacional, objetivo, externo. La transición es un proceso mucho más hondo que ocurre dentro de nosotros y que significa asumir, precisamente, distintos cambios. Las transiciones tienen que ver con quién hemos sido, de dónde venimos y hacia dónde vamos. No es algo que ocurra de cero y, por lo tanto, nos obliga a investigar lo que hemos ido sembrando y recogiendo por el camino, tanto lo tangible como intangible —valores, competencias, destrezas, fortalezas, capacidades, *expertise*...— y desechemos lo que ya no coincide con quienes somos o, más importante aún, con quienes queremos llegar a ser. Y, por supuesto, aprender lo que hayamos detectado que nos falta para llegar a nuestros objetivos.

Una transición es un cambio de identidad y de patrones, que requiere procesos emocionales. Es decir, la transición consiste en revisar y rehacer el equipaje interno para aprovechar los cambios que se dan en el mundo exterior.

El proceso de la transición incluye:

• Hacer el duelo necesario por la pérdida de la antigua normalidad que ya no volverá.

- Ser capaces de soportar períodos de confusión y de dudas para así acostumbrarse a navegar en la incertidumbre, pero poniendo foco y acción.

- Pararse a reflexionar sobre uno mismo: Cuáles son mis pasiones, fortalezas e intereses actuales (proyectadas a un futuro cercano).

- Trabajar el concepto de identidad: Buscar el propósito vital y profesional.

- Dejar atrás la identidad (por ejemplo, con un rol o puesto determinado), actividades, presunciones y relaciones del pasado que ya no acompañen la nueva dirección que queremos seguir.

- Planificar una ruta que nos permita buscar oportunidades de aprendizaje o de carrera fieles a nuestras habilidades y capacidades, a la vez que adquirimos otras nuevas.

- Imaginar y experimentar poco a poco (el mundo va veloz, pero lo orgánico es lo que es) nuevos patrones, nuevas realidades, identidades y tomas de decisiones.

- Permitir y provocar que nazcan cosas nuevas que pasen a formar parte de la nueva normalidad.

- Estar atentos a las señales para cuando nos llegue el siguiente momento de transición.

Para muchos *silvers*, enfrentarse a esta etapa de cambios que supone una transición laboral no es fácil, por lo que lo suyo es —si se puede— buscar ayuda o acompañamiento. Por supuesto, las empresas tienen también gran parte de responsabilidad, como luego veremos. Más de la mitad de los *silvers* optan en estos procesos por un cambio radical en su carrera (asociados a *hobbies* o al descubrimiento de lo que realmente les gusta hacer), un porcentaje más pequeño elige continuidad en su sector o área, pero trabajando por proyectos, y los menos (aunque va por países) deciden emprender. Para muchos, esta es una nueva oportunidad para marcar la diferencia y llevar a cabo una pasión largamente demorada o que desconocíamos que teníamos. Para otros, el objetivo es reducir gradualmente la velocidad, es decir, el ritmo de trabajo. El mercado cada vez está más preparado para estas alternativas: el 40 % de las empresas espera recurrir cada vez más a trabajadores independientes en los próximos cinco años, según un informe de EY. LinkedIn ha visto crecer la cifra de trabajadores independientes más de un 40 % en cinco años; los trabajadores independientes representan más del 35 % de la fuerza laboral en Estados Unidos y aproximadamente el 17 % en la Unión Europea, y subiendo. El aumento es igual de significativo o incluso más en Chile, México y Colombia (primer país del mundo con trabajadores autónomos, 61.3 % del total de la fuerza laboral).

Hay más cifras que demuestran la misma tendencia mundial: desde los empresarios creativos hasta quienes cobran por tarea, la cantidad de trabajadores independientes crece en todo el mundo. Por supuesto, aquí encontramos profesionales que van desde la llamada economía blanca o creativa (un mercado basado en la creatividad y el conocimiento que combina enfoques innovadores para las empresas y distintos estilos de vida) hasta trabajos muy precarios. El trabajo por tareas no es un fenómeno positivo o negativo *per se*. A menudo, aumenta la incertidumbre de la relación laboral, pero también proporciona a algunas personas flexibilidad y libertad. Eso sí, en la medida de lo posible, tenemos que huir siempre del modelo Amazon's Mechanical Turk y derivadas.

Para 2050 —si no antes— de toda la fuerza de trabajo, la mitad trabajará con contrato y la otra mitad por cuenta propia. O sea que hay lugar tanto para quienes prefieren trabajar por cuenta propia como para quienes desean trabajar por cuenta ajena. Eso sí, las relaciones laborales están obligadas a cambiar.

Creo (siempre que no estemos en modo supervivencia laboral, que entonces lo primero es el pan y, después, ya llegará la construcción de una nueva realidad) que la planificación de un futuro cambiante es, en sí mismo, el mejor estímulo para nuestra empleabilidad, creatividad y flexibilidad mental. Las personas y las empresas que más riesgo tienen son siempre aquellas que se sienten más seguras. Reinventarse es concederse la oportunidad de explorar nuevos territorios, y diría que es tanto una obligación como un derecho.

4. Encontrar el sentido del trabajo cuando el tiempo nos pisa los talones

Que nos queda muchísimo tiempo por delante —si todo va bien— ya lo hemos visto. Largas vidas. Es el regalo y el legado de la evolución humana. Pero a la vez, cuando uno se hace mayor parece que el tiempo se acelera. No tengo ni idea de por qué pasa, pero es así. Otra vez en caída libre, como en el parque de atracciones. A toda velocidad, como si nos pisara los talones. Recuerdo a mi padre —quizá te recuerde al tuyo—, diciéndome: «Aprovecha ahora que cuando te haces mayor el tiempo pasa volando». ¡Otra vez tenía razón! Vivan los *originals silvers*.

Me gustaría saber científicamente por qué nos pasa esto ahora y cuando somos niños no. Si es que necesitamos más *mindfulness* en nuestras vidas, porque estamos siempre pensando en el siguiente paso del camino (nuestro y el de los nuestros) sin equilibrarlo con disfrutar del presente. O será la vida de tres etapas (estudio, trabajo, jubilo), que nos pone ahí un «FINAL» con mayúsculas. No sé. Pero lo que está claro es que, cuando uno crece, el tiempo cobra otra dimensión. Su valor se torna incalculable, porque hora que pasa, hora que no podemos recuperar jamás y, aunque vivimos cada día como si fuéramos inmortales, al mismo tiempo nos resulta inevitable tener presente el tictac de la caducidad. Por lo tanto, ¿qué demonios estoy haciendo con mi tiempo? ¿Lo valoro como se merece? ¿Está bien empleado? ¿O estoy haciendo cosas que me hacen perderlo? Con la edad y el tiempo pasa como con las finanzas, deberíamos aprender a invertirlo bien.

El mayor aliado de la pérdida de tiempo es el miedo —la vagancia y pereza cuando rascas también esconde miedos—, pues cuando lo tenemos dejamos de ser creativos con nuestro proyecto de vida; es como si se nos cerrara la mente y se esfumara la imaginación para encontrar fórmulas de cambio que me ayuden a vivir el tiempo que tengo mejor. Y por ello nos aferramos a lo conocido, a lo que ya controlo, a lo que ya sé, y el cerebro se pone a maquinar excusas defensivas a favor de la parálisis. Cuando estamos en ese punto de inmovilismo puede venirnos fenomenal que alguien nos dé una patada en el... cerebro. Un buen empujón. Rehacer el equipaje interno, ya lo hemos visto, no significa para una persona sénior empezar de cero. Se traduce en revisar nuestra maleta de conocimiento, desechar lo que no nos sirve y añadir lo que nos falta. Una manera de hacerlo es, aunque suene contradictorio, tomarse tiempo para ganar tiempo.

Dedicarse un rato para explorarse a uno mismo y seguir este plan (o cualquier otro que prefieras, yo solo pongo los pasos para que tú rellenes tu propio contenido):

Cuadro 4.1 Plan de transición *silver surfer*

De lo que estamos hablando es de encontrar el sentido a trabajar. Y el sentido tiene que ver menos con las posesiones materiales que con los valores emocionales. Por supuesto, se trata de ganar económicamente lo que consideremos adecuado, pero haciéndolo a través de la conexión de nuestras habilidades personales con las necesidades de los demás. Cuando encontramos sentido a lo que hacemos es cuando multiplicamos nuestra competencia, compromiso, el valor que aportamos y, por tanto, como consecuencia ganaremos más (o bien). Me encanta la reflexión de Nietzsche: «Quien tiene un porqué para vivir se puede enfrentar a casi todos los cómo». Así que primero encontremos sentido a lo que queremos hacer (que nos motive, nos inspire e incluso nos defina), y luego ya vendrá el cómo llegar a ello.

Como dicen ese matrimonio genial que son Dave y Wendy Ulrich en su libro *El sentido de trabajar*: «Encontramos sentido en muchas de las cosas que nos rodean: hogar, familia, amigos, naturaleza... Pero el trabajo ocupa la mayor parte de nuestro tiempo y energía [y yo añado pensamiento]. Por lo tanto, buscar el sentido al trabajo ya de por sí nos aporta valor, pero además nos dará un valor de mercado».

En las empresas los datos son apabullantes: solo el 13 % de los empleados no comprometidos recomendarían el producto o servicio de su empresa, frente al 78 % de los empleados comprometidos, que conectan su sentido del trabajo con la labor que desempeñan. Cuando nuestras organizaciones representan nuestros valores y personifican nuestras aspiraciones hacen que nos esforcemos al máximo, porque creemos en ello (lo que, por cierto, ayuda en momento de crisis). Por lo tanto, si estamos comprometidos con nuestro producto o servicio, lo venderemos infinitamente mejor. Pero, si como trabajador pongo mis horas, pero no mi corazón, acabaré quemándome y malgastando ese preciado y limitado bien llamado *tiempo*. Que tenemos mucho, pero que nos pisa los talones...

Así que conviene hacerles frente a esas preguntas incómodas que solemos evitar del tipo: ¿Quién soy? ¿Qué estoy intentando conseguir? ¿Qué me hace feliz? ¿Qué no? ¿Qué es lo que de verdad me importa? ¿Qué se me da bien? E iniciar si es necesario —y raro sería que no lo fuera un poquito— nuestro proceso de transformación a mejor.

No te lo pienses mucho (solo piénsalo bien), porque el espacio entre lo antiguo y lo nuevo es como un limbo que genera una sensación de vacío que puede resultar paralizante y, por eso, no conviene alargarlo; cada hora de nuestra vida es sagrada. Lo bueno es que la acción siempre inhibe el miedo, así que, como suelo decir en las clases de *Design Thinking*, este de nada te sirve si no lo llevas al *design doing*. Como alguien dijo una vez: «El futuro no es lo que va a pasar sino lo que vas a hacer». Cuando se empieza el proceso de transición solo queda seguir tirando del hilo.

5. Agilidad mental, relacional, de aprendizaje... El profesional del futuro es un trabajador ágil

Nos define lo que hemos vivido, por supuesto, pero diría que mucho más lo que queremos llegar a ser. Por lo tanto, exploremos —ya que es una condición para ser *silver surfer*— qué demanda de nosotros el entorno laboral para planificar nuestra vida profesional. ¿Qué tipo de competencias necesitamos desarrollar para gestionar mejor esta incertidumbre y mejorar la adaptabilidad al cambio? ¿Cuáles son las habilidades que más se demandarán en el futuro? La respuesta la encontramos en el perfil *knowmad,* cuya suma de capacidades digitales y habilidades blandas hace que sea el perfil profesional que mejor encaja en este futuro del trabajo tan cambiante e incierto. Las habilidades que mayor demanda tendrán en el futuro incluyen las interpersonales, las cognitivas de orden superior y las de sistemas. La fuerza de trabajo futura necesitará tener un conocimiento amplio, además de las habilidades más especializadas que serán necesarias para ocupaciones específicas (perfil profesional en forma de 'T'). Es necesario pensar qué nuevas ocupaciones pueden surgir en el futuro, sí, pero también cómo rediseñar ocupaciones actuales para hacer un uso efectivo de las habilidades y los conocimientos. Es decir, cómo podemos evolucionar lo ya existente.

Según el World Economic Forum, algunas de las habilidades que necesitaremos en 2020 —¡ya!— (2020) son las competencias que conocemos:

1. La capacidad de solucionar problemas complejos (conseguir objetivos en entornos dinámicos y cambiantes).

2. El pensamiento crítico (evaluación y análisis de una situación para hacer un juicio objetivo, incluso desafiando el *statu quo*).

3. La creatividad (capacidad de generar nuevas ideas, pensamiento asociativo, divergente, antesala de la innovación).

4. Coordinación de equipos (añadiendo las palabras diversidad y diferido).

5. Flexibilidad cognitiva (mente abierta, adaptabilidad al entorno líquido)

6. Talento tecnológico (dominio de sistemas informáticos, tratamiento de datos, ingeniería y capacidades matemáticas).

7. Habilidades sociales (comunicación, negociación, empatía)

8. Habilidades digitales.

Añadiría otro factor que, aunque no lo consideremos habilidad, como decimos en The Knowmads Hub, es lo más importante: ser buenas personas. Pues solo siendo generosos, empáticos y pensando en el bien común seremos capaces de cocrear el entorno de trabajo amigable y eficiente que todos necesitamos.

Según un informe reciente de la Organización para la Cooperación y el Desarrollo Económico (OCDE), las deficiencias de competencias de los profesionales se concentran, sobre todo, en las habilidades de comunicación (como la expresión oral y escrita); habilidades como el pensamiento crítico y el aprendizaje activo; habilidades sociales, como perceptibilidad social y enseñanza; y habilidades para la solución de problemas complejos. En el caso de España, junto con Luxemburgo, Finlandia y Alemania, las mayores carencias aparecen en el campo de las habilidades cognitivas y de comprensión y expresión oral. Todos a dar clases de *storytelling* ya, y a reforzar nuestra agilidad. Por cierto, sí, las nuevas exigencias en competencias profesionales conectan con la nueva organización empresarial y sus metodologías: *Agile, Scrum, Lean...* Un modelo de mejora continua en el que se planifica, se crea, se comprueba el resultado, se testea y se mejora. El proceso de trabajo es constante y rápido, con plazos de entregas reducidos que buscan evitar la dispersión y centrar toda la atención en una tarea encomendada. Hacia estos modelos van todas las compañías, y es lo que te recomendaremos llevar a cabo (en el capítulo sobre emprendimiento) si montas o tienes tu propia *startup* o empresa.

¿Cuáles son las ventajas de la metodología Agile?:

1. Mejora la calidad: Se minimizan los errores en los entregables y mejora la experiencia y la funcionalidad para el cliente.

2. Mayor compromiso: Mejora la satisfacción del empleado y genera conciencia de equipo.

3. Rapidez: Se cortan los ciclos de producción y minimiza los tiempos de reacción y toma de decisiones.

4. Aumento de la productividad: Al asignar mejor los recursos mejora la producción (según las prioridades que tenga la empresa).

Las empresas con mejor futuro son aquellas que consiguen mantener el equilibrio adecuado entre esta agilidad y forma de aprender rápido y mantienen la capacidad de integrar y escalar como las grandes empresas. Sin olvidar que, además, deben contribuir e impactar con su negocio a un bien común que vaya más allá de la cuenta de resultados (social, ecológico, ético) y cuidar la felicidad y el talento de los empleados y demás *stakeholders*. Algo parecido le ocurre al profesional.

El *silver surfer* es un profesional ágil (*agile worker*) capaz de aprender a conocerse a sí mismo (tener consciencia de nuestras fortalezas y debilidades, talentos, etc.); de aprender a aprender (desarrollar estrategias eficientes de aprendizaje ágil y continuo); de aprender a emprender (por cuenta propia o ajena, ser autogestores de nuestro tiempo y resultados, ser proactivos); de aprender a innovar (buscar soluciones novedosas a los problemas cambiantes de hoy, potenciando para ello la creatividad); de aprender a socializar (generar un *network* de calidad, aportar valor a los demás) y de aprender a (re)generar (reiniciarse, resetear hábitos y rutinas obsoletos, generar cosas nuevas, reinventarse).

El *silver surfer* es un profesional ágil (*agile worker*) capaz de aprender a conocerse a sí mismo

El trabajador ágil, por tanto, se desarrolla en cinco campos:

- Autoconocimiento (*self-awareness*): Ser consciente de uno mismo, ser reflexivo, comprender las fortalezas y debilidades, buscar retroalimentación y conocimiento personal.

- Agilidad mental (*mental agility*): Abarcar la complejidad, examinar los problemas de manera única, establecer nuevas conexiones y permanecer con la mente en modo inquisitiva, ser explorador, con hambre de más.

- Agilidad relacional (*people agility*): Capacidad para detectar a las personas clave, tener una mentalidad abierta hacia los demás, disfrutar de la interacción con diversos grupos y saber sacar lo mejor de las personas.

- Agilidad para el cambio (*change agility*): Voluntad de liderar los esfuerzos de transformación, explorando continuamente nuevas opciones.

- Agilidad para enfocarse en los resultados (*results agility*): Ser capaces de proporcionar resultados en situaciones difíciles, responder al desafío e inspirar a otros a lograr más de lo que creen que es posible. Aunque en el capítulo 6 sobre las empresas desarrollo algo más este tema, que es clave, podemos definir *learning agility* como un estado mental —o mejor, una filosofía de vida— y una suma de estrategias que permite a los profesionales desarrollarnos continuamente, con el objetivo de poder gestionar mejor los problemas cada vez más complejos a los que nos enfrentamos en el trabajo. En tiempos de cambio, el futuro será para empresas y profesionales ágiles y flexibles. Vivir es un proceso continuo de aprendizaje (*lifelong learning*). El auténtico aprendizaje implica un cambio en nuestro comportamiento. De hecho, el aprendizaje es un viaje que nos lleva de saber a actuar.

Cuadro 4.2 Ciclo del aprendizaje ágil

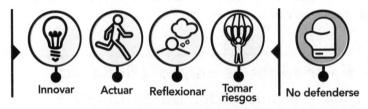

Innovar   Actuar   Reflexionar   Tomar riesgos   No defenderse

Fuente: EDGE, Assessment for Measuring Learning Agility

Cuidemos nuestra cuenta bancaria emocional, como dice el autor norteamericano Stephen R. Covey, porque «si tengo la mente abierta al aprendizaje, mi autoestima y capacidad de hacer frente al error son más elásticas».

Quiero compartir, por último, algunas ideas (de las cuales se desarrollarán estrategias, por ejemplo, a través de *workshops* o talleres, en sénior *labs*...) que pueden ayudarnos a ser profesionales de mentalidad y actitud ágil. El diseño de programas de competencias del profesional ágil está muy conectado con el pensamiento visual y el *Design Thinking*.

- Pensar fuera de la caja (*Thinking out of the box*), es decir, de manera no convencional.

- Activar el pensamiento creativo.

- Interiorizar el ciclo: reflexionar, escuchar, observar.

- Pasar a la acción desde la actitud de innovación.

- Uso de herramientas (analógicas y digitales) que nos ayuden a ser más agiles en el aprendizaje.

- Aceptar y usar la retroalimentación (*Open to feedback*).

- Aprender de los errores.

6. Las rentabilidades pasadas no garantizan rentabilidades futuras (*open to feedback*)

Me detengo un momento en estas dos últimas porque, aunque tampoco están, ni mucho menos, asociadas a la edad —es más bien cuestión de carácter— puede pasar que la experiencia y el *seniority* (el ejercer puestos directivos, ejecutivos etc.) nos predisponga a que nos cueste más recibir y aceptar *feedbacks*. Quizá solo porque no estemos acostumbrados. O porque hasta ahora nos ha ido muy bien y creemos que no necesitamos modificar nada, y se nos olvida preguntar. Pero, como les gusta decir a los bancos: rentabilidades pasadas no garantizan rentabilidades futuras.

La paradoja del éxito es que lo que nos ha traído hasta aquí puede estar impidiéndonos llegar hasta allí.

Hago hincapié en esto porque la actitud de no defenderse en los procesos de aprendizaje ágil es fundamental. Cuando entramos en un modo de autoconservación y tratamos de defender lo que es, nos cerramos a lo que podría ser. Para practicar la no defensa hay que entender los comentarios de otras personas como un regalo (si lo cuentan bien, claro... *storytelling,* así que, por favor, pongamos más emoción y empatía en la comunicación). Siempre va a ser incómodo y molesto que nos digan algo que no queremos escuchar, pero tiene un valor, que es lo que hay que saber apreciar. Por ello, si alguien nos da un *feedback* sobre lo que sea, la norma es resistir la tentación de responder al momento. No digas nada, no reacciones... No (te) generes excusas. Simplemente agradece —o cuenta hasta diez, ya me entiendes— y llévate los comentarios a un proceso de reflexión posterior. Ya sacarás conclusiones sobre ello, pero solo será posible obtener aprendizajes de ello si tienes la mente abierta. Las personas que permanecen con la mente cerrada o a la defensiva cuando son desafiadas o reciben comentarios críticos son mucho más limitadas en agilidad de aprendizaje. Quienes buscan retroalimentación y la procesan pueden adaptarse mejor a la comprensión y resolución de nuevas situaciones y problemas.

En verdad, sin retroalimentación no habría resultados, porque no sabríamos si estamos mejorando o empeorando. Es más, el 82 % de los empleados quieren recibir retroalimentación y hay un 50 % más de posibilidades de que se desvinculen de la empresa si no lo obtienen, según un estudio de Officevibe. Todos necesitamos *feedback* para saber dónde estamos y adónde necesitamos ir, así como para medir nuestro progreso. Fíjate qué dato más llamativo: según una investigación de Ulrike Malmendier y Geoffrey Tate, los consejeros delegados que se convirtieron en superestrellas tras recibir importantes galardones (otorgados por Forbes, Time, CNN, Business Week, etc.) mostraron un desempeño entre 15 y 20 % inferior a los otros consejeros delegados equiparables durante los tres años siguientes a obtener el galardón. En algún momento del camino de despistaron del liderazgo humilde, que es el que está abierto al aprendizaje. «¿Es que he llegado a los 80 años para estar pensando siempre en la misma cosa? Más bien aspiro a pensar cada día algo nuevo y diferente», que diría Wolfgang von Goethe. Ok. Entonces la pregunta clave que debemos hacer(nos) es: «¿Cómo puedo hacerlo mejor?».

Vale, gracias por preguntar. La recomendación es que aprendamos a preguntar, sí, pero también a escuchar, no solo con los oídos. Las personas nos ofrecen retroalimentación todos los días con su lenguaje corporal, sus silencios, su contacto visual... Interpretarlo es vital, porque el 80 % de nuestro éxito a la hora de aprender de otras personas se basa en lo bien que escuchamos, vemos e interpretamos. Y también es importante porque, dentro de estos nuevos modelos organizativos empresariales ágiles en los que trabajamos o trabajaremos, el *feedback* ¡es una constante! Los equipos ágiles realizan sesiones diarias en las que cada miembro tiene que explicar tres cosas: primero, qué tareas ha completado; segundo, cuáles va a hacer; y tercero, señalar los impedimentos, si los hay, que no le han permitido avanzar. Estas reuniones o *dailys meetings* sirven para que todos los integrantes del equipo sepan en qué punto de trabajo está cada uno y sean conscientes de cómo pueden colaborar para que el proyecto siga avanzando.

Como dice Peter Drucker, maestro de la gestión empresarial: «El líder del pasado sabía expresarse y relatar [*tell*]. El líder del futuro sabrá formular hipótesis y preguntar [*ask*]».

7. Mapas de competencias para 2020, 2030 y 2040

Las llamadas *metaskills* como la creatividad, la colaboración, la empatía, la gestión de personas, el pensamiento crítico, la capacidad de aprender cosas nuevas, o la autogestión del tiempo son habilidades críticas para los compañeros humanos de la fuerza laboral, como ya hemos visto. Bien, sabemos qué necesitamos para el presente del 2020, por lo que ahora toca echar un vistazo un poco más adelante, a ver qué nos dicen los estudios que necesitaremos para el 2030. Comparto contigo algunos mapas de competencias para que puedas ver las *key words* (palabras clave) del presente y del futuro del empleo y puedas conectarlas contigo, detectar qué puede faltar en tu nuevo equipaje como profesional *silver surfer*, y trazar tu plan en función de tus metas e intereses. Tener todas las competencias no es viable, pero sí se pueden hacer combinaciones muy potentes para mejorar nuestra empleabilidad. Estamos hablando de detectar las competencias y las materias que quizás tengas que reactivar o aprender, y que supongan —como ya hemos visto— una transformación en la hoja de tu ruta laboral para ir al encuentro de una vida laboral longeva, en activo.

Me encantaría decirte que para modernizarnos y mejorar nuestra empleabilidad basta con seguir una serie trucos, como cambiar la Times New Roman de nuestros currículums por una tipografía que parezca más moderna como la Calibri, Palatino o Verdana (a Gutenberg pongo por testigo que he leído esto en un artículo) pero... el futuro es mucho más serio. Es tu futuro, son tus próximos treinta o cuarenta años.

Justo 40 son los años de brecha o *gap* que hay entre las necesidades de aprendizaje que de aquí a quince años nos recomiendan adquirir los expertos, y lo que se está enseñando en tantas escuelas y empresas todavía hoy en día... 40 años es la diferencia entre existir hoy y haber desaparecido del mapa —ya que estamos con ello— mañana.

Competencias para encajar en 2030 de PriceWaterhouseCoopers (PwC). Según el estudio «Workforce of the future: The competing forces shaping 2030» (2018).

* Adaptabilidad.
* Resolución de problemas.
* Habilidades de colaboración.
* Inteligencia emocional.
* Creatividad e innovación.

- Habilidades de liderazgo.
- Habilidades digitales.
- Habilidades de gestión de riesgos.
- Habilidades STEM.
- Habilidades emprendedoras.

Competencias en Pearson y Nesta. Según el estudio «The future of skills: employment in 2030» (Pearson y Nesta, 2017)

Esta investigación está centrada sobre todo en Estados Unidos e Inglaterra, pero teniendo en cuenta que son dos focos de tendencia que arrastran al resto del mundo (cuanto más cerca lo tengas como país, mayor será su influencia), hay que prestarle atención. Aprovecho para aclarar que una competencia está relacionada con el desempeño de un trabajo a través de comportamientos demostrables, mientras que una habilidad es la capacidad de una persona para hacer una cosa correctamente y con facilidad.

Las diez mejores para Estados Unidos	Las diez mejores para Inglaterra
1. Estrategias de aprendizaje	1. Juicio y toma de decisiones
2. Psicología	2. Fluidez de las ideas
3. Instrucción	3. Aprendizaje activo
4. Percepción social	4. Estrategias de aprendizaje
5. Sociología y antropología	5. Originalidad
6. Educación y formación	6. Evaluación de sistemas
7. Coordinación	7. Razonamiento deductivo
8. Originalidad	8. Resolución de problemas complejos
9. Fluidez de las ideas	9. Análisis de sistemas
10. Aprendizaje activo	10. Monitoreo

Los resultados enfatizan, de nuevo, la importancia de las habilidades cognitivas de orden superior (como la originalidad y la fluidez de las ideas), las estrategias de aprendizaje activo (establecer metas, hacer preguntas relevantes, obtener retroalimentación a medida que aprendemos, aplicar ese conocimiento de manera significativa en una variedad de contextos...) y habilidades de colaboración y sociales. Ganan por goleada las *metaskills* en el 2020 y en el 2030.

7.1 Y... ¿te apetece que echemos una miradita al 2040?

Bien, hagámoslo a través del informe «Trabajo 2040: Escenarios para el futuro del trabajo» elaborado por el *think tank* Demos Helsinki. Con sus expertos, estos finlandeses han establecido tres posibles escenarios relacionados con el trabajo y... ¡en ninguno de ellos dejamos de trabajar! Por si hay algún *silver* que aún no *surfer* en la sala, no se le concede mucha credibilidad ni la renta básica ni a la universal. En 2040, el trabajo seguirá siendo importante para los medios de vida de las personas y su realización, y esencial para la productividad de la sociedad. ¿Qué cambia entonces?

Escenario 1: Debido al envejecimiento de la población, la oferta laboral disminuirá y no será compensado por la inmigración basada en el trabajo, por lo que las empresas buscarán la manera de automatizar de manera más rápida para mantener la productividad. Las empresas ofrecerán ofertas aún más individualizadas para los más capacitados. La organización del trabajo se habrá movido cada vez más de organizaciones racionales hacia la cultura empresarial y la diversidad de las personas. Nos enfocaremos más en los trabajadores que en los empleos, destacando las *soft skills*. El trabajo estará relacionado con resolver los grandes problemas de la humanidad, como el cambio climático.

Escenario 2: Las carreras son sinuosas en lugar de lineales. El aprendizaje continuo de y la capacitación es muy importante, porque las personas pasaremos de hacer un trabajo experto que exige una educación superior a un trabajo más rutinario, y viceversa, de manera flexible. La naturaleza del trabajo se está convirtiendo en trabajo mixto, ya que los empleados pueden completar tareas cada vez más diversas con la ayuda de la tecnología. Por ejemplo, un cartero puede cuidar las flores, vigilar el estado de la casa o recopilar datos sobre daños en la carretera. La inteligencia artificial puede ayudar a una enfermera a hacer diagnósticos que hubieran requerido previamente educación médica. Por lo tanto, las descripciones de los puestos se combinan y sus límites se desvanecen: las identidades de trabajo se construyen a partir de muchas piezas.

Escenario 3: Cuando el poder en la sociedad se distribuye de acuerdo con los desempeños, las habilidades y la competencia, se puede hablar de una meritocracia. En este escenario, los hiperproductivos crean mejores vidas para otros a través de, por ejemplo, servicios que crean comodidad y satisfacen necesidades básicas. También acuerdan redistribuciones sustanciales de ingresos. La igualdad se basa, principalmente, en la igualdad de oportunidades, pero se generarían más desigualdades económicas. Cada miembro de la sociedad tiene las mismas oportunidades, no solo para desarrollarse, sino también para mostrar sus habilidades a través del trabajo.

Ya veremos qué ocurre. Lo que está claro es que, en todos estos viajes al futuro del trabajo, las *metaskills* no solo son importantes en sí mismas, sino que también son herramientas indispensables para construir innovaciones, desarrollo económico, nuevos mercados y una mejor sociedad.

Cierro con una propuesta genial y muy significativa del *think tank* británico Nesta: aumentar la educación artística en la escuela con el fin de prepararse para la vida laboral del futuro. Interesante, ¿verdad? Parece que al fin empezamos a buscar el valor intrínseco del trabajo.

8. Competencias digitales y profesiones tecnológicas

Ay, que estábamos en las nubes con tantas *soft skills*, pero toca aterrizar en las duras. Porque nuestro futuro es *surfer* también por lo digital y debemos saber hacia dónde nos estamos moviendo con respecto a las nuevas tecnologías. Hoy, la tecnología es una disciplina horizontal que afecta a cualquier industria.

Se estima que el 90 % de los empleos en la actualidad requieren cierto nivel de habilidades digitales. Hay más de 350 000 vacantes en Europa para expertos técnicos altamente calificados en áreas como inteligencia artificial, análisis de datos y ciberseguridad. Para intentar cubrir estos huecos y los que se generarán, la Comisión Europea está trabajando en el programa «Europa Digital 2021-27» para configurar y apoyar la transformación digital de las sociedades y economías del viejo continente. Con una financiación de 700 millones de euros, ofrecerá a los estudiantes actuales y futuros, y a los expertos en tecnología oportunidades para continuar su formación y sus carreras en tecnologías digitales avanzadas. Entiendo que estudiantes actuales y futuros somos todos, ¿no?

Sin duda invertir en tecnología es siempre necesario, pero no hay que olvidar que transformación digital es, sobre todo, un cambio de *mindset (*forma de pensar) de las personas, así que no olvidemos invertir —principalmente— en eso. Para analizar competencias digitales, me resultan muy inspiradores los genios de MySkillsFuture, un portal digital que permite a los habitantes de Singapur trazar su propia trayectoria profesional y de aprendizaje permanente, y que tiene en concreto un programa diseñado para los mayores de 40 años. Esta es la lista de programas de aprendizaje cortos que consideran relevantes centrada en profesiones emergentes.

1. Análisis de datos.

2. Digitalización de los servicios financieros y la adopción de Fintech.

3. *Digital media:* creación, transmisión, producción y uso de contenido digitalizado, así como de las comunicaciones digitales.

4. *Tech-Enabled Services*: Uso de aplicaciones basadas en tecnología para transformar las industrias relacionadas con los servicios.

5. Espíritu emprendedor: El arte de transformar una idea en una empresa de creación de valor para el mercado, a través de la innovación y la toma de riesgos.

6. Ciberseguridad: Medidas y técnicas para proteger la integridad de los datos.

7. Uso de tecnologías innovadoras para mejorar los productos y procesos.

8. Soluciones urbanas: Mejorar la calidad de vida a través del diseño y la construcción de ciudades ambientalmente sostenibles y habitables.

Por último, quiero compartir contigo mi rueda de las seis competencias digitales englobadas en el método *knowmad* que todo *silver surfer* necesitará mañana... y en el día de hoy.

Cuadro 4.3 Competencias digitales. Método Knowmads

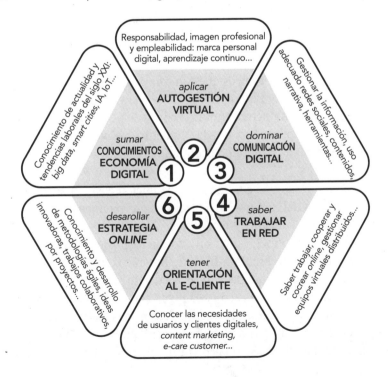

9. *Silver surfers* de perfil colaborador y *slasher*

Slasher. Así es como se conoce a los profesionales que colaboran por proyectos con varias empresas a la vez, desarrollando simultáneamente diferentes servicios e incluso carreras. Un perfil cada vez más habitual al que esta analogía encaja como anillo al dedo (*slash* es la barra oblicua que se usa para separar/unas palabras/u conceptos/de otros). Basta con navegar por LinkedIn para detectar en los títulos de los perfiles la cantidad de *slashers* que esta era digital, líquida y cambiante está potenciando. Como escribí para el libro blanco *The future of work (El futuro del trabajo)*, en colaboración con Foxize, Malt e ImpactHub Madrid, pasar de trabajar para una única empresa a muchas, además de ser una realidad en perfiles *freelances*, autónomos y emprendedores, también lo está siendo en profesionales contratados, que amplían su experiencia o colaboraciones con el consentimiento y apoyo de su propia compañía (por ejemplo, dando conferencias o participando en un proyecto puntual en otra empresa, *startup*, etc.). Es importante no confundirlo con el pluriempleo tradicional, pues no se trata de hacer lo mismo para diferentes empresas a tiempo parcial, sino de adaptar nuestros conocimientos a cada proyecto único y ser capaces de gestionar varios empleos que son compatibles e independientes de manera simultánea, contando para ello con una variada cartera de servicios y carreras. Ni tampoco confundirlo con la dispersión de la multitarea: la versatilidad de aplicar habilidades y talentos a diversas artes y oficios no quita que se hagan bien y con profundidad

Un término moderno que contiene una definición casi tan antigua como la propia historia del hombre. Si ya traje a estas páginas a Miguel Ángel como inspiración, déjame poner ahora de ejemplo a otro personaje *silver*: Leonardo da Vinci, quien hoy en día se presentaría en LinkedIn como inventor, pintor, escultor, filósofo, botánico... Recordemos que no fue hasta la segunda mitad del siglo XX cuando se impuso el modelo de trabajo para toda la vida y en el mismo lugar, con horarios estandarizados, carreras lineales, verticales. Si buscamos casos más recientes, me gusta el ejemplo de Brian May, guitarrista de Queen, que compatibiliza su labor como músico con el de astrofísico (título que, por cierto, obtuvo a sus

61 años). Para quienes no habitamos en el Olimpo de fama y geniali-
dad, no es necesario tener carreras tan variopintas, pero sí diferentes
activos y actividades (también adaptables) en marcha, que nos permitan construir un plan B, y otro, C y otro D... y ser capaces de que
convivan al mismo tiempo. ¿Y cuáles son los beneficios? Además de la
no limitación a un único pagador (el salario proviene de varias firmas)
y una mejor construcción de estrategia económica, personalmente
creo que la mayor aportación es que te obliga a desarrollar todas esas
competencias que mejor encajan con el futuro del trabajo: necesidad de
reinvención y aprendizaje continuo, sociabilidad, gestión de la incertidumbre, flexibilidad y adaptabilidad...

¿Y qué retos implica? Muchos todavía. Por un lado, la organización
personal: es una manera compleja de entender el trabajo —por su propia
composición líquida— que puede ser estresante si no somos autogestores
de todo el proceso, así como personas organizadas y muy responsables,
aunque hay muchas herramientas digitales a nuestro alcance para facili-
tarnos la labor. Por otro lado, aún falta madurez y confianza por parte de
las compañías. Y que nadie salga perdiendo económicamente hablando.
Pues cada empresa sabe que trabajas con otros y deben confiar en que no
le afecta a su funcionamiento ni que tampoco se usan sus recursos para
terceros. Es un proceso que solo funciona con total transparencia, ética y
confianza, pero es un modelo de relación al que claramente nos estamos
dirigiendo.

Las empresas que contratan a estos profesionales se benefician de tener
un especialista que pueda cubrir una necesidad determinada aportando
valor y pasión por un tiempo tan corto o largo como lo requiera el proyecto
o trabajo.

Como ya estamos experimentando, las relaciones laborales tienen cada
vez un carácter menos exclusivo y mucho más flexible, a lo que hay
que añadir la relación *win-win* (no funcionará de otra manera) de las
empresas que externalizan cada vez más los servicios con el auge de
profesionales que deciden trabajar de forma independiente. De ahí que
tantos *knowmads* sean también *slashers,* una opción muy interesante
para valorar como *silver surfer.*

5

(INTRA)
EMPRENDIMIENTO
SILVER

Creatividad, *Lean Startup,* capital social

ESTAMOS rodeados de geniales emprendedores *silver.* El listado de personas famosas, así como de particulares, es increíble. Para mí, independientemente del tamaño de facturación o del éxito de sus negocios (el término *éxito* es tremendamente relativo), todos me parecen unos héroes de la autogestión, del autoaprendizaje, del valor, de la auto-confianza y de la intuición, pues a la mayoría de los séniors del mundo no se nos preparó, ni educó, ni aconsejó, para una vida de emprendimiento. Me gustan mucho las palabras de Tina Seelig, docente de la Universidad de Stanford —encontradas mientras me empapaba en el libro blanco de Pablo Peñalver, que ahora os presentaré—. Seelig dice: «Your knowledge is the toolbox for imagination» («Tu conocimiento es la caja de herra-mientas para la imaginación»). Y cierto es que cada alumno que sale del sistema educativo debería tener su propia «caja de herramientas» con la que hacer frente de manera innovadora a los problemas que se le presen-ten. Esa es la clave. No se puede enseñar ni aprender aquello que todavía no sabemos que va a ocurrir, pero sí podemos prepararnos para ese futuro incierto; de ahí la importancia de adquirir esas competencias *(metaskills)* que vimos en el capítulo anterior, así como de aprender a emprender (por cuenta propia o ajena) con las metodologías más adecuadas a nuestro tiempo: *Design Thinking, Lean Startup, Agile,* intraemprendeduría, *user experience...*

Si quieres algo que nunca has tenido, tendrás que hacer algo que nunca has hecho. Más allá del romanticismo de emprender, que lo hay, ¡es que nos hace muchísima falta! Más del 90 % de las empresas en etapa precoz dan empleo a menos de cinco personas, sobre todo, si el emprendedor es sénior (datos del Global Enterpreneurship Monitor [GEM]). Dicho esto, también hay que saber que aproximadamente la mitad de las pequeñas empresas nuevas terminan cerrando a los cinco años —¡pero el otro 50 % no!—, sin olvidar que, cuanto mayores seamos, lógicamente y a pesar de la nueva longevidad laboral, menos tiempo tendremos para compensar posibles pérdidas, por lo que debemos controlar el riesgo lo máximo posible, algo que nos ofrecen estas nuevas metodologías que ahora veremos.

La vida ni se para ni se cierra después de los 40, 50 o 60 años. Se abre. La abrimos.

Es el mejor momento, porque es el que tenemos.

Suelo repetir(me) mucho que «solo tenemos una vida, y no hay más vida que la buena», pero voy a cambiar la frase por la del inspirador *knowmad* y *slasher* Román Mosteiro, que es mucho mejor que la mía: «Una vida. Surféala bien». Recién estrenado en la categoría *silver*, Mosteiro, además de representar muy bien lo que significa emprender y tener cien proyectos paralelos a la vez (es socio en el grupo Silk de restauración y ocio, tiene un formato de programa de televisión, compone canciones, planea sacar una web de viajes, un disco, una ONG, una marca de ropa, una feria de surf en Madrid...), es *surfer* cien por cien. Surfista, vaya, de los que se mojan... Inevitable invitarle a que establezca esa bonita analogía entre el surf y la vida, entre el surfer y el emprendedor.

«La frase "one life surf it well" viene evolucionado de una cadena de gimnasios que utilizaba "one life live it well", y gracias a ella yo viví una transformación en mi vida. Un día, reflexionando sobre esta frase, me di cuenta de que la vida era como surfear», dice Mosteiro. «A veces estamos acompañados de nuestros amigos, a veces se nos muere gente querida, unos encuentran el amor, otros no; hay días en los que te toca la lotería, hoy me echaron del trabajo, he pillado una gripe... La vida. El surf es igual que la vida: hay días con sol, días con agua fría y congelada, días en los que tienes todo el *flow* del mundo y pillas la ola inolvidable y días en los que no puedes con ni levantarte y sales desesperado... Cuando surfeas estás tú solo con el mar, y eres el único que puede lidiar con tus pensamientos, al igual que cuando montas un negocio. Un día pasa igual de rápido que una ola, puede ser espectacular y el siguiente una porquería, pasa tan rápido todo... Coger olas además te ayuda a ver la vida de una forma diferente porque te obliga a estar pensando en el mañana y vigilar constantemente las previsiones para ver a qué playa ir según las condiciones, ya que influyen muchas cosas como vientos, mareas, fondos, oleajes, etc. Cuando emprendes, ¡anda que no influyen cosas! Hay que estar a todo, y en alerta constante para darse el mejor baño. Es el surf, es la vida».

Solo tenemos una vida, así que surfeémosla bien.

1. Los *silvers* ya lideran en emprendimiento

Contrariamente a la percepción general de que el espíritu empresarial está más cerca del esfuerzo y de la energía de una persona joven, en muchos lugares del mundo las personas mayores son el grupo de edad más emprendedor. Es más, los séniors que trabajan por cuenta propia superan a los jóvenes (18-29 años). Según datos del GEM, las personas mayores en Estados Unidos que no han abandonado la fuerza laboral por problemas de salud o para jubilarse poseen negocios en una tasa más alta que cualquier otro grupo demográfico. Los adultos mayores (los estudios analizan a partir de los 50 años) lideran alrededor de un tercio de todas las empresas nuevas en Australia y son el segmento de empresarios de más rápido crecimiento, según una investigación realizada por la Universidad de Tecnología de Queensland. En Europa, dependiendo de la motivación del empresario, la actividad puede aumentar con la edad. Y esto es un matiz importante, porque quienes emprenden «por obligación» o en algún sector que no conecta con su propósito interior son los que acaban en su mayoría en esa mitad de empresas que no llegan a los cinco años.

¿Hay entonces diferencias estratégicas importantes en el espíritu empresarial de las personas jóvenes y mayores o no? Bueno, como todo, y con esas pinzas que ya nos hemos acostumbrado a usar, parece que, a medida que las personas envejecemos, nuestra tolerancia al riesgo disminuye, algo que se aplica a cualquier esfuerzo financiero y que es normal: tiene que ver con nuestra percepción del tiempo, que nos hace sentirnos como Cary Grant. Por lo demás, los datos presentados por el estudio del GEM demuestran que la prosperidad no tiene límites de edad. En todo el mundo, el impacto económico de las empresas iniciadas y dirigidas por empresarios mayores y de alto nivel es enorme. Los empresarios mayores y mayores plus (mayores de 70 años) están creando empleos para ellos mismos y para otros. Además, estos empresarios aportan miles de millones de euros en impuestos, ayudando así a rebajar la tensión de las arcas de las pensiones.

Es más, la edad media de los fundadores de las nuevas empresas de más rápido crecimiento es de 45 años, según el «Age and High-Growth Entrepreneurship», estudio que también asegura que «un fundador de 50 años tiene 1.8 veces más probabilidades de lograr un crecimiento de cola superior que un fundador de 30 años». ¿Cuáles son los motivos? Las personas que están mejor preparadas para convertirse en empresarios suelen ser aquellas que tienen niveles más altos de capital humano (educación y experiencia laboral), capital social (red de contactos, *network,* prestigio, etc.) y capital financiero (activos financieros y ahorros). Los autores argumentan que estos emprendedores séniors cuentan con una mayor experiencia en administración, marketing y finanzas, así como con un conocimiento más rico y profundo de la industria.

1.1 Pero aún hay más… Beneficios de emprender con «cierta» edad

1. Una investigación realizada por Nesta.org encontró que los empresarios de mayor edad también tienen más éxito: el 70 % de sus nuevas empresas duran más de tres años, en comparación con el 28 % de los empresarios más jóvenes.

2. Existen evidencias de que las personas mayores que siguen comprometidas con su vida en activo se mantienen más sanas (Geriatric Mental Health Foundation, 2014), lo que impacta además positivamente en el gasto de los servicios de salud pública. Los empresarios *silver* tienen

un mayor sentido de bienestar en comparación con los empleados tradicionales —aquí añado: en la empresa «tradicional», no en empresas líquidas, propias del siglo XXI—.

3. A medida que los empresarios continúan operando sus negocios, contribuyen a sus sociedades a través de los impuestos. Debido a que las nuevas empresas crean empleos, en lugar de «quitarles el trabajo» a las generaciones más jóvenes (tópico bastante extendido), los empresarios séniors están creando empleos para ellos y para otros, a la vez que impulsan sus economías locales y nacionales.

4. De media, los empresarios jóvenes suelen dirigir compañías sin empleadores (es decir, no ofrecen trabajo a ninguna otra persona que no sea el propietario), mientras que los empresarios de mayor edad tienen más probabilidades de emplear de cinco personas o más.

5. Entre los adultos mayores, el 8 % corresponde a emprendedores sociales, un porcentaje más alto que en otros grupos de edad. Este es un punto interesante que se ha de analizar, ya que el emprendimiento social se asocia a menudo con «jóvenes creadores de cambios por su naturaleza idealista». Qué buen tándem haríamos todos unidos, ¿no?

6. Hay estudios que acreditan que la tasa de mortalidad de las *startups* se reduce notablemente cuando incorporan en el equipo a personas mayores de 40 años.

2. ¿Qué necesitan los más mayores para animarse a emprender?

2.1 Sensibilización a la opción emprendedora

Aunque el espíritu empresarial de alto nivel está muy extendido entre séniors y personas jubiladas, aún hay un grupo significativo de personas, especialmente entre las de mayor edad y largas carreras asalariadas, para quienes convertirse en empresarios no es una opción. Las empresas

—además de los Estados con sus planes y ayudas— pueden intervenir aquí directamente ayudando y formando en sus programas de retiro. Crear programas que apoyen a futuros empresarios séniors, programas de formación de equipos para crear negocios intergeneracionales, programas educativos sobre la planificación de la sucesión para evitar que los negocios cierren cuando el propietario se retire... ¡Queda tanto por hacer!

2.2 Soporte técnico y financiero

Los empresarios mayores plus (mayores de setenta años) pueden tener habilidades técnicas más bajas que las personas jóvenes, menor tolerancia, como hemos visto, al riesgo financiero y un horizonte de tiempo más corto para sus negocios. Una solución común a los problemas planteados por estas necesidades es ¡trabajar en equipos! Intergeneracionales, por supuesto. Identificar socios potenciales y colaboradores o compañeros puede requerir redes que no están disponibles para muchas de estas personas si no han sido usuarias digitales de redes sociales como LinkedIn, por ejemplo. De ahí que estén naciendo cada vez más plataformas digitales que sirven como nexo y encuentro profesional entre personas de distintas edades, que se centran en las necesidades emprendedoras de los mayores. Por cierto, también hay mucho camino por recorrer respecto a las ayudas financieras, los préstamos...

2.3 Apoyo social

Convertirse en empresario o emprendedor cuando uno se siente inseguro y sufre un período de baja autoestima (si, por ejemplo, ha habido un despido, una prejubilación o una jubilación mal gestionadas, que suelen ocurrir en la mayoría de los casos aún) es casi imposible. En esos momentos el apoyo social —además del particular, como *coaching,* etc.—, comprobar a través de las redes que no se está solo y que hay alternativas, es clave. Siempre hay alguien que pasó antes por el punto en el que estás tú. Se trata de estar cerca y ayudarnos. Ojo, porque las mujeres séniors son más vulnerables aún.

Por supuesto, también hay muchos tabúes y prejuicios culturales que derribar, como ya sabemos. En algunas culturas, las personas mayores deben retirarse y descansar... O cuidar a los nietos. En otras, una jubilación activa se valora como un momento para perseguir sueños, crear riqueza y ayudar a la familia y a la sociedad. En este mundo envejecido, más nos vale estar todos alineados en la segunda alternativa. El viraje hacia un mundo laboral más emprendedor ya está sucediendo: para el Global Entrepreneurship and Development (GED), que elabora anualmente el Índice Global de Emprendimiento (usa datos económicos y sociales de cada geografía para después establecer una comparación regional y otra mundial), la clasificación mundial la encabeza Estados Unidos, seguido por Suiza, Canadá y Reino Unido. En Latinoamérica la primera posición es para Chile (decimonovena posición), y España ocupa el mismo número que su prefijo, 34, de una lista de 137 países.

El mundo está empezando a comprender que los empresarios (y también empleados, colaboradores, *freelances,* etc.) de más edad, con la riqueza de su trabajo y su experiencia de vida, si van unidas al entusiasmo —que no es incompatible con necesidad—— por seguir siendo productivos, son un recurso brutal. Cuando dejemos de verlos como un grupo «pasivo» y, por lo tanto, una «carga dependiente» y los reconozcamos como activos, ayudaremos entre todos a romper las barreras y liberar su potencial.

3. *Business angels* séniors: A invertir en *agetech*

Una de las obligaciones y necesidades más importantes para una gran mayoría de emprendedores (especialmente *startups*) es, como ya sabemos, buscar financiación. Y ahí es donde entran los *business angels* (ángeles inversores), a los que acudir justo después de las tres 'F' *(Family, Friends, Fools)* y de la inversión semilla *(seed capital)* y antes de llegar al capital riesgo (que suele proceder de fondos de inversión). Por cierto, para la primera fase está también la opción del *crowdfunding,* pero esto funciona mejor si ya eres un ávido usuario de redes sociales y puedes compartir tu campaña ampliamente —de ahí otra vez la importancia de ser activistas digitales—.

Se trata de ángeles —léase *personas adineradas*— que hace muchos años bajaban de la parte rica de la ciudad *(up-town)* al centro *(down-town)* para echar una mano a los productores de Broadway que necesitaran dinero para sus obras... Y que hoy día siguen estando al otro lado del telón —o hacen que el telón se abra— aportando financiación (inversión, generalmente de 25 000-100 000 euros) y a menudo también conocimiento, mentorización, contactos y prestigio a *startups,* sobre todo del sector económico *(fintech)* o de las TIC (nuevas tecnologías). Según el informe Business Angels 2018 de la Asociación de Redes de Business Angels de España (AEBAN), más de la mitad de los inversores tienen en sus carteras compañías de tecnologías de la información y de *software,* con interés por inteligencia artificial, *big data,* internet de las cosas, *blockchain,* criptomonedas y ciberseguridad. Pero el *offline* también sigue teniendo presencia en las carteras: el 57 % realizaron al menos una inversión en una *startup* fuera del mundo digital y el 25 % tienen al menos la mitad de la cartera conformada por inversiones *offline.*

¿Y cuál es la edad mayoritaria de estos inversores? ¡Bingo! Casi todos son *silvers surfers.*

El informe elaborado por Wharton and the Angel Capital Association (ACA), The American Angel, dice que la mayoría de los ángeles de su estudio son personas de la generación *baby boom,* con una edad media de 57.6 años. Es lógico, son personas que han tenido muchos años de experiencia profesional para acumular un patrimonio que después pueden invertir. Es más, la edad media a la que los ángeles hacen su primera inversión es de 48 años. Sin embargo, el informe representa la diversidad en grupos de edad: el ángel más joven, aunque parezca increíble, es de tan solo 19 años y el mayor, de 92. Nunca es tarde si la dicha...

Eso en Estados Unidos, donde se concentra gran parte del capital inversor. En España, por ejemplo, este porcentaje es un poco más bajo: el 40 % de los *business angels* tienen 45-54 años *(silvers* al fin y al cabo*).* Eso sí, en casi todos los continentes la mayoría corresponde a varones. Las mujeres apenas llegan al 8 % de la comunidad inversora en España y al 22 % de la estadounidense. Además, las personas mayores plus tienden a invertir considerablemente más dinero en comparación con los adultos más jóvenes —por el factor tiempo, suponemos—. Casi dos tercios (63 %) de los ángeles inversores mayores invierten más que la media. Estos, además, tienen el doble de probabilidades de financiar a un extraño con una buena idea que los inversores más jóvenes. De *silver* a *silver.*

¿Dónde están más interesados en invertir? Les resultan atractivos los negocios ligados a sectores tradicionales que incorporan el plus de las nuevas tecnologías, como ocurre con las *proptech* (aportación de valor tecnológico al mundo inmobiliario) y las *insurtech* (sector seguros). Las *deeptech* son diferentes. Estas *startups* no toman un sector tradicional como punto de partida, sino que se basan en un descubrimiento científico o en una innovación tecnológica, como en el caso de Uber). También están interesados en el comercio y la distribución *online,* los medios y contenidos digitales y los servicios financieros *(fintech),* el ocio y el turismo, la salud y los equipos médicos, los juegos *online,* los servicios profesionales, el transporte y la logística. Dentro de estos sectores ven futuro en las *startups* ligadas a la economía verde, la educación, la biomedicina y el *smart commerce.*

Muy bien, pero ¿y si hablamos de la *silver economy*? ¿Hacia dónde iremos en un futuro? Si pienso en futuro me viene a la cabeza Javier Sirvent, un *technology evangelist*, como le gusta llamarse a sí mismo, porque lo es, de espíritu inquieto, irreverente, que siempre que puede se rodea de robots y de algún último invento tecnológico. Así que miremos con él por esa ventana de lo que está por venir, de lo que en verdad ya casi es: «Hemos creado variantes innovadoras y empoderadas por las tecnologías de sectores muy tradicionales, como el inmobiliario *(PropTech),* médico *(MedTech),* educativo *(EdTech),* de seguros *(InsurTech)* y de banca *(FinTech),* y sin embargo una de las más recientes, pero a la vez muy poderosa, se encuentra de forma muy incipiente, la *AgeTech*», explica Sirvent. «Engloba una subcultura de antiguos y nuevos empresarios, inversionistas, corporaciones y grupos de impacto social que generarán, diseñarán y producirán todo tipo de productos y principalmente servicios adquiridos por cinco grupos diferentes: a) Las personas mayores directamente (¿cualquiera que sea la edad?), b) Adquiridos en nombre de personas mayores (¿qué edad o estado físico será recomendable?), c) De intercambio *(sharing economy)* entre personas mayores y menores,

d) Prestados a futuras personas mayores y e) Por las máquinas o robots que estén a cargo de personas mayores».

¿Cómo afectará la inteligencia artificial a los *silvers* del mundo? «Llevamos hablando unos años sobre cómo esta tecnología lo va a cambiar todo, y uno de los sectores más beneficiados por estas innovaciones será el de los coches autónomos... Sin duda, serán las personas mayores quienes, por motivos de salud y reflejos, ahora sí tendrán la oportunidad de desplazarse sin ayuda, de volver a trabajar, de viajar largos trayectos con todo tipo de asistencias automáticas a la conducción, por ejemplo», explica Sirvent. «Desde visitas turísticas programadas e individualizadas o cambiar su vivienda habitual (de más valor) para vivir unos años en una caravana e ir recorriendo el mundo con todas las comodidades y recursos médicos necesarios (telemedicina y teleasistencia básica). Podrán adquirir pequeños vehículos autónomos gracias a una nueva logística o accediendo a centros logísticos de aprovisionamiento, estratégicamente seleccionados a lo largo de sus rutas. En general, todas las compañías ya deberían estar pensado en adaptar o generar nuevos productos y servicios para esos más de 2100 millones de personas mayores de 60 años, con buena salud, que en menos de veinte años estarán hambrientas de nuevas experiencias. El presente fue ciencia ficción, pero ya es pasado; sin embargo, ahora está conectado». Sí, a esta última frase hay que dedicarle un poco de tiempo...

Para que nos hagamos una idea de por dónde van las investigaciones hoy sobre la *silver economy,* podemos fijarnos en lo que se está trabajando en los *senior living labs.* Un *living lab* es un ecosistema de innovación abierta centrado en el usuario y se basa en un enfoque sistemático de cocreación (que integra los procesos de investigación e innovación) en las comunidades, en entornos de la vida real. Un *senior living lab* coloca a la persona mayor en el centro de la innovación y explora la capacidad de moldear mejor las oportunidades que ofrecen los nuevos conceptos y soluciones de TIC para sus necesidades.

De la lista de *senior living labs* (The European Network of Living Labs [ENoLL]), estos son los focos de investigación:

- Trabajo en TIC:
  - Trabajo solo en TIC.
  - Domótica
  - Objetos inteligentes.
  - Telemedicina/teleasistencia.
  - Robots.
- Mejoras específicas:
  - Autonomía.
  - Aislamiento.
  - Enfermedad específica.
  - Asesoramiento.
- Trabajar con cuidadores y médicos de adultos mayores.
- Enfoque ecológico.

Por cierto, los inversionistas también discriminan por la edad (edadismo); según la firma de capital riesgo First Round Capital, la edad es el mayor sesgo de los inversionistas respecto a los fundadores (el 37 %), seguido del sexo (28 %) y de la raza (26 %). El edadismo en tecnología comienza, en promedio, a los 46 años, y más de una cuarta parte de los fundadores dijeron que el sesgo afecta a empresarios de tan solo 36 años.

En total, el 89 % de los encuestados dijeron que están de acuerdo en que las personas mayores se enfrentan a discriminación en la industria tecnológica.

Como curiosidad, por aquello de las carreras no lineales y de que nunca sabemos qué va a ocurrir, el 35 % se convirtieron en *business angels* tras su experiencia emprendedora, el 30 % ocupaban puestos en la alta dirección y el 19 % eran consultores. Diez mil euros es la cantidad (mínima) que necesitas para convertirte en un ángel (a través de redes ya existentes) y, por supuesto, hay formaciones donde aprender a invertir bien. Feliz *exit*.

4. Perfil de un (intra) emprendedor

¿Por qué tantos trabajadores se deciden a montar un negocio a partir de los cincuenta o sesenta? Por supuesto, la necesidad o el deseo de ganar más dinero es un gran impulsor del espíritu empresarial, pero hay más... En una encuesta elaborada por Gallup, el 32 % de los empresarios *boomers* citaron la independencia como la razón principal, y otro 27 % dijeron que estaban persiguiendo una pasión; tan solo uno de cada cuatro encuestados emprendía por motivos meramente económicos. Independencia y pasión. Veamos cómo coincide esto con el perfil ideal del emprendedor y del intraemprendedor que más buscan en Silicon Valley y en otros *hubs* (centro de innovación) tecnológicos. Los emprendedores internos son personas con las mismas cualidades que los emprendedores, pero que desarrollan sus proyectos con el soporte de la empresa para la que trabajan, ya que el intraempredimiento es una vía de innovación corporativa que cada vez incorporan más empresas, sea a través de *labs* o de incubadoras internas. Crucemos la información de este perfil sobresaliente con nuestra forma de ser, pensar y actuar —o con la de posibles candidatos y colaboradores, etc.— por si nos da pistas de que encaje con nosotros o para encontrarlas. Valen su peso en plata.

Y no lo digo (solo) yo; el informe de Deloitte «Digital Five Insights into Intrapreneurship» dice que todas las empresas deberían seguir una estrategia doble: explotar y optimizar sus productos actuales al tiempo que utilizan la innovación como piedra angular del crecimiento y de la rentabilidad duraderos. También afirma que un enfoque simple pero poderoso para acelerar la innovación es aprovechar los recursos existentes dentro de la compañía: sus empleados. No se trata de crear intraemprendedores, sino de encontrarlos y reconocerlos. Los (intra)emprendedores:

- Están impulsados por una visión.

- Se encuentran motivados para llegar a algún lugar, al que llegarán sí o sí.

- Tienen una o dos cosas que decir sobre la forma en la que se maneja la organización y no sienten miedo a exponerlo, aunque signifique desafiar a la jerarquía en una sala.

- Odian el estancamiento, son alérgicos a la burocracia y se frustran rápida y fácilmente con los procedimientos largos y el *statu quo*.

- Pueden identificar el problema y buscar una solución para él.

- Tienen un sesgo claro hacia la acción y se vuelven inquietos si no logran hacer las cosas; necesitan estar en movimiento.

- Su mentalidad *startup* los hace más propensos a tener proyectos paralelos y negocios propios en sus horas de trabajo.

- Su hábitat natural es estar fuera de su zona de confort, ya que es donde sienten la mayor oportunidad de crecer.

- Anhelan comentarios sobre el desarrollo profesional y no temen las críticas constructivas negativas.

- A pesar de tener un instinto de innovación, no están completamente motivados por la necesidad de alimentar sus egos.

- Desafían abiertamente su propio conocimiento y su experiencia de forma regular.

- Se dedican a la variedad sobre la certeza, a la contribución sobre la conexión y al crecimiento sobre la importancia. Saben cuándo ser líderes y cuándo seguidores.

- Los candidatos de mentalidad intraempresarial a menudo tienen trayectorias profesionales sinuosas y vacíos poco convencionales en sus currículums (como haber abandonado su última posición para realizar una caminata de introspección o tomarse tres meses sabáticos para realizar labores humanitarias).

- Encuentran significado en el desafío y casi prosperan en el fracaso.

- No les gusta el control. Aman la autonomía y responsabilidad en su rol. Uno de sus principales impulsores es trabajar hacia resultados ambiciosos mientras disfrutan de la libertad de crear sus propias pautas.

Tener emprendedores internos es el sueño de toda organización, independientemente del sector y del tamaño, pero este perfil solo puede emerger y brillar —o ser atraído— en un entorno organizacional adecuado. De ahí que sea tan importante hacer una transformación digital y cultural ágil hacia estos nuevos modelos de trabajo que conectan con la transparencia, la redarquía, entornos colaborativos, de escucha activa, creativos, etc.

Como dice Eric Ries, autor de *El camino hacia el Lean Startup* y responsable en parte de la gran transformación de General Electric: «Si yo eligiera un empleado al azar de cualquier nivel, departamento o región, y ese empleado tuviera una idea absolutamente brillante que abriera una fuente de crecimiento radicalmente nueva para la empresa, ¿qué tendría que hacer ese empleado para llevar su idea a la práctica? ¿Dispone la empresa de un proceso automático para probar una idea nueva y determinar si realmente merece la pena? ¿Dispone la empresa de las herramientas de gestión necesarias para ampliar esa idea a fin de que genere el máximo impacto, aun cuando no se ajuste a ninguna de las líneas de negocio actuales? La transformación digital debe abordarse como un problema de gestión: ¿Cómo reconstruyo mi empresa para lograr una innovación continua?». La respuesta a esta pregunta en parte la encontramos aquí: aplicando la innovación a través de procesos y nuevas metodologías.

5. En la (creatividad) innovación está la ventaja competitiva

Innovación. Palabra sagrada, palabra buscada, palabra tan necesitada. Proviene del latín *innovare,* que significa renovar o cambiar. Por tanto, no tiene tanto que ver con generar algo de cero (invención) como con evolucionar y, sobre todo, con la capacidad de conectar de manera diferente y original, cosas que ya existen previamente para generar algo nuevo (hibridación). Innovar es introducir en un mercado algo que no existía antes y también resolver problemas de una manera nueva. Las innovaciones son el resultado de procesos lentos, aunque a veces parezcan surgir con celeridad (momentos «eureka»), porque provienen de la creatividad, del conocimiento de las personas, y la creatividad la entrenamos desde que nacemos y el conocimiento se hace más grande cuanto más grandes nos hacemos. Se trata de miles y miles de conexiones neuronales, cada día, al máximo rendimiento.

Por eso, como dice Alf Rehn en su «molesto» libro *Ideas peligrosas*, las personas mayores tienen más potencial de creatividad porque la creatividad es una carrera de fondo. Vale. El problema es que la mayoría de los séniors, por la trayectoria profesional de la que venimos y los sistemas educativos de nuestro pasado, tenemos la creatividad dormida, olvidada. Relegada. El entorno de trabajo no nos ha pedido hasta hace relativamente poco que fuéramos especialmente creativos ni originales (la innovación es la concreción, la materialización, de la creatividad), por lo cual no hemos necesitado recuperar esa faceta artística y creativa que nos atrofiaron en la escuela... de manera brutal. Según una investigación del experto en creatividad Ken Robinson, el 100 % de los niños de preescolar presentan altos niveles de pensamiento creativo. A los doce años apenas un 20 % logran mantener esos niveles de pensamiento divergente. Si pasamos del cien al veinte con tan solo doce años, sigue sumando años, sigue restando... Pero no nos deprimamos: la esencia humana es creativa, como vemos. Y la creatividad es un proceso: consiste en generar, desarrollar y transformar ideas en algo de valor, en concebir ideas nuevas y tener luego la disciplina (la metodología) de darles forma hasta se materialicen en algo de utilidad y valor real —en el entorno empresarial, claro—.

Para entenderlo mejor hagamos un viaje en el tiempo y retrocedamos mentalmente a aquellos maravillosos años profesionales en los que nos tocaba —o proponías, confiesa— hacer una reunión de *brainstorming* o lluvia de ideas —antes de que el *Visual Thinking* y el *Design Thinking* llegaran a nuestras vidas—, un grupo de gente (los de siempre) sentadas en torno a una mesa (la de reuniones) con libreta y un boli (súper kit de herramientas de creatividad) hablando en voz alta los unos tras los otros, proponiendo ideas... malísimas. Repetidísimas. Copiadísimas. Levemente modificadas sobre las de la última reunión. Absurdísimas no, porque no nos atrevíamos a que se nos fuera mucho la cabeza. En aquellos viejos procesos de *brainstorming* lo que había era mucho *storming* (lluvia) de ego, pero poco *brain* (cerebro). No seguíamos ni metodología ni proceso de reflexión ni de empatía, ni había diversidad en el equipo ni estructura...

No sabíamos hacernos las preguntas adecuadas y por tanto caíamos en los patrones de repetición de experiencias pasadas. Por eso, si queremos generar buenas ideas para emprender (o para nuestro emprendimiento) de verdad, creo que es imprescindible seguir una metodología que aúne creatividad y reflexión.

Merece la pena dedicar un tiempo de nuestras vidas a mejorar la competencia personal de nuestra creatividad (apuntarse a cursos de *Visual Thinking, Thinking Out of the Box,* etc.). La creatividad como proceso se puede analizar, entender, aprender, enseñar, medir y gestionar. Es la principal fuente de ventaja competitiva empresarial. Cuando oigo que no todos pueden ser creativos en la empresa, brrr... No hablamos de hacer arte, sino de tener la mente abierta, conectada con el mundo, lista para asociar cosas, y eso lo necesita tanto el de finanzas como el desarrollador web. Las ideas innovadoras pueden ser muy pequeñas o muy grandes, afectar a un proceso, a un producto, a todo un modelo de negocio... La empresa verdaderamente innovadora es aquella que tiene a todos sus miembros en alerta creativa. Y la que abre su innovación más allá de sus fronteras *(open innovation).*

Volvamos a Robinson, quien tiene bastante claro por qué dejamos de ser creativos al crecer: «Los niños arriesgan, improvisan, no tienen miedo a equivocarse; y no es que equivocarse sea igual a creatividad, pero sí está claro que no puedes innovar si no estás dispuesto a equivocarte, y los adultos penalizamos el error, lo estigmatizamos en la escuela y en la educación, y así es como los niños se alejan de sus capacidades creativas».

Por tanto, si queremos que nuestra organización, empresa o *startup* potencie la innovación, es inevitable potenciar antes la creatividad de las personas que la componen. Cuando nos enfrentamos a un problema

La empresa verdaderamente innovadora
es aquella que tiene a todos sus miembros
en alerta creativa.

nuevo, los adultos solemos emplear el conocimiento que hasta ahora hemos adquirido sobre el mundo. Tratamos de encontrar una solución factible pero que de alguna manera se acerque a soluciones que ya hayamos dado o conocemos. Por otro lado, la exploración (intentar algo nuevo, diferente) puede llevar a concebir una idea menos común, una solución menos obvia, un nuevo conocimiento... una innovación.

Por ello, conviene aprender a usar herramientas —formación en pensamiento visual, qué pesada soy— que nos reactiven esa forma de pensar transversal, divergente, conceptual, rica, sin limitaciones. Así podremos salir de la caja y pensar en colores, de manera no lineal, reconectarnos con la infancia y su ingenuidad para volver a asombrarnos por las cosas del mundo.

6. «Ideas» para emprender

No, este capítulo no contiene un listado de ideas geniales sobre las que poder montar tu próxima empresa o negocio. Básicamente porque ni serían geniales ni originales... ni tuyas, que es lo que marca la diferencia de todo. Pero sí podemos explorar cómo generar las ideas adecuadas para que cada uno encuentre qué hacer, montar, crear u organizar. Esa es y será siempre la mejor manera de arrancar un negocio, sea empresa, *startup, e-commerce,* consultoría o servicio *freelance,* da igual. Todo ello es emprender. Porque *emprender* significa empezar a hacer alguna cosa difícil. Una mezcla del prefijo *in-* (hacia dentro) y *prendere* (atrapar). O sea, que el *in* es cosa tuya. El emprendimiento de éxito (o con más posibilidades) es por tanto el que nace de dentro: de tu cabeza y de tu corazón. Después ya es cuestión de empezar, prender y también aprender.

Sí merece la pena fijarnos en empresas que han logrado un éxito extraordinario, organizaciones que, empezando de cero, han crecido hasta lograr importantes ingresos en cuatro años o menos sin realizar ninguna adquisición mayor. A estas empresas se las conoce como *Z-1-4* por lo de «de cero a mil millones de dólares en cuatro años». En 2006, existían al menos veinte empresas que reunían estas características en América del Norte,

Europa y Australia. La lista de estas compañías incluía nombres como Amazon, Reebok y Google. Otras empresas tardaron algo más de cuatro años, pero igualmente su éxito fue espectacular, como eBay o Apple.

Obviamente esto se trata de poner el listón del emprendimiento a la altura de estos ejemplos (no necesariamente), pero sí es interesante conocer algo que tienen en común estas compañías. ¿Y qué es? Que todas se han basado en un único concepto, una única idea brillante que las llevó al éxito. Por supuesto, después siguieron generando ideas y ampliando su negocio, pero todo fue gracias al poder de la primera idea. La idea innovadora. La idea rompedora. La idea necesaria. Y las ideas nacen como respuesta a una buena pregunta. A la pregunta fundamental, la pregunta adecuada.

Es más fácil aprender a preguntarnos si tenemos metodología, procesos. Es más sencillo emprender si seguimos un orden, una secuencia, unos pasos. Hay mil maneras y formas diferentes de emprender, por supuesto, y mil profesionales increíbles en quienes inspirarse. Pero para aprender... nada mejor que hacerlo con un profesor que lleva años empleando en su aula de emprendimiento metodologías ágiles como *Design Thinking* y *Lean Startup*, que ha obtenido varios premios de innovación del Ministerio de Educación y a quien es un gusto escuchar y leer —te recomiendo su libro *Emprender con Lean Startup en educación*—. Viajemos hacia el mundo del emprendimiento con Pablo Peñalver:

7. *Step by step:* El proceso para montar un negocio

«Cuando hablamos de emprender lo hacemos pensando, no en montar una empresa o negocio necesariamente, sino en enfrentarse a un reto o proyecto y planificarlo y ejecutarlo con éxito. Cada día nos encontramos con problemas que tenemos que resolver; es en este ámbito en el que considero necesario desarrollar esas competencias transversales con las que enfrentarse sin miedo al reto en cuestión, ser consciente plenamente del problema, entender el contexto y participar activamente en su resolución», explica Peñalver.

«Si entendemos así el concepto de *emprender*, el proceso constaría de seis pasos:

1. »*Knowmad.* En la primera fase tengo que ser consciente de mi potencial, de mis fortalezas y debilidades. Y, por supuesto, hay que conocer qué nos demanda el mercado laboral. Además, tenemos que entender que el potencial para afrontar un proyecto es mucho mayor en grupo que de forma individual. En esta fase, hacemos una autoevaluación de cada persona como emprendedora, conocemos en qué somos fuertes y qué habilidades *knowmads* necesitamos desarrollar para nuestro proyecto. Así, formamos grupos con perfiles complementarios entre sí.

2. »**Entorno personal de aprendizaje.** A continuación, comenzamos a diseñar y dar forma a nuestro entorno personal de aprendizaje. Descubrimos y usamos diferentes herramientas TIC que nos permitan estar actualizados en una determinada temática (la del problema que hay que resolver). De esta forma, conseguimos montar un sistema de herramientas interconectadas entre sí que, con el mínimo esfuerzo, nos permitan buscar información y actualizarnos en un tema, filtrar la información, guardar la más relevante y crear contenidos para difundir a través de las redes sociales. Así tejemos un entramado de relaciones con terceras personas que nos permitirá retroalimentar el propio entorno. Es imprescindible tener un entorno personal de aprendizaje completo y fuerte.

3. »**Entendimiento del problema y búsqueda de una solución innovadora.** Otra clave para emprender es saber generar una solución innovadora, excelente, a un problema relevante. En este sentido, utilizamos *Design Thinking,* metodología muy potente que ayuda a comprender el problema, centrándonos en su dueño. Si conseguimos empatizar con él, comprenderle, entenderle, saber lo que está pasando, tendremos más posibilidades de ofrecerle una solución realmente buena. Para ello, traduciendo el problema a reto y aplicando técnicas de creatividad, podremos generar muchas soluciones y elegir la mejor. Contar con una buena idea es un paso muy interesante en el aula desde el punto de vista motivador.

Cuadro 5.1 Las fases del *Design Thinking*

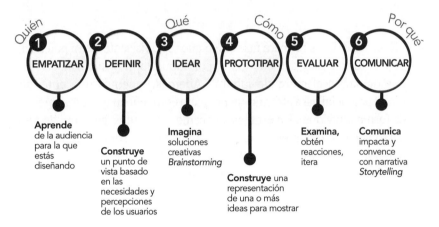

Fuente: elaboración propia

4. »**Diseño y validación del modelo de negocio.** A continuación, traducimos nuestra idea al modelo de negocio, es decir, diseñamos un modelo de negocio de nuestra idea tras analizar mercado y competencia. En realidad, generamos varios modelos de negocio después de analizar patrones que tienen éxito y elegimos el mejor. Pero lo importante es que tras el diseño (en el aula) viene la validación (fuera del aula). Para ello, aplicamos *Customer Development* (Desarrollo de Clientes), siguiendo el proceso en cuatro fases establecido por Steve Blank. A la vez, desarrollamos el producto de forma ágil mediante el denominado *producto mínimo viable,* evolucionándolo mientras vamos validando bloques del lienzo de modelo de negocio. Lo verdaderamente importante es reducir la incertidumbre, y eso lo conseguimos conforme vamos validando hipótesis del modelo.

5. »**Redacción de un plan de empresa.** En el sector educativo sigue siendo importante la redacción de un plan de empresa; en nuestro caso, ordenamos la información del plan de negocio en función de las lecciones aprendidas en la fase anterior, realizamos un resumen ejecutivo y varios planes: jurídico-fiscal, de operaciones, de marketing y de viabilidad. En definitiva, el plan de negocios clásico, pero más breve y con las cuestiones clave.

6. **»Uso de un simulador empresarial.** Cerramos un curso de emprendimiento mediante el empleo de un simulador empresarial. Nos queda gestionar una empresa y aprender a tomar decisiones en función de lo que realmente ocurra tras las resoluciones tomadas en un determinado mercado y con una competencia que tiene mucho que decir respecto a nuestra propia actuación; en este sentido, usamos el poder de la gamificación para simular un entorno competitivo, redactar un plan de empresa y ejecutarlo y, de paso, obtener el resultado de las decisiones».

Añado otros puntos más que se pueden sumar a los de Peñalver:

1. Finanzas básicas para poder gestionar una empresa, aunque te apoyes en una asesoría (es elemental).

2. Desarrollo de liderazgo y de otras habilidades sociales (como comunicación y *storytellig*) para gestionar a tu equipo de empleados y colaboradores y para un desarrollo óptimo de acción comercial de tu empresa.

3. Diseño de la organización para que esté orientada a la innovación, creatividad, colaboración, agilidad y transparencia.

4. Trabajo de la marca de tu negocio y de tu propia marca personal como profesional.

Hacemos ahora una breve parada en el tema de las finanzas para evitar algunos errores con los consejos de María Ángeles González, economista y *coach* financiera para emprendedores, acostumbrada a ayudar a personas que pasan de ser empleadas a trabajar por cuenta propia y a emprender en negocios tradicionales, traspasos o franquicias: «Lo primero que hay que tener en cuenta es que montar un negocio no es comprar un empleo. Haces una inversión de arranque y precisas, además, tener un capital de funcionamiento, no puedes gastarte todo solo en montar la tienda», explica González. «Otra cosa que aconsejaría es que, si necesitas dinero urgentemente, no montes un negocio. Se necesita entre año y medio y dos años para que un negocio arranque y se mantenga. Las expectativas de que vaya a funcionar de inmediato dan lugar a muchas frustraciones. Hace falta el dinero para montarlo y también para vivir mientras se arranca; si no lo hay es todavía peor pedir prestado, por las mismas razones. Si pasado este tiempo no funciona, toca aprender por qué no ha resultado, pero en ningún caso seguir poniendo más dinero, y menos a crédito. Muchas veces no se acierta a la primera, pero en un segundo o tercer intento ya se consigue». Hay tres cosas que sí debemos tener en cuenta a la hora de montar un negocio: «Hacer siempre las cuentas: cuánto capital necesitas para arrancar, cuánto para funcionar y cuánto para vivir mientras el negocio se pone en marcha. Si no sabes hacerlas, busca ayuda, pero no arranques a la ligera», aclara. «[Hay que] Considerar también la posibilidad de una franquicia reconocida y de éxito. Aunque puede exigirte bastante capital, te ayudarán cuando no tienes demasiada experiencia; y, salvo que cuentes con asesoramiento, no compres un negocio que ya esté en marcha. Es común encontrarse con que te han vendido un coche que luego no anda».

«Toca ser prudentes también al montar un negocio de manera urgente, sin meditar o por supervivencia económica». Según el informe «Global Entrepreneurship Monitor» (GEM), realizado en España por el Centro Internacional Santander Emprendimiento (CISE), la Fundación Rafael del Pino y el Banco Santander, las garantías de que estos negocios superen los fatídicos cinco años de vida es inferior a la de aquellos que resultan de una intención madurada en el tiempo.

Es mejor testar, probar, ponernos en situación... Si emprendemos desde cero, conviene que sea con *Lean Startup*.

8. ¿Por qué seguir un método científico como *Lean Startup*?

Hay una pregunta obligada para Peñalver: ¿Por qué funciona el método *Lean Startup*?

«La única opción para lanzarte al mercado es innovar. De la misma forma, el único modo de supervivencia de toda empresa es innovar. Pero innovar implica riesgo, mucho riesgo, directamente relacionado con la incertidumbre.

»*Lean Startup* nos proporciona un camino, una colección de herramientas que nos permiten aprender a la vez que vamos reduciendo la incertidumbre. No podremos eliminarla del todo, ni mucho menos, pero permite tener más elementos de juicio a la hora de lanzar un proyecto.

»Así, esta metodología pone sobre la mesa tres elementos básicos que de forma clara nos muestran cómo enfrentarnos a un proyecto novedoso:

a) «Diseño de un modelo de negocios.

b) «Validación del modelo de negocios siguiendo una serie de hitos, conocidos como los *cuatro pasos hacia la epifanía,* de Blank: encaje problema-solución, encaje producto-mercado, creación de demanda y construcción de la compañía.

c) «Desarrollo de producto ágil mediante un proceso iterativo que nos ayude a entender qué tenemos que construir.

«El método funciona por la rapidez del proceso y por el aprendizaje validado; es importante comprobar, analizar, testar y validar si el problema de partida realmente existe y es relevante; si tu solución lo resuelve o no. También resulta fundamental validar cómo captar clientes, el canal y el modelo de ingresos, es decir, captar a tus primeros *early evangelist* y comprobar si podemos hacer dinero; en cualquier caso, si descubres que tu problema no es relevante, o que no lo resuelves o si no ganas dinero, un aspecto básico es que debes pivotar, no abandonar. Se trata de cambiar, y de hacerlo de forma rápida. En definitiva, flexibilidad y adaptabilidad son aspectos clave de este proceso».

Última pregunta necesaria para Peñalver que muchas personas aún se pueden hacer: ¿Qué diferencias estructurales nos encontramos en un modelo de negocio tradicional y en el de *Lean Startup*?

El método *Lean Startup* funciona por la rapidez del proceso y por el aprendizaje validado.

«Está comprobado que un plan de negocios no lo soporta el primer cliente. Un plan de negocios es muy útil, pero como herramienta de gestión; se trata de anticipar qué va a ocurrir y después medir y comparar entre lo previsto y lo realizado realmente. Pero es válido para modelos de negocio que ya funcionan, que hacen dinero», explica Peñalver. «Una empresa existente conoce a sus clientes, cómo son y por qué compran; conoce su producto y el valor que aporta a los clientes; conoce cómo captarlos, así como el canal de ventas, y tiene validado el precio; tiene todo, sabe cómo hacer dinero. Pero si lo que pretendes es lanzarte al mercado con un proyecto innovador, no conoces nada; ni el cliente, ni la relevancia del problema, ni si tu solución resuelve el problema, y ni siquiera si eres capaz de hacer dinero. Todo lo que imaginas de ese modelo de negocio son meras suposiciones, hipótesis; por ello aplicamos *Lean Startup,* y el método científico».

9. ¿Y si tu jefe tiene la edad de tus hijos?

Una de las argumentaciones comodín para incentivar y motivar a los más séniors a que se digitalicen que a veces se escucha por ahí es: «¿Te gustaría que tu hijo fuera tu jefe?». Pues más vale dejarla de usar ya, porque, se nos ha ido de las manos. Literalmente. Las posibilidades de que tu próximo jefe o jefa sea alguien mucho más joven que tú están ahí. La pregunta es: ¿Puedes tomar en serio a un líder que estuvo en la misma fiesta de graduación que tu hijo?

La respuesta corta es sí. Y es mejor que aprendamos a hacerlo; hay que entender que es algo positivo y perfectamente normal. Recuerda que aquí estamos apoyando la convivencia intergeneracional y que lo que importa es el intercambio de conocimiento y no la edad, ¿verdad? Pues toca aplicarlo en una dirección y en otra.

Una encuesta reciente de CareerBuilder y Harris Interactive encontró que casi el 40 % de los trabajadores estadounidenses ya tienen un jefe más joven, con un aumento del 34 % desde 2012. Y subiendo.

Pero el que cada vez sea más habitual no significa que sea más fácil ni para unos ni para otros. A veces, al más joven le cuesta reconocer que «está verde» en algún asunto y al más sénior que puede aprender de alguien menor. Hasta que no normalicemos entre todos esto de convivir teniendo edades muy diversas y no entendamos que las carreras cada vez van a ser menos lineales (puedo pasar de haber montado una empresa a los cincuenta a que me contraten con 62... o 92 años), se mezclarán muchas emociones que tendremos que aprender a gestionar.

¿Dónde suelen darse los mayores problemas? En organizaciones cuyas estructuras jerárquicas son aún muy piramidales, donde la organización interna está dividida en silos (como los reinos de taifas), con escasa movilidad de los empleados (llevan mil años haciendo lo mismo en la misma posición) y cultura poco abierta, diversa y transparente. Según el informe que hemos mencionado antes, en los grandes empleadores (empresas de más de 250 empleados) se encontró al menos uno de estos problemas:

- El 10 % reportaron diferentes grupos de edad sin mezclarse.

- El 18 % habían experimentado conflictos entre diferentes grupos de edad.

- El 22 % experimentaron que los gerentes más jóvenes no se sentían cómodos manejando a trabajadores mayores.

- El 29 % de los trabajadores mayores se sentían incómodos al ser manejados por colegas más jóvenes.

Construyamos entornos y maneras de trabajar donde no pese la edad, sino lo que sabemos y podemos aportar; en el capítulo siguiente veremos en detalle cómo promover esta convivencia intergeneracional, pero mientras tanto, empaticemos y colaboremos. No es necesario insistir en la edad que tenemos, ni tampoco disculparnos por ello; solo contribuir con nuestra actitud a normalizar que lo importante es la valía profesional y no la cronología que marca nuestra fecha de nacimiento. Si, total, hoy estaremos abajo, mañana arriba y al otro en medio. Es mejor tener la mente abierta, siempre aprendiendo.

10. Activa tus SSI, *network* y marca personal

Es probable que no te suene, pero si tienes perfil en LinkedIn —y lo utilizas, claro, ¡es una red social profesional de uso diario!—, tienes un *Social Selling Index* (SSI). ¿Y qué es? El número que indica la calidad de tu perfil en referencia a la generación de oportunidades de negocio. *Social Selling* (venta social en canal digital) es el arte de utilizar las redes sociales para encontrar clientes potenciales y, por tanto, una estupenda analogía respecto a la importancia de la marca personal. Este índice se nos «concede» en función de lo bien considerada que esté nuestra marca a nivel particular o empresarial, lo que influye en cómo te ve el resto de usuarios.

Los líderes de venta social crean un 45 % más de oportunidades que los compañeros con un SSI más bajo, y el 78 % venden más que los compañeros que no usan las redes sociales.

Hay que tener claro que LinkedIn no es una red de ventas, sino de *network* y conocimiento (red social). Ya sabes que el 90 % de las decisiones de compra jamás responden a una llamada en frío. Para que «nos compren» *primero* hace falta ser conocidos, después reconocidos y, por último, generar las tres 'C': cercanía, calidez y confianza. Si trabajas en procesos de selección, un cliente puede ser un candidato o un colaborador. Y aunque no trates de vender un producto, quizás quieras ofrecer tus servicios profesionales a una empresa o a un particular, dar a conocer un proyecto, tu ONG... no importa. Este índice es válido para todo tipo de perfiles mientras estés en activo.

El SSI —puedes calcular el tuyo aquí: https://www.linkedin.com/sales/ssi— tiene como valor máximo cien y está formado por cuatro componentes:

1. Marca personal (25 %).

2. Personas adecuadas con las que tienes contacto con ellas gracias a LinkedIn (25 %).

3. Interacción aportando contenido de valor, información interesante (25 %).

4. Creación de relaciones (25 %).

Así que... la manera de mejorar el SSI pasa lógicamente por:

1. Establecer tu marca personal.

2. Encontrar a las personas adecuadas (capital social).

3. Interactuar ofreciendo información (generar y compartir contenido).

4. Crear relaciones (hacer *networking*).

Ser profesional en este siglo XXI, que es digital, líquido, cambiante y que nos depara una nueva y compleja longevidad, requiere de nosotros que desarrollemos obligatoriamente una buena marca personal. En el libro *Knowmads. Los trabajadores del futuro* ya escribí un capítulo en profundidad sobre este tema y no quiero ser muy insistente..., pero es que es la diferencia entre que te vaya bien, no te vaya o te vaya espectacular.

La marca personal sirve para nuestros momentos emprendedores, para ser elegidos en las empresas que deseamos, para mejorar nuestra empleabilidad, para que parta de ti la capacidad de negociar, para mejorar el *employee branding* (fidelización del capital humano) de la empresa... Solo tiene beneficios. Doy mucha formación en grandes compañías sobre esto, ¡pero aún no las suficientes! —yo u otros, es igual—. Si no activamos nuestra marca empleadora, nuestra marca personal, nos quedaremos atrás. Déjame darle otra voz para no cansarte con la mía —ni a mí misma de tanto oírme—, la de Jorge Navarrete. Nómada digital (origen venezolano, afincado en Canarias, un trotamundos), emprendedor, susurrador de personas, mentor de *startups* (Next2Pass) y CEO de la empresa Hacemos Marketing: «La marca personal son las sensaciones, las emociones y las experiencias que vives y que hablan de ti como persona, como profesional o como referente de un sector; y que indudablemente causan un impacto en tu comunidad porque generas cambios en sus miembros», explica Navarrete. «Por ello la marca personal es única e irrepetible, nadie es como tú. La marca personal se construye basándose en tus valores, tus principios, tu personalidad, tus propósitos, y todo ello envuelto en una estrategia comunicacional, de redes sociales, de contenidos y de *networking*».

Dicho por Navarrete de otra manera: «No se trata solo de tener un logo bonito, de publicar en redes sociales, de tener una página web y ya. Es un estilo de vida». De ahí que los profesionales séniors, por nuestras vidas y trayectorias más largas, tengamos una ventaja competitiva muy interesante que debemos cuidar: nuestra red de contactos. El *network* no se queda en las personas que ya conocimos, sino que está siempre en crecimiento continuo. «*Networking* trata de establecer relaciones, que deben estar basadas en el *win-win*. Si buscas algún beneficio en establecer una relación con una persona, esa persona también buscará lo mismo. Tienes que evaluarte y pensar cuáles son los beneficios que puedes aportarle a esa persona». Esto aplica tanto al *networking on* como al *off*.

Como dice Navarrete, «si tienes un perfil bien desarrollado en redes sociales, con una buena estrategia y un blog que soporte tus habilidades y conocimientos, es muy probable que logres tus objetivos de *networking;* es decir, que las personas que te interesan te sigan y establezcan relación contigo porque les estás aportando valor».

Me quedo con la última frase: aportar valor. Esa es la esencia del éxito de toda marca personal, dar. «Si aplicamos el *networking* con corazón como un estilo de vida, enseguida veremos que los cambios son rápidos y totalmente eficaces. Un buen *networker* es aquel que está más pendiente de ver qué puede hacer por los demás que de buscar el beneficio propio; aquel o aquella que invierte en las personas, en su corazón, sin ningún tipo de miedo ni pudor»... ¿Sin miedo y sí con mucho corazón? Son palabras que entonces solo pueden venir de Cipri Quintas, autor (además de empresario y cien cosas más) de *El libro del networking* y una de las pocas personas capaces de hacer que un almuerzo de trabajo, un día cualquiera, se transforme en el camarote de los hermanos Marx: una locura de ir y venir de gente interesante.

«Tenemos que aprender a relacionarnos como niños, cuando priorizábamos el socializar para jugar y entendíamos —mejor que de adultos— que el riesgo no está en relacionarnos, sino en perdernos a las personas», dice Quintas. «Hay muchas herramientas necesarias, pero quizás una de las más importantes es la de generar empatía. Tenemos que practicar más el ponernos en el lugar de la persona que tenemos enfrente, saber qué necesita. Y aprender también a ayudarla sin esperar nada a cambio, simplemente por el hecho de sumar. No tener miedo a invertir en las personas, porque siempre se te devuelve todo. En el mundo de hoy, añadiría que también es imprescindible saber utilizar las redes sociales, pero para relacionarnos, no para coleccionar amigos, ni seguidores, ni *likes*».

Network profesional y amistad, ¿deben ir necesariamente unidos? «Para mí sí van de la mano», asegura Quintas. «No hay que hacer planes sobre las personas, te pueden sorprender, puedes empezar a relacionarte con una persona por un negocio y al final puede convertirse en tu amiga. Si trabajas con franqueza y con honestidad, no hay que ponerse límites».

Para ser un conector de éxito y ampliar nuestro capital social, que es la riqueza y el valor de tus contactos y redes —algo que las empresas cada vez valoran más a la hora de contratar—, conviene:

1. Invertir en tu marca personal digital: Es fundamental; tenemos que ser nuestro propio relaciones públicas y, por ende, embajadores de la compañía.

2. Tener en cuenta que cada persona incorporada a tu red profesional supone un universo de oportunidades para conectar conocimiento que genere impacto en el negocio.

3. Usar las redes sociales, pues son un medio al servicio de tu actividad relacional, un acelerador de las oportunidades de conexión.

4. Construir espacios de conversación de forma natural, fomentar conversaciones y explorar nuevas ideas y procesos que permitan desarrollar nuevos productos y servicios.

5. No entender la actividad profesional como una acción individual: La generación de valor depende de nuestra habilidad para establecer, construir y alimentar relaciones de forma constante y persistente en el tiempo.

6. Dar, estar ahí, compartir, ser generoso, generar.

6

TENER UNA CULTURA DE EMPRESA *PRO-AGING*

Estrategia de *age managament* transversal

EL LUGAR de mayor diversidad de edad que conozco es mi clase de GAP (glúteos, abdomen y piernas, para no iniciados en la materia). Hay diversidad de edad, porque de sexo, nada... la asistencia es 100 % femenina. Aunque no voy todo lo que mi compromiso con la Fundación 59 minutos (hacer 59 minutos de ejercicio al día) y conmigo misma requeriría, me encanta ver cómo allí nos juntamos mujeres cuyas edades van desde los 19 hasta los 70 años con total naturalidad. Cada una a su ritmo, pero todas en armonía. Sudamos, protestamos, nos reímos, hacemos trampa cuando la monitora no mira y odiamos hacer la plancha todas por igual... Cuando toca realizar un circuito nos ayudamos y nos coordinamos unas con otras con los ejercicios y con el material. Cuando además incluyen elementos de juego, como las *fitball,* hacemos justo eso: jugar y, de paso, entrenar. A nadie le importa los años que tengas. Creo, además —esto ya es interpretación mía, cero científica— que la mezcla de edades ayuda a romper tópicos, egos y complejos (en este caso físicos).

Como no puedes compararte ni por arriba ni por abajo precisamente por la diferencia de edad, no se genera competitividad. No sé si me explico... Es sano por los ejercicios, porque nos permitimos disfrutar y por la propia diversidad. Mira, ¡como una empresa *smart* del siglo XXI! Nos juntamos las de la generación X con las de la Z, las *millennials y* las *baby boomers* en veinte metros cuadrados sin haber hecho ningún *training* ni *mentoring* de convivencia intergeneracional. Sí, ya sé que en el trabajo todo es mucho más complicado... Pero ¿no será que lo complicamos nosotros todo mucho más? Porque ahí dentro, solo que con deportivas y haciendo flexiones en horizontal (posición que también sienta mejor a la organización de las empresas), estamos las consultoras, las directivas, las becarias, las *middle-management* (gerencia media) las colaboradoras externas y las que se acogieron a la baja por maternidad. Veamos si podemos desentrañar esto tan complejo llamado *age management* (gestión de la edad) y cómo ser una compañía amigable con la edad potenciando la mezcla entre personas de distintas generaciones.

1. Cómo generar una estrategia de *age management*

Esta nueva longevidad laboral nos obliga a quienes ahora tenemos más de 40, 50 y 60 años a repensar nuestro futuro y nuestras carreras profesionales, porque nos va a tocar —y vamos a querer— trabajar muchos años más. Por su parte, muchas empresas pueden enfrentarse a problemas de escasez de mano de obra, no solo por la calidad inadecuada de las calificaciones de la fuerza laboral, sino, sobre todo, por una muy baja afluencia de jóvenes al mercado laboral, porque no hay. Por tanto, las compañías deben cambiar sus políticas para, además de «ser amigables con la edad», buscar fórmulas que integren y hagan brillar el talento *silver* (contratados o por colaboración) para ser más competitivos en el mercado, y todo ello en combinación con los otros factores clave: generaciones más jóvenes, inteligencia artificial y robots. El futuro laboral cercano, por una simple cuestión demográfica, será para los *silvers surfers* del mundo.

1.1 Generar una estrategia de *age management* integral

Aunque cada vez se están sumando más empresas preocupadas por llevar a cabo una adecuada gestión de los profesionales séniors y por tanto diseñan políticas específicas, aún estamos en una fase tremendamente incipiente. La mayoría actúan con medidas aisladas, sobre todo orientadas a la convivencia intergeneracional, cuando lo verdaderamente potente sería generar una estrategia de *age management* holística: tener en cuenta todo el proceso, establecer objetivos, dibujar un *road map* para alcanzarlos, medir resultados, si hace falta iterar, volver a probar...

Diría que las empresas que mejor se van a posicionar en un futuro serán aquellas ágiles cambiando su cultura, sus espacios y su tecnología, pensando en la diversidad total: edad, sexo, cultura... Las que dibujen una nueva composición organizacional *smart:* más flexible y redárquica, menos piramidal, orientada a resultados, que permita el error y potencie el descanso y el juego, que use metodologías creativas porque sabe que necesita la innovación. Empresas con culturas corporativas que enfaticen la velocidad, la apertura, la transparencia y la conciencia del ecosistema, como las que tienen cientos de empresas jóvenes (muchas tecnológicas, tipo Airbnb), solo que estas han nacido pensando en cubrir los deseos y las necesidades de los jóvenes —recordemos su media de edad—. Esta nueva manera de entender el trabajo y el diseño de las oficinas *(*nuevos modelos de trabajo*)* por suerte la están implementando las compañías tradicionales con el objetivo... ¡también de atraer a los más jóvenes! Y es que cierto es que ese talento joven hace mucha falta, pero casualmente este nuevo diseño organizacional encaja muy bien con algunas de las necesidades de los profesionales más séniors, como la flexibilidad o el teletrabajo, por ejemplo.

Pero no es suficiente. Porque los más mayores se están quedando fuera. Y se pierde su conocimiento; porque la demografía nos obliga a tomar nuevos caminos, pero no estamos interesados en contratar o en colaborar con mayores de cuarenta; porque el futuro es intergeneracional, pero aún no sabemos cómo comunicarnos, entendernos y colaborar entre nosotros cuando hay mucha diferencia de edad...

Las empresas que mejor se van a posicionar en un futuro serán aquellas ágiles cambiando su cultura, sus espacios y su tecnología, pensando en la diversidad total.

Porque cuando hablamos de séniors nos cuesta ir más allá y nos dejamos fuera de la ecuación a las Bárbaras Beskind del mundo. Con 40, 50 y 60 años eres joven. Pensar en diversidad de edad total significa estar preparados para trabajar, también, con personas de 80 años o más. Las organizaciones que sean capaces de modificar su cultura, sus espacios y su tecnología para atraer, trabajar y colaborar con personas de cualquier edad serán las vencedoras del mañana. Se debería superar cuanto antes la etapa del *age friendly* para pasar a normalizar totalmente la cuestión de la edad, generando así una estrategia de *age management* transversal. Dejar de tomar medidas especiales para unos u otros porque todos estarán contemplados y, como ocurre en mi clase de GAP, que nos dé exactamente lo mismo la edad. La cosa va de sumar competencias y conocimientos de un modo equilibrado y potente poniendo en valor habilidades transversales como la flexibilidad, adaptabilidad al cambio, iniciativa o capacidad de asumir riesgos y de trabajar en un entorno inestable.

Pero vayamos paso a paso. Por supuesto, al igual que ocurre cuando se trabaja un proceso de transformación digital y cultural (cambio organizacional), la estrategia de *age management* hay que hacerla en función de las características y peculiaridades de cada empresa. No funciona el pan para todos, pero sí hay parámetros comunes sobre los que se puede trabajar esta estrategia, que es lo que me gustaría trasladar. Después, sobre esa base, habrá que hacer un proceso más profundo y adecuado a la realidad (y sobre todo proyección) de la organización. Recordemos que el *age management* o gestión de la edad se basa en medidas que combaten las barreras de edad y promueven la diversidad de edades, ¡pero no se dirige a las personas mayores únicamente!

Dicho de otro modo, la gestión de la edad es una forma de administración de la empresa que tiene en cuenta la diversidad de la edad de los trabajadores mediante el uso de soluciones amigables para los de más edad —frase para tuitear—.

Los ocho objetivos que se deben contemplar en el proceso son:

1. Mejor conciencia sobre el envejecimiento.

2. Actitudes justas hacia el envejecimiento.

3. Gestión de la edad como tarea principal y deber de directivos y gerentes.

4. Gestión de la edad incluida en la política de recursos humanos.

5. Promoción de la empleabilidad y productividad.

6. Aprendizaje permanente.

7. Relaciones de trabajo amigables con la edad.

8. Transición segura y digna a la jubilación.

Veamos qué podemos hacer para construir una empresa 100 % *age guay:*

1.2 Estrategia *age management* transversal

1. Reducción del sesgo de edad en:

- Reclutamiento.

- Educación, promoción y progresión de la carrera profesional.

2. Promoción del trabajo flexible (de buena calidad):

- Políticas de flexibilidad: horarias, beneficios flexibles...

- Trabajo en diferido/teletrabajo/trabajo por proyectos.

- *i-deals* (acuerdos idiosincráticos).

3. *Longlife learning:* aprendizaje continuo de nuevas competencias:

- Fórmulas de aprendizaje.

- *Learned lessons* y *learning by doing* (lecciones aprendidas y aprender haciendo), aprendizaje social y aprendizaje *knowmad...*

- *Agile learning:* programas de aprendizaje ágiles.

4. Arquitectura y tecnología:

- Rediseño de oficinas.

- Mobiliario ergonómico e inteligente.

- Seguridad laboral.

- Programas de salud y bienestar.

5. Maximización de los beneficios de la diversidad de edad en el trabajo:

- Gestión intergeneracional.

- *Mentoring, peer mentoring, reverse mentoring* (mentoría, mentoría entre pares, mentoría inversa [los jóvenes guían a los mayores]).

- *Iterim management* (dirección de transición).

- *Jobcoaching.*

6. *Retirement planning* (planificación del retiro profesional):

- Apoyo *coaching* y formación a la jubilación.

- Construcción de la segunda carrera profesional.

- Programas de emprendimiento *silver.*

2. *Aging lab*: Fase de investigación y desarrollo

El ser humano, el trabajador, necesita comprender el porqué y el para qué de los cambios que se le piden (el sentido que tiene lo nuevo que debe hacer, a dónde quiere llegar la organización con dicho cambio, cuál es su estrategia, para qué, etc.), pero sobre todo necesita que le involucren, que le pregunten, que tengan en cuenta sus dudas, miedos, aportaciones, propuestas, ideas...

Eso mismo que hacemos tan bien en las empresas que es poner en el centro al consumidor *(consumer centricity)* es lo que hay que hacer en la empresa con los empleados *(employee centricity)* para generar procesos de empatía y escucha activa. Por algo la primera fase de la metodología *Design Thinking,* cada vez más extendida —lo cual es muy bueno—, se llama justo así, *empatizar*. Es mucho más fácil sortear o rebajar la temida resistencia al cambio si tenemos en cuenta esta manera de gestionar procesos y personas. Escuchar es tan importante como tomar decisiones. Y en las empresas *smarts* todos aportan y asumen la responsabilidad, tanto los que están en la parte inferior de la jerarquía como en la superior. Hay que generar el marco adecuado para que pensar por ti mismo y hacer una contribución al conjunto de la empresa sea el núcleo en torno al que se organice el trabajo:

1. En nuestro proceso de cambio hacia una organización *age friendly*, lo primero que sugeriría es crear un laboratorio (*lab*) para hacer talleres de investigación con los empleados, colaboradores y demás *stakeholders*, para escuchar, tomar nota, preguntar, aprender... ¿Cuánto de *ageism* hay en la compañía, dónde, por qué, cómo los empleados y empleadores perciben cognitivamente a los trabajadores de mayor edad y el envejecimiento de la población en general, qué número de adultos mayores tenemos y cuántos jóvenes, cómo están distribuidos, dónde la cosa funciona bien y dónde no, qué podríamos hacer para...?

2. En segundo lugar, en función de los datos obtenidos, se debe trabajar con los empleados, pero también invitando a otros actores en *workshops* creativos de recogida de ideas y generación de proyectos y políticas posibles para esas áreas que vimos anteriormente. Hay muchas formas de hacerlo de manera ágil, divertida y potente a la vez. Los talleres sirven también para ir generando esa concienciación necesaria, para que vaya calando el mensaje de que esto es serio y nos afecta a todos. Paralelamente, se ha de trabajar a nivel macro (con toda la empresa) esta misma concienciación compartiendo información a través de conferencias, por ejemplo.

3. Después toca implementar, probar, si hace falta iterar... Se puede hacer una introducción gradual de las medidas en ensayos y proyectos piloto, sin dejar de lado la comunicación (clave) de todo lo que se hace, los logros que se consiguen, etc.

4. Por último, llegan la monitorización, evaluación y colaboración. La organización precisa monitorear el desarrollo regional del mercado

laboral teniendo en cuenta sus propias necesidades, así como el contexto laboral general y las modificaciones en el régimen de pensiones de jubilación, en el mercado laboral o en las políticas salariales. Es momento de evaluar resultados, compartirlos y buscar alianzas con otras entidades, organizaciones sociales, etc.; hacer más con más.

Otras ideas pueden ser:

• Generar comités de diversidad y grupos de trabajo.

• Red de gestores de diversidad.

Apetece, ¿verdad? Cocrear con nuestra gente en materias que son —y serán— importantes para los nuestros. Sigamos.

3. Cultura de empresa *pro-aging*

Para que las organizaciones desarrollen un clima corporativo sensible al cambio demográfico, a la nueva longevidad laboral, recuperen el respeto a los más mayores y vean el poder de la mezcla intergeneracional, es especialmente importante que esta sensibilidad exista entre los comités directivos —pues esto afectará, como hemos visto, a las arcas de la compañía— y los profesionales de recursos humanos —es la belleza de su trabajo—, los sindicatos y demás actores movilizadores. Su empuje es vital.

La cultura *pro-aging* busca:

• Comprender las ventajas de desarrollar una política empresarial enfocada a la gestión de la edad.

• Socavar los estereotipos tradicionales, en su mayoría negativos, del envejecimiento.

• Considerar el empleo de una manera más sofisticada, realista (demográficamente hablando) y creativa (diversidad intergeneracional).

- Estar en continuo proceso de planificación e implementación de buenas prácticas que impacten dentro de la empresa y también tengan calado social.

- Naturalizar y educar a los empleados sobre su propio proceso de envejecimiento.

¿Pensamos en negativo o en positivo de los adultos mayores?

Ya vimos en capítulos anteriores los prejuicios edadistas que aún tenemos, pero según el estudio de la British Medical Association «Ageing and the Workplace», la mayoría de los empleadores también encuentran activos de valor en el trabajador mayor, como la experiencia, la conciencia, la gestión del tiempo o el dinamismo. ¿Más fortalezas? Su experiencia de vida, estabilidad, madurez, independencia, profesionalidad y que irradian calma, perspectiva y comprensión social. Si el pensamiento negativo entendemos que es un conjunto de prejuicios, ¿no lo es también el *pack* de cosas positivas? Por supuesto, hay cualidades que pueden ser más propias de cierta edad, pero me parece importante no perder de vista que cada persona es un mundo y podemos distar mucho de la expectativa generacional. Por encima de las generalidades, la individualidad.

¿Y qué hay sobre la salud y las bajas por enfermedad? La precaución aumenta con la edad, por lo que hay una compensación entre velocidad —los mayores de 65 años pueden ser algo más lentos— y precisión que reduce la frecuencia de posibles errores y accidentes (eso sí, si los tienen, su recuperación suele ir más despacio). Los problemas de salud mental, como la ansiedad y la depresión, pueden incrementarse hasta la sexta década, pero disminuyen a los 60-75 años. En general, los trabajadores más jóvenes tienen más períodos de ausencia por enfermedad a corto plazo que los de mayor edad.

Por supuesto que a partir de los 75 y 80 años pueden aumentar los achaques relacionados, por ejemplo, con la vista; otra manera de saber si eres *silver* o no consiste en empezar a alargar tu brazo como si fueras el inspector Gadget para leer la carta del menú... Es más, ¡el simple hecho de que sepas quién es el inspector Gadget te delata! No obstante, la falta de agudeza visual se puede superar en gran medida mejorando la iluminación o con el soporte de tecnologías (pantallas más grandes, cambio de tamaño de las fuentes, etc.). También aumentan los problemas relacionados con el equilibrio, los huesos y otras cosas. Es normal y justo por ello que la cultura empresarial que buscamos es la de ayudar, prevenir y sostener si hace falta, pero no necesariamente excluir, que es lo que hacemos ahora. No estás preparado aún si te cambia el gesto al leer esta palabra: *menopausia*. Parece broma que treinta o cuarenta años después para la mujer siga siendo tan tabú la llegada de la regla como que esta desaparezca. Alrededor del 75-80 % de las mujeres en edad menopáusica están trabajando y no siempre es fácil para ellas. ¿Hacemos algo al respecto en la organización?

En lo que coinciden todos los estudios es en que las personas mayores sanas se desempeñan tan bien en el trabajo como sus compañeros más jóvenes. Probablemente el determinante clave no es tanto la edad como cuidar las condiciones de trabajo adversas, incluidas las físicas: trabajo exigente, repetitivo, en posturas incómodas y hasta altas horas sin descanso (ni diversión). Eso no es bueno para nadie, excepto para nuestros amigos los robots y la inteligencia artificial, que ni sienten ni padecen. Lo que sí es lógico es tener en cuenta qué tipo de trabajo realizo actualmente y su carga física, pues no es lo mismo ser docente, por ejemplo, que trabajar en servicios de emergencia, aviación, construcción, conducción, minería, energía nuclear o industrias marinas o petroleras. Ahora bien, quizás serías un fantástico consultor o mentor en todas estas materias.

4. Reducción del sesgo de edad en el reclutamiento

Para que los empleadores realicen un esfuerzo activo respecto al reclutamiento y la retención del personal mayor, primero, como hemos visto, deben comprender y creer que el personal de mayor edad representa un recurso que vale la pena buscar o, desde luego, no descartar. Hablamos siempre del profesional que tiene el talento y las competencias que requiera el puesto, no de contratar sí o sí en función de la edad. Pero los estudios

han demostrado, sin embargo, que demasiados profesionales tienen prejuicios, y la suma de muchos acaba convirtiéndose en discriminación por
edad. Las perspectivas de empleo de los asalariados de mayor edad están,
por lo tanto, estrechamente asociadas con las actitudes del empleador
hacia ellos. Esto no quita la parte de responsabilidad del profesional, por
supuesto, y las cosas que debería ya estar haciendo por su cuenta, pero en
estas líneas el objetivo es hacerse un hueco en la mente de las personas
que tienen esa responsabilidad tan grande llamada *proceso de selección*.
Se ha llegado a un punto tan extremo a veces que, según un estudio belga
(Stijn), si el candidato mayor tiene un período de desempleo, cuenta con
un 64 % menos de probabilidades de ser invitado a la entrevista que el
candidato más joven con las mismas habilidades ¡pero menos experiencia! No olvidemos que los reclutadores tienen o tendrán algún día ese plus
de edad, como todos. Como dice el refranero español: Si las barbas de tu
vecino ves cortar... Mejor vayamos por el camino de las buenas prácticas
hoy y así de paso generaremos un mejor panorama para nuestro mañana.

¿Y qué significa *buenas prácticas*? Pues entre otras cosas no tirar a la
basura el currículum ¡porque la persona se llame Anselmo, Felisa o Euse-
bio! Según un estudio de Bartos (2014), la discriminación en la atención
afecta a las solicitudes de empleo de grupos minoritarios, de modo que,
una vez que un reclutador ve un nombre de minoría en un currículum,
presta menos atención al contenido (los nombres pueden ser indicativos
de la edad).

Buenas prácticas significa, como mínimo, garantizar que los trabajadores
de mayor edad tengan igual acceso a puestos de trabajo disponibles y que

Si el candidato mayor tiene un período
de desempleo, cuenta con un 64 % menos de
probabilidades de ser invitado a la entrevista
que el candidato más joven con las mismas
habilidades ¡pero menos experiencia!

los posibles solicitantes no sean discriminados por su edad cronológica. Veamos algunas ideas para una mejor gestión:

• Renunciar a los límites de edad en los anuncios de empleo y cuidar la forma de redactar los textos evitando expresiones que den a entender «esto es solo para jóvenes».

• Centrar el proceso de selección no en la edad, sino en las habilidades, competencias y experiencias.

• Si los procesos son digitales (por ejemplo, a través de gamificación) y es la inteligencia artificial quien elige o descarta, asegurarse con el proveedor de que la programación del juego, el *software* o la aplicación no esconda tintes edadistas.

• Igual si se está reclutando a través de servicios como LinkedIn o si se están usando robots que discriminan la información que existe de los candidatos en las redes sociales (doble atención a estos).

• Que los reclutadores sean más conscientes de su humanidad. *Errare humanum est*, pero merece la pena saber que algunos procesos de discriminación son evitables. Si estás ocupado, bajo presión de tiempo, distraído o estresado, es más probable aumentar el riesgo de evaluaciones sesgadas y que afloren —sin querer— los estereotipos.

Ya he comentado que todo lo ciego (se supone que es mejor no poner ni fecha de nacimiento ni foto ni sexo ni nacionalidad ni estado civil ni dónde ni cuándo estudiaste, ¡ni tu nombre!) me parece un parche que no soluciona la cuestión de fondo, que es cultural, social y educacional: si llevo el sesgo de la discriminación por edad integrado, en algún momento del proceso saldrá. Y además se da de bruces con nuestra realidad del siglo XXI, que es que vivimos, nos conectamos y compartimos todo (o mucho) a través de las redes sociales; es absurdo intentar ser un fantasma por un lado y por otro tener una buena marca profesional digital —que a todos nos hace mucha falta, porque no solo de empleo vive el hombre, y menos aún a partir de los 45, como bien sabes—. Necesitamos más concienciación, más educación y más sentido común (y también práctico). Mientras llegamos ahí, exploremos con herramientas digitales que nos ayuden a corregir nuestra «sesgada imperfección humana», como Applied, una plataforma de reclutamiento diseñada para que la contratación sea más justa e inteligente en la protección del sexo y del origen étnico y que también se podría programar para la edad.

5. Promover el trabajo flexible (de buena calidad)

Flexibilidad. He aquí la palabra que más necesitamos y que tan maltratada y mancillada ha estado en el pasado..., por lo que es normal que a muchas personas todavía les suene a pérdida de libertades, de derechos y de tantas otras cosas negativas. Y, sin embargo, bien utilizada, desde el *win-win* para todas las partes, es la gran aliada de las personas mayores. Y también de los jóvenes. Y de los de en medio. Ya lo estamos viendo: las compañías más flexibles son las que mejores índices de productividad y bienestar tienen (nunca, nunca, nunca se pueden separar bienestar de la persona y productividad, o nos convertiremos en otra cosa), y dicha flexibilidad se consigue sobre todo apoyándose en la digitalización, en saber aprovechar las nuevas tecnologías a nuestro favor. Veamos algunos datos del Instituto de Investigación Económica de Colonia de hace un par de años:

- Más del 57.1 % de los empleados en todo el mundo ya trabaja *online*.

- El 84.3 % de los empleados en el entorno digital a menudo pueden planificar su trabajo ellos mismos en comparación con los que no (la cifra de estos últimos baja al 43.2 %).

- El 61.3 % de los empleados en un entorno digital pueden planificar su trabajo en torno a la vida familiar (este porcentaje baja al 53.9 % para quienes no pueden).

Las prácticas flexibles relacionadas con el tiempo nos permiten tener una mejor conciliación del trabajo con los intereses personales, sean estos los que sean; es cierto que, además, cuando hay que criar hijos o cuidar a nietos o a ancianos, esta conciliación se torna vital. Es lo que le pasa a la generación sándwich: personas de 45-65 años que son responsables de hijos pequeños o jóvenes que aún residen en el hogar o que han tenido que regresar porque la vida mileurista no les permite mantenerse y, además, son también responsables de sus padres e incluso de sus abuelos. Estas prácticas también mejoran la empleabilidad, pues permiten que haya un tiempo dedicado a la formación, planificación de la carrera profesional y transferencia de conocimientos, vital para toda persona y organización *(long life learning)*. La flexibilidad del tiempo de trabajo es, por tanto, un importante instrumento para la atracción y retención de trabajadores de más edad en el empleo.

Es lo que se conoce como *digital work-life balance:* emplear sistemas digitales inteligentes que nos ayuden a organizar el trabajo con una gran variedad de alternativas: trabajo desde el hogar, horario flexible, horarios de trabajo basados en la confianza, trabajo compartido...

Algunos ejemplos de buenas prácticas en este campo son:

• Ajuste de horarios de turnos.

• Medidas especiales de reducción de horas de trabajo diarias o semanales.

• Trabajo flexible para empleados mayores.

• Disposiciones específicas sobre vacaciones pagadas.

• Modelos particulares de rotación laboral o alivio para empleados mayores de horas extras y otros beneficios adicionales de trabajo.

• Jubilación parcial.

La flexibilidad del tiempo de trabajo es un importante instrumento para la atracción y retención de trabajadores de más edad en el empleo.

Hay reservas respecto a la flexibilidad del horario de trabajo, a veces por parte de los empleadores (argumentos de costes, problemas de implementación práctica, esfuerzo administrativo adicional, etc.) y otras por algunos empleados (pérdida de ingresos y estatus, nuevas cargas de trabajo y responsabilidades, etc.). Por eso hablamos de trabajo flexible «de buena calidad». Sin embargo, requiere compromiso.

5.1 ¿Qué beneficios tiene?

Los beneficios empresariales del trabajo flexible llevan años analizándose e incluyen aumento de la productividad, mejora de la reputación, reducción de las bajas, mejora de la retención y generación de mayor competitividad (Clarke y Holdsworth, 2017). De hecho, Pitt-Catsouphes y Matz-Costa hace muchos años ya, utilizando observaciones de ciclo de vida en 22 compañías, encontraron que la flexibilidad estaba más fuertemente vinculada con el compromiso de los empleados para personas mayores de 45 años. O sea, los acuerdos de trabajo flexibles individualizados proporcionan una herramienta clave en la retención de trabajadores mayores, quienes también pueden utilizar el trabajo flexible para contrarrestar las pérdidas relacionadas con la salud y mantener el desempeño.

El trabajo flexible también significa que esencialmente obtienes el 100 % del cerebro de alguien incluso si no tienes el 100 % de su tiempo, porque desde la perspectiva organizativa, continuamos beneficiándonos de su energía, su experiencia y su capital social dentro de la organización.

Flexibilidad también conecta con movilidad interna, cambios, adaptabilidad. Un profesional es asignado a un proyecto (que tiene principio y fin) en lugar de a una posición estructural (por defecto permanente), trabaja por retos y objetivos temporales en vez de en departamentos estancos (que dan lugar además a estructuras en silos, cero transversales), y lo hace con dinámicas de cambio para eliminar así el aburrimiento, la desconexión y la obsolescencia. Y, por supuesto, trabaja a tiempo parcial y en diferido para ganar en conciliación.

La encuesta *FlexJobs Super Survey* preguntó hace un año a miles de trabajadores mayores de cincuenta años británicos por qué elegían el trabajo flexible. ¿Sus respuestas?

- «Necesito y quiero trabajar» (64 %).

- «Necesito trabajar» (22 %).

- «Quiero trabajar» (17 %).

Además, los empleados encuentran que trabajar en remoto les hace más productivos. ¿Razones?:

- Menos distracciones (82 %).

- Menos interrupciones por parte de colegas (78 %).

- Políticas mínimas de oficina (71 %).

- Reducción del estrés por los desplazamientos (69 %).

- Nivel de ruido más bajo (64 %).

- Ropa más cómoda (50 %).

Sí, ya sé que de todo esto te has quedados con lo de trabajar en pijama... Pero las cifras hablan: el trabajo flexible, y en diferido, es positivo. Solo hace falta comprender por qué —cada empresa desde su realidad y sentido común— es bueno para todas las partes y desde ahí enfocar los cambios conjuntamente, entre todos los actores. Recordemos que el lado de la barca que se hunde... es imposible que sea solo el suyo. El desgaste de las batallas internas impide poner el foco y las energías donde hace falta —ya sabes dónde, no me repito— para no ser extinguidos.

Veamos ahora algunas ideas de prácticas de trabajo flexibles... porque se ha estimado que hay más de setecientas combinaciones posibles. Yo pongo unas cuantas; añade tú las que creas conveniente.

Cuadro 6.1 Prácticas de trabajo flexible

○ **Flexibilidad laboral**	• Teletrabajo • Trabajar desde casa. • Trabajar desde más de una sola ubicación. • Programas de *snowbird** o nómadas digitales**.
○ **Flexibilidad de horas de trabajo**	• Empleo a tiempo parcial. • Posiciones estacionales. • Trabajo compartido.
○ **Flexibilidad de horario de trabajo**	• Horario flexible (descansos flexibles, horas centrales, flexibilidad diaria). • Semana comprimida (semana laboral de 3-4 días). • Turnos divididos. • Autoprogramación *online*. • Horario de trabajo reducido (35 horas o menos).
○ **Flexibilidad de carrera**	• Rampas de entrada/salida. • Responsabilidades reducidas. • Cambios de trabajo. • Entrenamientos de carrera.
○ **Flexibilidad de beneficios**	• Jubilación gradual. • Planes de cafetería.
○ **Flexibilidad de relaciones laborales**	• Trabajo por proyectos. • Consultoría. • Contratos independientes.

* *Snowbird* se refiere a las personas que, como los pájaros que huyen del frío hacia el sur, buscan trabajar una temporada (invierno/verano) y descansan la otra, habitualmente cambiando también de residencia en determinados meses del año.

** Nómadas digitales son personas que trabajan (siempre con conexión al trabajo digital como el nombre indica) mientras recorren el mundo: suelen estar una media entre 3-6 meses y 1 año como máximo en un mismo lugar.

Y no dejemos de lado los tiempos sabáticos para la innovación: el famoso programa del 20 % de Google, porcentaje de tiempo que los empleados deben o pueden dedicar a proyectos propios y que dio lugar, por ejemplo, a Gmail y Google Earth.

Por último, el trabajo, definido objetivamente hoy por los empleadores como flexible, no necesariamente reflejará las necesidades cambiantes de los trabajadores de mayor edad en los próximos años... Por eso hablamos de adquirir una cultura *pro-aging*: siempre atentos y evolucionando.

6. *I-deals*: Acuerdos idiosincrásicos 100 % personalizados

Vivimos en una época en la que casi cualquier producto o servicio puede adaptarse a las necesidades y los deseos de los clientes. Solo hay que pensar en cómo se comporta uno mismo como consumidor. Pues cada vez con más frecuencia las organizaciones hacen lo mismo con los empleados: ofrecen arreglos de trabajo personalizados o acuerdos idiosincrásicos *(i-deals)*. Denise Rousseau introdujo originalmente este término para describir los arreglos de trabajo únicos negociados por los empleados y adaptados a sus necesidades individuales. Estas ofertas pueden incluir:

- Acuerdos financieros únicos (bonificaciones y beneficios).
- Acuerdos laborales flexibles (horas de trabajo flexibles y trabajo desde casa).
- Cambios en el tipo y la carga de trabajo.

Una investigación cualitativa llevada a cabo por Atkinson y Sandiford (2016) con pequeñas empresas encontró que los *i-deals* (diseñados para individuos) y la flexibilidad *ad hoc* eran una forma más eficiente y menos complicada para que las pymes ofrecieran un trabajo más flexible que los enfoques basados en políticas generales.

Al igual que los productos y servicios personalizados, los *i-deals* hacen que los empleados se sientan atendidos, especiales y únicos. Además, también estimulan su autoestima. ¿Resultado? Están más comprometidos y ponen más esfuerzo en su trabajo... Pues hala, ¡barra libre de *i-deals*! Va a ser que no es tan fácil; no es real ni viable que haya *i-deals* para todos, y pueden convertirse en un desestabilizador si desafían la igualdad y la equidad del equipo —¿te acuerdas del estudio sobre nuestro concepto de desigualdad e injusticia?—. Distinguir a una persona concediéndole condiciones de trabajo a medida, si no se hace bien, se convertirá en favoritismo y despertará envidias y creará un ambiente laboral negativo. ¿Alguna sugerencia para saber cómo gestionarlo correctamente? Las recomendaciones pasan por hacerse estas tres preguntas:

1. ¿Qué está pidiendo el empleado y por qué? No todos los *i-deals* son iguales. Otorgar privilegios financieros, por ejemplo, siempre será más complejo que los *i-deals* que abordan necesidades individuales específicas.

2. ¿Me siento cómodo comunicando este trato a otros miembros del equipo? Si no soy capaz de comunicarlo con transparencia, los demás lo encontrarán sospechoso. Conectemos con la empatía y colaboración del resto de compañeros.

3. ¿Existen barreras estructurales? Los *i-deals* pueden ser difícil de implementar en entornos muy interdependientes, pues pueden generar una carga para otros miembros del equipo, que tienen que compensar a su colega, pero el resultado se percibirá como justo si es el grupo el que decide en conjunto cuál es la mejor solución (autogestión).

7. *Lifelong learning*: Cuando el futuro es incierto, la educación es el camino (no el objetivo)

La mayoría de los que ahora tenemos entre 40 y 60 años entramos en los parámetros de lo que Lynda Gratton y otros expertos llaman la *vida en tres etapas:* estudiar-trabajar-jubilarse. Nos pasamos la vida deseando pasar de una etapa a otra; de ser estudiantes a trabajadores, y de trabajar a jubilarnos... Pero la vida por el camino se nos alargó —dos meses y pico cada año, recuerda— y de repente las trayectorias lineales dejaron de funcionar. Además, nos tocó una crisis que nos movió de su sitio el suelo, unido a una digitalización brutal, y lo que dábamos por sentado se nos transformó en otra cosa. Antes, el rendimiento que le sacabas a una carrera, si la tenías, a un máster o a un MBA, podía llegar a unos quince o veinte años. O sea, estudio una cosa y trabajo en función de lo que aprendí durante mucho tiempo. Pero hoy la vida laboral, con nuestra nueva longevidad, nos obliga a ser estudiantes eternos, porque el mundo ya no funciona en tres etapas. Ahora las vidas y las carreras laborales se han tornado flexibles, dinámicas y cambiantes porque se sustentan en la inestabilidad; los cambios son tremendamente rápidos porque así es como funciona lo digital, y además nuestra empleabilidad nos exige que seamos como un *software,* siempre actualizándose. Aprendiendo.

Pero ¿qué es el *aprendizaje*? Según Peter Senge, «es un proceso mediante el cual un ser humano o un conjunto de seres humanos incrementan su capacidad para producir, para generar un resultado que realmente quieren generar». Se trata del conocimiento orientado a la acción, al cómo generar cosas de manera diferente que me lleven a resultados nuevos.

Cuando el futuro es incierto la educación no es el objetivo, sino el camino. Por tanto, para cuidar un futuro laboral que todavía se vuelve más oscuro e incierto por el simple hecho de tener más años, seamos empleados, colaboradores, empresarios o emprendedores, autónomos, directivos o *freelancers,* da igual, todos estamos obligados a activar el modo beta permanente. Y para ello necesitamos una educación permanente *(lifelong learning),* un aprendizaje continuo para adquirir nuevos conocimientos, competencias, actitudes y destrezas que nos ayuden a seguir creciendo y evolucionando nuestras carreras. Aunque tendremos —puede que algunos ya hayan tenido— segundas y terceras carreras, lo habitual es que

Cuando el futuro es incierto la educación no es el objetivo, sino el camino.

estas estén conectadas de alguna manera con toda la experiencia que ya acumulamos, pero mirando en la dirección adecuada (por donde pasará el futuro y lo que requiera el mercado laboral).

Sé que puede dar un poco de pereza a quienes no tengan el modo aprendizaje aún integrado, pero cuanto más mayores somos, más preparado tenemos el cerebro para comprender, asociar, tender puentes a nuevas informaciones y encajarlas apropiadamente en su lugar. No hablamos de memorizar, sino de insertar nuevos aprendizajes en conocimientos antiguos pues no partimos de cero como en la infancia, por mucho que nos cuenten cosas nuevas. Hablamos de aprendizaje por integración, por analogía, por asociación, pero también por dedicación; no te mentiré, el futuro laboral se dibuja mejor para quien dedica la mayor parte de su tiempo de ocio al estudio, y sobre todo por gusto. ¿Lo bueno? Cuando te gusta aprender, pasa a la categoría de ocio. Además, los aprendizajes válidos hoy día son más cortos y específicos, más nicho.

Los próximos años se posicionarán mejor los trabajadores y las empresas que pongan el aprendizaje y la formación (capacitación) entre sus estrategias principales, junto con la innovación y la digitalización: todas van de la mano. El propio Foro Económico Mundial (WEF) de 2016, en su informe «El futuro de los empleos: estrategia de empleo, habilidades y fuerza laboral para la Cuarta Revolución Industrial», enfatizó la necesidad de incentivar el aprendizaje de por vida.

Por lo tanto, en la corporación cada vez cobra más importancia el diseño de programas de formación orientados a las nuevas competencias y habilidades que requieren las personas que forman parte de una empresa que desea ser más competitiva, ágil, colaborativa, dinámica, flexible, creativa, innovadora, etc. ¿Cómo están pensados estos programas? A través de sistemas *blended* (mezcla entre analógico y digital). Y esto es importante porque tan negativo es no usar las nuevas tecnologías para apoyarse en la capacitación, para poder así llegar a más personas, complementar o reforzar contenido, generar redes de conocimiento digitales donde haya retroalimentación o comunidades de prácticas, ¡como eliminar la formación presencial! No nos hace más moderna como empresa digitalizarlo todo; al contrario. Recordemos que las tecnologías están ahí para hacer a las personas la vida más fácil y mejor, no para obligarnos a «encajar» en las nuevas tecnologías si perdemos cosas por el camino. De nuevo, pongamos la mirada en las compañías más innovadoras y veremos cómo hace tiempo que recuperaron los rotuladores y el papel para trabajar y aprender físicamente, en colectivo.

En aquello que intervenga la palabra *transformación* (cambio en las personas, en su forma de pensar, de trabajar, de hacer, etc.) siempre la formación que tendrá más impacto será aquella en la que se aprenda a través de experiencias. Por eso se usan metodologías como *Visual Thinking* o *Design Thinking,* haciendo, practicando lo aprendido, construyendo *(learning by doing),* con el refuerzo y estímulo de la colaboración (en equipo, con más personas). Ciertamente, no podemos vivir sin participar continuamente en el proceso de aumentar nuestra capacidad para alcanzar los resultados que queremos generar y, por eso, ahora veremos los distintos tipos de aprendizaje que hay a nuestra disposición. Pero si, además, tenemos profesionales en la compañía que se dedican justo a esto. Larga vida a los programas de formación que, construidos desde el análisis de las necesidades del entorno, la empresa y los propios empleados, buscan cómo incrementar la energía, el compromiso, la imaginación, la creencia de que se pueden conseguir cosas que parecen imposibles, que empujan a sus profesionales a moverse hacia adelante y a hacer cosas que nadie antes había hecho. El aprendizaje organizativo se orienta a construir una empresa basada en el conocimiento y que genere conocimiento.

Pero ¿por qué es importante la transferencia de conocimiento y por qué cuesta tanto conseguirla? Para Laura Rosillo, una de las primeras personas en España en concienciar sobre el edadismo y buscar alternativas de valor para los más séniors (actualmente trabaja en Cooldys, red de consultores en *age management* y red social para mayores de cincuenta años), la respuesta estaría en que «en algunas ocasiones en las que se ha intentado implementar un sistema de gestión del conocimiento que recoja la inteligencia colectiva de la organización, se han cometido dos errores que hacen que los repositorios de conocimiento, las intranets y redes sociales corporativas sean pozos sin fondo que casi nadie consulta. En primer lugar, estamos en una época en la que el conocimiento se vuelve obsoleto muy rápidamente y donde gran parte de ese conocimiento almacenado da respuesta a problemas del pasado, pero no afronta problemas presentes, y menos futuros. Eso sucede porque lo que se almacena es conocimiento explícito, el registrado en informes, artículos, manuales de procedimiento o libros, cuando lo que debería almacenarse es conocimiento tácito, el que proviene de la experiencia que nos da pautas para aplicar a situaciones nuevas, prácticas homólogas», explica Rosillo. «La dificultad de transmitir conocimiento tácito es que solo puede hacerse a través de narrativas, no es almacenable en repositorios estancos. Por eso, la transferencia de conocimiento debe hacerse de forma interactiva, en conversaciones, en comunidades de práctica, de interés y de aprendizaje que permitan la construcción de un nuevo conocimiento que dé respuesta a los nuevos problemas que aparecen cada día. Debe considerarse que todos los profesionales de la organización, independientemente de su edad y su puesto de trabajo, son a la vez aprendices y maestros».

Hagámoslos con estrategia, con foco: ¿Qué queremos conseguir? ¿Cuáles son los objetivos de la organización? ¿Qué necesitamos para ello? Y la pregunta más importante: ¿qué nos puede venir bien saber para el día de mañana? Hay que ser valiente y jugársela un poco. Porque es más relevante lo que vas a necesitar mañana que lo que ya sabes hoy. Busquemos cómo combinar en los procesos formativos lo mejor de la tecnología sin perder lo mejor de lo humano.

7.1 Aprendizajes en las empresas del siglo XXI

1. **Aprendizaje social y colaborativo.** El aprendizaje es colaborativo, a través de la interacción (física o virtual), porque implica escuchar, debatir, compartir, intercambiar, reinventar, crear y cocrear con otras personas en el día a día de la empresa. De ahí que sea tan importante rediseñar o generar espacios donde esta interacción (analógica y digital) sea posible.

2. **Aprendizaje basado en la acción** *(learning by doing).* La mejor manera de aprender es haciendo, y añadiría que haciendo y jugando al mismo tiempo (como los niños). Aprender es muy serio, no

necesariamente el proceso. Si me aburres, desconecto. Si me asustas, huyo. Si me abrumas, me hago pequeño. Cuando disfrutamos del proceso es cuando interiorizamos mejor, cuando conectamos, cuando se nos pasa volando el tiempo, cuando queremos más *(longlife learning)*. Pongamos colores en el aprendizaje, empatía, risas; pongamos mente, pero también corazón.

3. **Aprendizaje en red/digital.** Las nuevas tecnologías ayudan a romper el paradigma espacio-tiempo, facilitando así el intercambio de conocimiento en todo tipo de formatos desde cualquier lugar. Nos permiten acceder al conocimiento en el momento y lugar que mejor nos vaya y combinar el aprendizaje formal con el informal (aquel que se produce al margen de los planes formales de capacitación de las empresas; por ejemplo, al conversar entre compañeros o buscar por nuestra cuenta información en internet para solucionar un problema). Además del uso de redes sociales corporativas, cada vez nacen más alternativas: *courseware* (*software* para fines educativos), *e-learning, teaser, snippet,* cápsula, *Massive Online Open Courses* (MOOC*), Corporate Open Online Cours* (COOC), *Small Private Online Course* (SPOC), *flipped classroom* (aprendizaje invertido)...

4. *Pier assist.* De manera informal, departamentos que están realizando un proyecto invitan a un trabajador de otro lugar que, aunque no esté involucrado en él, puede ayudar por su conocimiento, experiencia, frescura... Contribuye a que haya nuevos aprendizajes y también a romper los silos organizativos.

5. *Learned lessons.* Se trata de analizar los errores y compartirlos abiertamente para que todas las personas sean capaces de aprender de ello, de obtener lecciones de aprendizaje a raíz de errores que han sucedido (o que podrían suceder). Se trabaja la autocrítica y la reflexión para identificar posibilidades de mejora e innovación.

6. **Aprendizaje** *knowmad.* Ocurre cuando el profesional se responsabiliza también de su propio aprendizaje y desarrollo; autogestiona su conocimiento y crecimiento. Cuando desarrollamos una estrategia al respecto, ponemos en valor el concepto de *Personal Learning*

Enviroment (PLE). El entorno personal de aprendizaje hace referencia al ecosistema abierto y personalizado en el que las personas aprenden e incluye herramientas digitales (para comunicarse, aprender, compartir, cocrear de manera colaborativa, etc.) y presenciales (encuentros, congresos, etc.).

Sobre el aprendizaje específico en los profesionales séniors no hay mucho que comentar, pues las investigaciones científicas ya han demostrado que las personas mantienen cerca del 98 % de sus capacidades mentales hasta los ochenta años —siempre que no existan deterioros físicos—, o sea, que no hay nada especial al respecto que tratar, excepto no olvidarse de ellas en los programas de formación y proyección de carreras.

Tan solo cabe mencionar una excepción que puede darse en personas mayores que regresan al trabajo después de un tiempo (a veces incluso tras la jubilación, los llamados empleados *boomerang*) y dudan de sus capacidades de aprendizaje. Es el perfil que se dice a sí mismo —y a los demás—: «Si a mí esto ya me pilla muy mayor», activando las profecías autocumplidas. También para ellos:

7. **Entrenamiento de la reimaginación.** Si alguien no cree que pueda hacerlo... sin duda no podrá, así que lo primero que hay que hacer es recuperar la autoestima y la confianza, evaluar cómo pensamos sobre nosotros mismos y generar un proceso de reimaginación sobre quiénes somos y lo que podemos llegar a hacer como profesionales. Es efectivo y precioso.

8. *Learning agility:* **Aprendiendo a gestionar problemas complejos.** Este tipo de aprendizaje merece una extensión aparte debido a la fuerza y al interés que está adquiriendo en las empresas por el impacto tan fuerte que tiene en los profesionales, que «aprenden a ser más ágiles aprendiendo» y a los que los ayuda a fluir mejor en la nueva liquidez de la era digital. De alguna manera recoge y promueve todo lo anterior.

Learning agility se puede definir como un estado mental —incluso como una filosofía de vida— que se ayuda de una suma de metodologías prácticas que permiten a los profesionales desarrollarse continuamente, crecer y utilizar nuevas estrategias con el fin de estar preparados para gestionar los problemas cada vez más complejos a los que se enfrentan sus organizaciones. En tiempos de cambio, los líderes y también el resto de trabajadores deben ser más ágiles que nunca para adaptarse a nuevas estrategias comerciales, tratar con equipos virtuales temporales y diversos, asumir nuevas tareas, etc. Todo ello nos obliga a ganar en flexibilidad y agilidad.

Un atributo absolutamente clave del profesional actual es la capacidad de estar abierto a nuevas formas de pensar y de aprender continuamente nuevas habilidades. Quienes se niegan a abandonar los patrones de comportamiento antiguos o más arraigados ya sabemos que se quedarán fuera del sistema laboral, mientras que las personas que aportan valor (continuamente y de diversas maneras) son quienes están aprendiendo ágilmente. La voluntad de aprender, como hemos visto, se da a lo largo de nuestras carreras profesionales, de toda nuestra vida.

Ya no se puede predecir el potencial de un individuo para su futuro éxito basándose exclusivamente en su desempeño pasado o en sus habilidades y conocimientos —que, por supuesto, importan, y mucho—, sino que se evalúan la capacidad para aprender nuevos conocimientos, habilidades y comportamientos que nos preparen para responder a los desafíos futuros (no nos define lo que ya hemos hecho como *silvers,* sino todo lo que somos capaces de hacer).

Un atributo absolutamente clave del profesional actual es la capacidad de estar abierto a nuevas formas de pensar y de aprender continuamente nuevas habilidades.

Hay varias metodologías y corrientes —que recomiendo fusionar—, pero cuando trabajamos la agilidad de aprendizaje en las organizaciones aprendemos a:

* Pensar fuera de la caja *(thinking out of the box)*.
* Buscar oportunidades para aprender.
* Activar la creatividad.
* Usar herramientas que nos ayudan a ser más agiles en el aprendizaje.
* Aceptar y emplear correctamente la retroalimentación *(open to feedback)*.
* Aprender de los errores.

Y es que las personas que aprenden a mejorar su agilidad de aprendizaje son:

* Más extrovertidas: Más sociables, activas y con más probabilidades de hacerse cargo de situaciones complejas.

* Más centradas: Perfeccionan y pulen sus pensamientos y su trabajo. Son más metódicas, organizadas y motivadas.

* Más originales: Mejoran su capacidad creativa para idear posibles soluciones a situaciones complejas y así poder innovar.

* Más flexibles: Se recuperan más rápidamente de eventos de mucho estrés y están abiertas al cambio.

* Menos complacientes: Muestran mayor propensión a desafiar el *statu quo*, a celebrar el compromiso y a expresar sus opiniones.

* Más humildes: Entienden la crítica y el *feedback* como herramientas de aprendizaje y mejora.

Según un estudio de Korn Ferry Hay Group, las empresas con las tasas más altas de ejecutivos con aprendizaje ágil produjeron un 25 % más de márgenes de ganancias en comparación con las empresas sin este componente.

8. Rediseñar los espacios del lugar de trabajo

Este título solo necesita dos cosas:

1. Preguntar a la gente mayor de la compañía qué necesita para que se sienta mejor, más segura, más confortable y más eficiente en su entorno de trabajo —que no solamente en «su puesto», en caso de que aún tu organización tenga asignación de mesas nominales—.

2. En función de las necesidades recogidas, estudiar la mejor manera de solucionarlas (hay ya grandes inventos y soluciones superinnovadores e inteligentes ligados a la inteligencia artificial, al internet de las cosas y a cómo unir ambos al mobiliario).

Digo lo de preguntar porque hemos visto que desde la perspectiva de la salud el deterioro de la persona llega muy tarde, por lo que quizás no hace falta nada especial entre tus empleados. ¡Pero a lo mejor sí! Y tampoco hace falta un desembolso brutal, porque, si se hace con el criterio ajustado, se pueden ahorrar muchos euros.

Sugerencias:

- Trazar un «viaje de experiencia empleado sénior plus» por toda la empresa para detectar esos puntos ciegos, áreas de mejora o necesidades posibles.

- Generar un *think tank* (laboratorio de ideas) contando con la gente más sénior de la compañía —aunque no solo— para diseñar y cocrear con ellas posibles soluciones (también puede participar aquí algún proveedor externo si tenéis los medios).

Hablamos de *Space as an Experience (*SaaE*)*, la forma en la que esas personas trabajan e interactúan. Por tanto, si estamos pensando en rediseñar las oficinas para encaminarnos hacia los nuevos espacios de trabajo más colaborativos, abiertos, divertidos, etc., aprovechemos antes para preguntar y hacer este viaje previamente, incluso visitando y probando muebles y espacios en lugares como *coworks* u otras empresas, teniendo en cuenta a los séniors. Porque un espacio lleno de cojines de colores para sentarse está genial... hasta que llevas quince minutos y te da un dolor de espalda que te mueres. O esos pufs gigantes tan bonitos que, una vez que te sumerges en ellos, ¡parece que te atrapan! Y cuesta salir de ahí lo más grande; no hace falta ser muy sénior para sentirse muy torpe con ellos. No se trata de descartarlos; solo de añadir otras opciones que sean igual de atractivas pero más inclusivas.

En resumen, las tendencias asociadas al diseño de oficinas propias del siglo XXI son el resultado de la hibridación del concepto *cowork* (colaboración) + *lab* (experimentación) + *home* (bienestar):

1. **Espacios colaborativos *(living lab)*.** En ellos se fomenta el trabajo en equipo, el compañerismo y establecer objetivos y metas comunes. Las áreas colaborativas ya son protagonista de los nuevos espacios y ocupan hasta un 65 % de las oficinas actuales (según un estudio de Ofita). Constituye una tendencia creciente eliminar las mesas asignadas a una persona (no asignación mesa-personas para nadie, incluido el personal directivo, a excepción de algunos puestos porque así lo requiera el material de trabajo).

2. ***Pool* de espacios.** Al dejar atrás el concepto de *trabajo compartimentado en silos,* e incluso de *puestos personalmente asignados,* nace la necesidad de generar un variado menú de zonas de trabajo flexibles, donde todos los miembros tengan acceso, combinadas con áreas de juego, diversión y descanso, y también con zonas verdes (con oxígeno, saludables).

3. **Diseño personalizado e inteligente.** El diseño de los espacios de trabajo se hace basándose en las expectativas y necesidades de sus profesionales y colaboradores y teniendo en cuenta las demandas de las distintas generaciones. Escuchar a cada trabajador es clave. Y, en la medida de las posibilidades de la empresa, hay que integrar las nuevas tecnologías (inteligencia artificial, internet de las cosas, etc.) para que el mobiliario sea *smart,* adaptable y configurable y las conexiones digitales y herramientas de trabajo *online* infinitas.

4. **La oficina como tu casa** *(home).* Se debe conseguir que el empleado se sienta bien, como en casa, haciendo guiños al mundo del hogar.

Smart working: desde la mera función (*functional*), pasando por su provisión en cualquier contexto *(reliable),* la garantía de una experiencia de usuario única (*usable*), el trabajo colaborativo por encima del individual *(community),* hasta el disfrute de una experiencia gratificante, en la cima de la pirámide *(fun).* Me encanta esta definición *(love it).*

Según una encuesta estadounidense elaborada por The Harris Poll (2019), cerca de la mitad de los *baby boomers* encuestados (48 %) creen que su oficina podría usar el espacio físico de manera más eficaz y el 27 % expresaron su interés por tener un espacio en la oficina designado para descansar... o tomar una siesta. Pues va a ser que sí nos hacemos más sabios con la edad.

9. Gestión intergeneracional: Maximizar los beneficios de la diversidad de edades

Quizás la primera de todas las preguntas que deberíamos hacernos es la introspectiva, pues siempre conviene empezar por uno mismo: ¿Cuán real es la diversidad por edad en mi vida? ¿Cuántos amigos tengo que me saquen más de 7-10 años... y cuántos amigos tienen diez años menos que yo? No conocidos cercanos, no. Amigos. A lo Elbert Hubbard: alguien que conoce todo acerca de ti y que de todas maneras te quiere. Con quien se puede pensar en voz alta. A quien le confiesas lo inconfesable porque no te juzgará, sino que te apoyará. ¿Te sale alguno? ¿Contados con los dedos de una mano? No te preocupes, es lo habitual. Y si trabajas o trabajaste en una oficina, dime: ¿con quién sueles o solías tomarte habitualmente el café? Pues lo más seguro es que con los de siempre, que suelen ser los de tu departamento, que casualmente son personas de tu mismo sexo, más o menos de tu misma edad y que piensan de manera bastante similar a la tuya. ¿Acerté? Nuestra naturaleza humana busca la afinidad y el reconocimiento, y nos reconfortan las personas en las que nos reconocemos... y que no nos hacen estresarnos de más. De ahí que lo habitual sea buscar estas «almas gemelas».

Es importante conocer cómo somos y cómo nos relacionamos y cuáles son las preferencias y tendencias naturales «de agrupación» de los seres humanos cuando nos estamos enfrentando por vez primera al complejo desafío de la gestión intergeneracional en la empresa. Desde esa toma de consciencia honesta de nuestras preferencias hasta la similitud, podremos buscar la manera de construir nuevas sinergias organizacionales más realistas... y con más paciencia.

Además de nuestras preferencias innatas a los que son más similares, hemos abierto una brecha cada vez más grande entre jóvenes, adultos y mayores, algo que no ocurría en otras épocas. ¿Por qué los vínculos entre generaciones se están diluyendo? No se me ocurre nadie mejor que Eleonora Barone, una emprendedora social (fundadora y directora de mYmO, entidad de innovación social que pone en valor el talento sénior y fomenta el diálogo intergeneracional), además de arquitecta y amante de verdad de la vida y de las personas, para dar algo de claridad a esta respuesta: «Los vínculos generacionales naturales siguen dotando de significado nuestra existencia; lo que ha cambiado es el entorno, los espacios de las relaciones, las actividades en común. Hasta la construcción y el entendimiento de la familia se han modificado. Estamos mucho más deslocalizados que antes. A veces las personas mayores no tienen nietos o están en otra ciudad, lejos», explica Barone. «Tenemos que volver a estrechar los vínculos entre generaciones. Encontrar nuevos espacios para relacionarnos, colaborar, cocrear y compartir saberes y experiencias».

Según datos del CIS de 2018, en España solo un 35 % de los jóvenes de 18 a 24 años se relacionan con personas mayores que no sean de su familia. Y, como apunta Eurostat, las personas mayores de 75 años constituyen el colectivo que menos contacto diario mantiene con sus familiares (solo el 34 %). Y luego decimos de los suizos...

Para tratar de averiguar más sobre las relaciones profesionales intergeneracionales, en mYmO llevan a cabo diferentes *labs* de experimentación

e innovación, como iLABi: «Queremos llegar a configurar equipos intergeneracionales para romper con los estereotipos de la edad. El talento no
tiene edad, pero estamos discriminándonos tanto por tener demasiados
años como por tener demasiados pocos (en el caso de ser joven y no
conseguir acceder al mercado por falta de experiencia). La posibilidad
de trabajar con un amplio espectro de edades conlleva muchos beneficios
tanto emocionales como profesionales».

La gran cuestión es si tiene sentido categorizar por generaciones a la
hora de trabajar estrategias de convivencia intergeneracional, aunque
suene contradictorio. ¿Cuál es el concepto adecuado de *generación*?
¿Podemos hacer estas grandes divisiones generacionales entre *baby
boomers*, X, Y y Z...?

Recordemos cómo se dividen las distintas generaciones:

- Tradicionalistas silenciosos (1928-1945).

- *Baby boomers* (1946-1964).

- Generación X (1965-1980).

- *Millennials* o generación Y (1983-1996).

- Generación Z (1997-presente).

«Así como hay muchas edades, no solo la edad vinculada a nuestra fecha
de nacimiento, podemos hablar de diferentes generaciones. Es el tiempo
la variable clave. Es evidente que, aunque tengan la misma edad, María
y Mario, dos personas de cincuenta años, no reaccionarán de la misma
manera ante un cambio en una misma empresa si consideramos que
María lleva veinte años en el mismo equipo o empresa, mientras que Mario
se acaba de incorporar. Para trabajar bien la diversidad generacional y
convertirla en ventaja competitiva, una de las reglas de oro es analizar las
generaciones existentes en la empresa considerando la edad cronológica
como solo una de las variables», explica Barone.

¿Cómo se pueden crear entonces modelos transversales de participación sénior y júnior donde prime el talento? «La *seniority* no está solamente vinculada a la edad. Se pueden crear modelos transversales de

participación entre generaciones trabajando en proyectos, consensuando los objetivos y las dinámicas. Tiene que haber participación, alineación en objetivos, conocimiento y respeto mutuo, cocreación, influencia mutua, cooperación».

Bien, no es que los estudios sobre cómo son, se comportan, piensan y qué motiva a cada generación (*baby boomers*, X, *millennials* y Z) no aporten valor. Nos sirven para que nos conozcamos mejor entre nosotros y, por tanto, nos ayudan a comprendernos y a poder empatizar; pero, como bien ha explicado Barone, la edad cronológica y, por tanto, nuestra pertenencia a una generación u otra es un matiz más que hay que tener en cuenta, pero no el único. La clave está en el *inter* que marca la diferencia entre gestionar bien este tema o hacer un cóctel puntual de multidiversidad.

Según el Observatorio GT (generación y talento), los retos intergeneracionales a los que se enfrentan las empresas son:

- Aprovechar las fortalezas de cada generación en el área de negocio más apropiada.

- Facilitar la transferencia de conocimiento bidireccional entre generaciones.

- Generar una cultura favorable a la convivencia de todas las generaciones.

- Alinear los estilos de dirección a la dirección de equipos intergeneracionales.

- Establecer una política de selección, salarial y de promoción no discriminatoria por razón de edad.

- Valorar el conocimiento y los méritos propios a través de una dirección por objetivos.

- Potenciar la empleabilidad de las personas hasta su jubilación a través de la formación continua.

- Implantar nuevos modelos de trabajo adaptados a la realidad de cada generación.

- Hacer un giro de la gestión de personas basada en costes a la basada en el talento.

- Eliminar las barreras y creencias limitantes de las personas en temas de edad.

El problema es —de nuevo— la falta de mirada estratégica. Digitalización con propósito. Transformación organizacional y cultural con propósito. Gestión de la diversidad (también de la edad) con propósito. Todo integrado en una estrategia con propósito. A medida que las generaciones venideras son más pequeñas, la convivencia entre personas de diferente edad, así como la transferencia de conocimientos para el éxito empresarial sostenible, debería ser una prioridad.

10. ¿Cómo gestionar equipos diversos de edad?

La diversidad es una de las fuentes principales de crecimiento, innovación y flexibilidad en la empresa, y, por lo tanto, merece la pena aplicar esfuerzos —básicamente de tiempo y creatividad— para encontrar la manera de gestionarla adecuadamente. ¿Y cuál es el objetivo? Ver más allá de las imperfecciones del paradigma social de la similitud, romper prejuicios, ideas preconcebidas y barreras de comunicación para conseguir que las personas colaboren, se respeten y compartan su conocimiento sin importar la edad. El nuevo modelo organizativo abierto, colaborativo y plano ayuda a que haya más relación entre personas diversas, pero, al mismo tiempo, puede hacer que emerjan con más fuerza las complicaciones si no nos entendemos.

¿Y las dificultades? Según la investigación realizada por Robert Half Management Resources, cuando fueron entrevistados los directores financieros (CFO) de una muestra aleatoria estratificada, observaron que las diferencias generacionales se encuentran principalmente en las áreas de:

- Habilidades de comunicación (30 %).

- Capacidad de adaptación al cambio (26 %).

- Técnicas en habilidades (23 %).
- Colaboración interdepartamental (14 %).

Los desafíos asociados con el trabajo con colegas de diferentes edades que fueron citados con mayor frecuencia en el estudio (CIPD, 2014) como problemáticos fueron:

- Falta de intereses compartidos (32 %).
- Malentendidos por problemas de comunicación (29 %).
- Falta de valores compartidos (28 %).

¿Y las ventajas? Las pymes en todo Reino Unido, por ejemplo, identificaron tres beneficios clave percibidos de una fuerza laboral diversa por edad:

- Intercambio de conocimientos (56 %).
- Solución mejorada de problemas (34 %).
- Servicio al cliente mejorado (21 %).

Sumemos a esto el potencial de estimulación cognitiva: un equipo compuesto de personas diferentes tiene a su vez distintos conocimientos, experiencias y opiniones, y esto estimula la divergencia de pensamiento y la toma de decisiones (más creativas). Además, entender a otras generaciones (a personas distintas a uno mismo) nos hace más libres: comprender a los demás no elimina mi integridad ni borra mis valores, sino que me permite ampliar el alcance de mis miras y sacarle más jugo al potencial cognitivo. La diversidad genera una mayor eficiencia en las organizaciones, pero es imprescindible que exista un diálogo constructivo, poder

La diversidad genera una mayor eficiencia en las organizaciones, pero es imprescindible que exista un diálogo constructivo.

hablar en un marco de seguridad y normalidad, entre lo tradicional y lo innovador, lo que creen los otros que somos y lo que realmente soy, entre la generalidad y la individualidad, para que funcione correctamente.

La clave está en el manejo del talento único de cada persona teniendo en cuenta las ideas preconcebidas generales si existen y están lastrando las relaciones entre personas de distinta edad. Comparto una propuesta para esta gestión, que podemos trabajar con metodologías creativas de manera sencilla:

10.1 Primera fase: Diálogo generacional reflexivo-creativo

1. **Primera etapa: Diagnóstico.** ¿Qué piensan o sienten las personas de la empresa con respecto a las personas de otra generación? ¿Cuál es el clima dominante? Hay que indagar para recoger ideas respecto a:

* Valores conflictivos relacionados con el trabajo.

* Representaciones generacionales (estereotipos).

* Competencias humanas generales y valores que asociamos a cada edad.

* Gestión de expectativas de carrera y valores asociados al trabajo.

* Obstáculos de transferencia de conocimiento.

2. **Segunda etapa: Transformación.** Consiste en generar un espacio seguro para el diálogo y la acción intergeneracional y reflexivo-creativo en función de la información recogida en la primera fase para:

* Cultivar competencias generales que permitan emerger los contextos problemáticos y conflictivos y nuevos estilos para interactuar con la realidad de manera más constructiva, autónoma y liberadora.

- Plantear proyectos de trabajo con metodología específica, como:

    - Incubadoras *in company.*

    - *Mentoring/peer mentoring/reverse mentoring.*

    - *Iterim management.*

    - *Jobcoaching.*

    - Polinización cruzada, asignando los proyectos a diferentes partes de la empresa para obtener un curso intensivo sobre cómo todo se une.

10.2 Segunda fase: Estrategia de participación intergeneracional

Crear modelos transversales de participación entre generaciones por proyectos. Esto incluye contemplar los sistemas de reclutamiento y selección, las políticas de contratación, las retributivas, los beneficios sociales, los procesos y procedimientos de trabajo con las nuevas tecnologías, la gestión de información, comunicación interna, el liderazgo, medición y seguimiento, etc. Para ello hay que:

- Consensuar los objetivos para lograr resultados y cambios a medio y largo plazo (conectados con la estrategia empresarial).

- Consensuar dinámicas y objetivos (conectados con el proyecto).

- Comités de guardianes de la diversidad que influyen en cada equipo (proyecto).

Siempre poniendo énfasis en el prefijo *inter-* que en latín indica 'dentro de, en medio de o entre'. *Inter-* de intersección, de cruce, de fecundación cognitiva mutua. Y recordando que el impacto positivo de la diversidad se da cuando los grupos realizan tareas que requieren innovación y toma de decisiones complejas en lugar de funciones más rutinarias.

10.3 ¿Qué aportan *silvers* y júniors cuando trabajan por proyectos?

Para Pablo Peñalver «los más jóvenes aportan flexibilidad y aceptan de buen grado cambios radicales: entienden que hay que ser creativos y participativos con nuestro entorno, manejan con mayor soltura las TIC, tienen menos sentido del ridículo, y ello les permite trabajar habilidades comunicativas en mayor medida», explica Peñalver. «Por el contrario, los *silver* a menudo tienen planteamientos establecidos o experiencia previa que, en muchas ocasiones, es más difícil cambiar. La organización y funcionamiento de los grupos de trabajo es mucho más sólida cuando hay un *silver,* porque ejerce un liderazgo implícito en todo momento, asegurando que se consiguen los resultados. Tienen experiencia y conocen el entorno, lo que les da una visión mucho más amplia y son más realistas».

11. *Mentoring* inverso, *jobcoaching* e *interim management*

Veamos una breve aclaración de estas tres metodologías o disciplinas, útiles en tiempo de *age management.*

11.1 *Mentoring* y *mentoring* inverso

La transferencia de talento y conocimiento de los profesionales séniors a los jóvenes con menor experiencia laboral (joven formado pero inexperto, las habilidades y destrezas y, a veces, los conocimientos y contactos que pueda requerir el puesto de trabajo) en el que la persona más mayor acompaña al joven en el proceso de adquisición de dichas competencias o conocimientos, se conoce como *mentoring.* Según los estudios, las habilidades profesionales y sociales de los trabajadores mayores —por poner un ejemplo— representan un tipo único de capital humano; La precisión, confiabilidad y la capacidad de comunicarse con los clientes y colegas de los mayores es el valor agregado que no suelen poseer los empleados más nuevos o más jóvenes.

Cuando es la persona más joven la que acompaña al sénior a adquirir habilidades o destrezas que le ayudarán a realizar mejor su trabajo (normalmente asociado a competencias digitales o cómo mejorar su *social network*), se denomina *mentoring* inverso. Aunque el 31 % de los trabajadores jóvenes cree que su director tiene aversión a la tecnología (según el estudio de Society for Human Resource Management). Hacer un proceso de *mentoring* inverso es delicado, no puede hacerse de manera «casera» o juntando sin más a unos que saben con otros que saben menos; hay que trabajar las expectativas, las sinergias entre las personas, poder manejar los egos y, por supuesto, también los conocimientos y enseñar cómo hacerlo; que un chico sea usuario de redes sociales para nada implica que sepa explicar y comunicar bien su uso a otras personas ni sepa cómo mentorizar. El impacto es muy positivo si se organiza de manera profesional y empática.

11.2 Jobcoaching

Consiste en la contratación de un servicio ejecutivo durante un período de tiempo determinado para conseguir un objetivo específico. En este caso, el *jobcoaching* es un método de gestión de la edad que permite verificar la idoneidad de un empleado sénior (evaluando su interés de desarrollo y su proyección de carrera, sus habilidades y competencias, etc.) frente a la necesidad, por ejemplo, de contratación de un nuevo empleado. O detectar si se tienen las condiciones necesarias para emprender o mantener su actividad económica. También ayuda a superar los estereotipos relacionados con los trabajadores mayores, vinculando su trabajo el aprendizaje permanente.

11.3 Interim manager

Estamos en la era del *sharing* (compartir), del *knowmad* (como perfil profesional independiente) y del *pay per use* (pago por uso); conceptos que se están imponiendo con fuerza en los órganos de dirección de las empresas a través del *Management as a Service* (MaaS), con figuras como el *interim manager, head-renting* y directivos *part-time* (a tiempo parcial). Esta forma de flexibilizar el trabajo de ejecutivos y profesionales directivos ayuda a las empresas a reaccionar de forma más adecuada a los acontecimientos. Los *silver surfers* directivos y ejecutivos pueden así ser contratados por proyectos puntuales para desarrollos específicos de la organización.

11.4 Compañías que ya tienen en cuenta a los séniors

Que solo un 17.39 % del total de los empleados de las empresas españolas tenga 55 años o más refleja bastante bien que la diversidad de edad es todavía el reto para las organizaciones. O que solo un 20 % de las empresas encuestadas por Adecco haya introducido en la agenda del Comité de Dirección el concepto *diversidad e inclusión* (D&I). El informe también presenta los beneficios percibidos por la diversidad, como la creatividad y la innovación (72 %), seguido de la mejora del clima laboral (50 %).

Pero según Francisco Mesonero, director general de la Fundación Adecco: «La mayoría de las estrategias de diversidad siguen basándose en etiquetas como el sexo, la edad o la discapacidad. No estamos ante estrategias de diversidad, sino ante políticas de inclusión de personas en situación de mayor vulnerabilidad». Aunque no de manera transversal ni con proyectos estratégicos —que es lo que realmente hace falta—, cada vez hay más organizaciones con visión de futuro que están activando programas a favor del talento sénior. En algunos países que llevan la delantera, como Estados Unidos, ya están naciendo certificaciones tipo *Best Place To Work,* pero relacionadas con políticas *age friendly* (como la de AARP o RetirementJobs.com, cuyas certificaciones ya han obtenido más de cien empresas).

Algunos ejemplos de compañías *age friendly* son:

- **Sodexo.** Esta compañía adoptó un enfoque intergeneracional de la dinámica de la fuerza laboral a través de su Grupo de Generaciones y Red de Empleados, que tiene este tema como área prioritaria. Crearon, además, un juego de mesa llamado GenMatch, diseñado específicamente para mejorar la comprensión intergeneracional en la fuerza laboral.

- **Altadis.** Tiene un Programa de «Gestión del Talento Sénior» (GTS). Con el lema «El valor de la experiencia», lleva a cabo cuatro acciones para los mayores de 42 años con diez años de experiencia en la compañía: mentoring, gestión del conocimiento, proyectos multidisciplinares y comité de expertos.

- **Universidad Lasell, Massachusetts (Estados Unidos).** Pionera en estos temas, en 2000 inauguró dentro del propio campus un espacio residencial y de cuidados para personas mayores donde más de doscientas de estas personas tienen acceso a la interacción diaria con jóvenes universitarios.

- **DKV.** La aseguradora realizó una encuesta para detectar las necesidades de los empleados de más de 55 años, y de ahí nacieron distintos programas como el de empresa saludable, *mentoring* digital con directivos y para mayores de 60 años, o un programa de voluntariado corporativo.

- **BMW.** Ha realizado modificaciones de bajo costo en la ergonomía del lugar de trabajo para los empleados de mayor edad ofreciendo, por ejemplo, calzado personalizado y pantallas de ordenador más fáciles de leer.

- **Gas Natural Fenosa.** Han puesto en marcha iniciativas de gestión del talento con programas como «Cuidamos la experiencia» para buscar puestos de menor exigencia física a los profesionales séniors, asegurando la transmisión del *know-how*.

- **Goldman Sachs.** A través del programa «Goldman Sachs Returnship», pone a disposición de la empresa a trabajadores maduros con talento. El programa ofrece diez semanas de capacitación y tutoría para personas que hayan estado sin trabajar más de dos años.

- **Hospital General de Massachusetts (Estados Unidos).** Recluta regularmente a una organización llamada Operación A.B.L.E., que brinda oportunidades de empleo para solicitantes de trabajo mayores de 45 años.

- **Reale Seguros.** Diseñó una serie de medidas de promoción de la salud y prevención de enfermedad, *mentoring* en procesos de mejora del desempeño, segmentación de las encuestas anuales, reconocimiento del talento y aportación de los séniors.

- **Banco Sabadell.** Ha desarrollado una serie de acciones destinadas a extender la vida laboral de los profesionales y a contribuir al envejecimiento activo, como el «Programa corporativo de *management*», el portal de empresa saludable Sabadell *Life* o *mentoring* inverso para la actualización del talento sénior en habilidades digitales.

- **Zúrich.** Con su programa «Caja de herramientas» pretende lanzar una serie de consejos prácticos, claros y concretos para los colectivos *millennials* y *baby boomers* que permiten entender y gestionar las diferencias de las tendencias de las distintas generaciones.

- **ABB (Suecia).** Entre sus prácticas destacan Route 45 y 57 *plus assessment* para planificar la carrera profesional del colectivo o *Careers at Consenec,* que ofrece asesoramiento de Consenec, consultora formada por profesionales de la alta dirección de ABB que superan los 60 años.

- **Axpo (Suiza).** Esta empresa energética ha apostado por el desarrollo profesional de trabajadores mayores y la rotación laboral, la gestión y transferencia de conocimiento, la gestión de la salud y bienestar en el lugar de trabajo, conciliación y formas flexibles de transición y jubilación.

- **Berner (Finlandia).** Fabricante de productos para el bienestar diario. En 2010 creó un programa de «Gestión de la Edad» en el que identificó a sus mayores y amplió la jubilación hasta los 68 años. Entre las iniciativas destaca la preparación de un plan de sucesión, actividades relacionadas con la mejora y mantenimiento de las habilidades individuales.

- **Starbucks (México).** En 2013, Starbucks México y el INAPAM (Instituto Nacional de las Personas Adultas Mayores firmaron un acuerdo de vinculación laboral, con el objetivo de seguir ofreciendo oportunidades para los profesionales mayores de 60 años, como una jornada laboral de seis horas y media y dos días de descanso.

7
RETIREMENT PLANNING

Preparación a la jubilación como carrera de fondo (mejor que *sprint*)

HAY UNA película que de ninguna de las maneras os recomiendo que veáis, *El último (Der Letzte Mann)*, del alemán F. W. Murnau; una cinta en blanco y negro, muda, que tiene como protagonista a un viejo portero orgulloso de su trabajo al que, de un día para otro, degradan de puesto (le pasan a limpiar letrinas) por culpa de su edad... Privado de su antiguo trabajo y del uniforme que le identifica, intenta ocultar su nueva condición robando su antiguo uniforme y poniéndoselo cuando está entre sus vecinos. Hasta que le pillan. Despojado de su identidad profesional, su vida, orgullo y dignidad se desintegran. Vamos, que la película es un planazo para el fin de semana. Fiesta, fiesta... No te diré que es una obra maestra del cine mudo porque no tengo esa potestad —aunque eso aseguran quienes saben de esto—, pero lo es del reflejo de algo que todavía no hemos sido capaces de solucionar: el cómo nos despedimos —y nos despiden— del trabajo. La película es de 1924 y seguimos haciendo algunas cosas igual de mal.

Si hemos viajado en sintonía hasta aquí, sabemos que esto no va de jubilación sí, jubilación no. Se trata de jubilarnos de la mejor manera posible. Eso sí, cuando cada uno decida que le ha llegado el momento, teniendo hasta entonces la posibilidad de elegir con normalidad, sin estigmas, sin barreras, seguir en actividad. Hasta ahora hemos decidido en muchos países que las pensiones sean un pilar básico del estado de bienestar, como la sanidad y la educación, y por lo tanto es un derecho para todos. Y también una responsabilidad de todos. Tengamos en cuenta que este modelo se sustenta a su vez en tres pilares: seguridad social, empleo y pensiones. Eso significa que hay que seguir buscando fórmulas para reexaminar y cambiar lo que ya hemos detectado que no funciona. Estamos entrando en la teórica edad de jubilación de los *baby boomers,* que, como su nombre indica, son un montón (en España un tercio de la población), y cada año nacen los mismos bebés que lo hacían en 1999, no más. Son dos décadas ya «perdidas». Pero el factor demográfico no es el único que hay que tener en cuenta, por supuesto. La bomba demográfica, si está bien gestionada, es riqueza, no una amenaza. Por tanto, que los actores involucrados (gobiernos, partidos políticos, sindicatos, empresarios, etc.) trabajen en la dirección adecuada y preparémonos los demás mientras tanto para lo que pueda pasar. Al menos, cuidemos de nuestra empleabilidad e intentemos planificar nuestro retiro de la mejor manera posible, económica y emocionalmente hablando.

En esto, sobre todo si trabajamos por cuenta ajena, no deberíamos estar solos. Aunque muy lentamente, la concienciación en las organizaciones sobre la importancia ¡y los beneficios! que tiene acompañar a sus séniors en la transición hacia la jubilación o desvinculación *(retirement planning)* va calando. Veamos cómo.

1. Bendita jubilación... O no

No estamos aquí para recordar las bondades del trabajo y de retrasar la edad de jubilación, pues ya lo hemos hablado, sino de cómo prepararnos para el retiro, para la transición hacia la desvinculación y la jubilación. Y eso pasa por ser capaces de ver cosas que hasta ahora no hemos querido mirar o que quizás no hemos sabido escuchar. O que no nos hemos atrevido a contar, porque la conexión entre *jubilación* y *júbilo* puede ser solo etimológica. Empecemos fuerte: «Hay una cifra que no consigo dejar de ver ni con los ojos cerrados», dice Beatriz Roca, SixSigma Black Belt, *coach* ejecutiva especializada en transiciones profesionales y *retirement coaching* y fundadora de Blancocoaching —además de mi #silversister en sentido metafórico y literal—. «Me impacta por la crudeza de su significado y lo poco que se conoce. Según el INE, el 49.17 % de las personas que se suicidaron en España en 2017 eran mayores de 55 años; personas que entraban en una época que se supone que es de disfrute y descanso. Y no es algo que ocurra solo en nuestro país. El 40 % de los suicidios en Estados Unidos corresponden a los mayores de 74 años, según la American Foundation for Suicide Prevention (AFSP). Algo estamos haciendo muy mal para que nuestros mayores lideren esas tristes estadísticas. Falta de proyecto vital, sensación de no pertenencia, soledad y aislamiento, problemas económicos y también de salud... El 50 % de quienes se jubilan sufren en mayor o menor medida durante el primer año el síndrome del jubilado: insomnio, hipertensión, trastornos cardiovasculares, ansiedad y, en su peor versión, depresión».

Y es que el retiro se asocia con una serie de ideas y sentimientos algunas veces contrapuestos e incluso contradictorios. Es un momento de transición brutal que no hemos entendido y gestionado adecuadamente desde la perspectiva emocional. Y las emociones lo son todo.

¿Qué encuentran las personas recién jubiladas de positivo de su nuevo estado?:

- Sentimiento de libertad.

- Agradecimiento por tener tiempo para dedicarse a sus *hobbies* preferidos.

- Más tiempo para descansar, relajarse, tener una vida cómoda.

- Dejar atrás funciones, tareas y ambientes desgastados y poco motivadores.

¿Y qué inconvenientes?:

- Pérdida de actividades que se hacían en el trabajo o a causa de él que sí aportaban valor, motivación y aprendizajes, con las que estaban familiarizadas y, quizás también, aun sin reconocerlo abiertamente, encariñadas.

- Pérdida de un rol funcional en la sociedad con todas sus consecuencias: prestigio, poder, influencia, autoestima...

- Aparición de un tiempo vacío que hay que poder, querer y saber cómo rellenar.

- Limitación de las oportunidades de socialización, que puede derivar, en un plazo no muy largo, en aislamiento, soledad.

- Pérdida de poder adquisitivo.

Los estudios —y la lógica— nos dicen que aquellas personas que se jubilan de puestos de trabajo físicos de gran esfuerzo, así como de los de trabajo cognitivo poco estimulante, no sufren efectos «adversos» frente a quien deja trabajos complejos y cognitivamente estimulantes.

«Cada vez acuden pidiendo ayuda más profesionales mayores de 60 años, mayoritariamente hombres», explica Roca. «Ese *silver* que se acerca a la edad legal de jubilación y no se reconoce en el patrón tradicional y al que incomoda la expectativa que se ha formado acerca de esa nueva fase vital. Particularmente, aquellos que tienen una vinculación muy fuerte con su trabajo y un nivel de responsabilidad alto se encuentran en un lugar donde las estructuras que daban forma y contenido a sus días han desaparecido, donde no hay un proyecto de vida significativo y donde la sensación de no aportar valor genera angustia. Solo cuando todo eso se ha reequilibrado, aparece el interrogante acerca de la necesidad o no (personal o financiera) de continuar activo a nivel profesional. Y, aunque en distintos grados, ¡esa necesidad sigue presente! Aportando conocimientos a profesionales júnior, participando en consejos de dirección de ONG, liderando iniciativas sociales en su entorno como consultores...».

Así que bendita jubilación, o no. Depende. Por supuesto todos conocemos personas felices en esta etapa, que han sabido encontrar un sentido y propósito a sus vidas, el que sea. Cada uno es un mundo en el que influyen múltiples factores (salud, vida en pareja, personalidad, ahorros, etc.), pero la mirada hay que ponerla en la parte vulnerable de la ecuación, porque es recurrente y demasiado alta. Nos olvidamos de que la jubilación no es un acto vital, ¡sino administrativo!, y asociarla a la decadencia en las personas es mancillar las edades biológicas y personales.

Nos olvidamos de que la jubilación no es un acto vital, ¡sino administrativo!, y asociarla a la decadencia en las personas es mancillar las edades biológicas y personales.

Según Beatriz Roca, nos falta cultura de prevención y autoexploración, hacernos las preguntas adecuadas sin esperar a llegar a momentos críticos para ello: «A partir de los 40 y 50 años se disparan preguntas existenciales: "Esto a lo que dedico X horas a la semana, ¿me aporta sentido profesional y personalmente? ¿Conecta mi forma de ver la vida con lo que hago? ¿Hacia dónde quiero ir?". Es un estado de efervescencia emocional que genera inquietud y a veces miedo. Quienes no consiguen vencer esa sensación lo etiquetan como una crisis de edad, caen en la inactividad y queja improductiva. Pero, para quienes priorizan su necesidad de sentirse vitalmente mejor, se convierte en una oportunidad para redescubrirse y transformar aquello que ya no les sienta bien».

¿Qué podemos hacer los profesionales entonces? «Tomar el control y diseñar tu vida a la medida de quién eres hoy, de lo que necesitas hoy y de a lo que aspiras hoy (y mañana)», explica esta *coach*. «Tomarnos el pulso de la motivación y satisfacción de forma regular. Identificar qué necesidades tenemos que no están siendo cubiertas y, si eso se traduce en un cambio de dirección profesional, prepararse, bajar un escalón de forma temporal si hace falta. Hacernos preguntas, buscar respuestas. Entender que los cambios son inherentes a esa gran noticia (que damos por hecho) que viene a ser que ¡estamos vivos! Hemos conseguido ser longevos como nunca antes en la historia... merece la pena que nos preguntemos ¿para qué? Y diseñar desde ahí un proyecto futuro que nos acelere el pulso».

Es nuestra responsabilidad gestionar nuestro presente para preparar el futuro, pero no estamos —ni deberíamos estar— solos en este proceso. Además de los círculos personales, sociales o de la actuación de los gobiernos, las empresas pueden y deben ser grandes facilitadoras en los procesos de desvinculación: en cómo decimos adiós desde el cariño y respeto, pero sin dolor ni trauma, a nuestros uniformes de portero.

2. Facilitar la transición hacia la desvinculación de la empresa del empleado: *Retirement planning*

Nos preparan desde la infancia para la etapa útil del trabajo, pero nadie nos prepara para cuando esta se acaba. Como si la vida también terminara cuando dejamos de trabajar, y ahí te las apañes...

Empecemos por donde siempre hay que hacerlo, dando voz al empleado. En este caso, a través del estudio de preparación a la jubilación, elaborado por la empresa holandesa Aegon *(Center for Longevity and Retirement)*. Vamos a usar de base los datos españoles —también por su peculiaridad como país especialmente longevo que puede ser preventivo para otros—, aunque en su web (aegon.com) puedes encontrar estudios específicos para países como Japón, Brasil o Reino Unido:

- Más de la mitad (53 %) de los trabajadores piensan dejar de trabajar en cuanto lleguen a la edad de jubilación. A nivel global, solo un tercio (33 %) de los trabajadores piensa dejar de trabajar en cuanto llegue a la edad de jubilación. De los países estudiados, España es el que tiene la proporción más alta, seguido de Francia. En los demás países solo una minoría piensa dejar de trabajar al llegar a la edad de jubilación.

- Nueve de cada diez trabajadores españoles (92 %) estarían interesados en que su empresa ofreciera iniciativas relacionadas con la salud y el bienestar: programas de ejercicios, puestos de trabajo ergonómicos y evaluación de riesgos para la salud.

- Un 23 % valorarían positivamente programas de ayuda para la gestión del estrés y el cambio.

- Un 25 % solicitan la oferta de servicios de *coaching* para prepararse y conseguir sus objetivos de bienestar.

«El *retirement planning coaching* es una especialización muy desconocida del *coaching* personal que facilita la transición hacia la jubilación del profesional sénior», explica Roca. «El objetivo principal es diseñar una nueva realidad que se adapte a las aspiraciones, ilusiones y necesidades de cada persona, evaluando los factores críticos con tiempo suficiente para poder tener un impacto positivo y minimizando los riesgos ya conocidos de este cambio tan infravalorado como impactante». Se trabaja, como en cualquier proceso de *coaching* personal, en sesiones personales con clientes individuales que están próximos a la jubilación o que ya han entrado en ella y cuya vivencia está siendo difícil. ¿El escenario ideal? Cuando este proceso se activa a través de un programa de preparación a la jubilación que, como explica Roca, «es un programa diseñado para preparar a las empresas y a sus empleados séniors a afrontar esa transición de forma positiva y eficiente, generando beneficios para ambas partes, minimizando los riesgos inherentes a estos procesos y contribuyendo a humanizarlos».

El *retirement planning coaching* es, por tanto, una herramienta estratégica para los especialistas de recursos humanos que entra dentro de un plan de retiro *(retirement planning)* más amplio, de sencilla implementación, adaptable a cada organización y a su cultura empresarial.

Esta planificación empieza tímidamente a despuntar en algunos países, mientras que en otros, sin embargo, ya lleva instaurada bastante tiempo. «En Estados Unidos es obligatorio en la vida del empleado preparar a la persona sénior en sus pilares de la vida hacia una mejor y consciente jubilación», cuenta Sylvia Taudien, CEO de Advantage Consultores, empresa especializada en recursos humanos basada en Barcelona, que ha lanzado el programa New Horizons pensando en este colectivo. «A la persona sénior de más de 55 años se le pasa un test para medir el grado de preparación hacía su jubilación, y el *coach* trabaja los *gaps* detectados

El *retirement planning coaching* es una herramienta estratégica para los especialistas de recursos humanos que entra dentro de un plan de retiro (*retirement planning*) más amplio.

junto con su pareja o familiares. Las empresas se preparan así para completar el ciclo de vida del empleado desde la contratación y el desarrollo hasta la preparación de esta fase. Es una nueva forma de responsabilidad social para un colectivo que está creciendo exponencialmente». ¿Un reto en países donde aún estamos lidiando con el edadismo?

«Es un servicio innovador y nuevo y, como todas las novedades, necesita antes sensibilizar a los departamentos de recursos humanos y a los comités de empresa para que comprendan esta nueva necesidad; que hay una nueva realidad en el mundo empresarial que trae nuevos riesgos y demanda nuevas estrategias. Además, estos programas suponen una mayor implicación y compromiso del empleado con su empresa en la última recta de su vida profesional», asegura Taudien.

3. Gestionar los riesgos de empresa y empleado (y pensar en los beneficios)

Los años previos a la desvinculación profesional de los empleados séniors tienen un impacto normalmente ignorado o infravalorado por la organización. Ya hemos visto algunos datos impactantes, pero ¿qué riesgos conlleva para la empresa?:

- Falta de compromiso o aporte de valor por parte del empleado en la recta final (no necesariamente es solo durante el último año).

- Pérdida de *know-how* interno cuando la persona se va y se lleva su conocimiento.

- Ausencia de un plan de continuidad que permita evitar la pérdida de efectividad o la eficiencia.

- Impacto negativo en clientes, proveedores y compañeros por la imagen proyectada en esa desvinculación final.

Todos sabemos que los momentos más importantes en la huella que dejamos en los demás son los primeros; de ahí que la empresa cuide desde hace tiempo el *on board* de sus empleados. ¡Pero también la despedida!, porque es lo último que recordarán de nosotros. Como digo en mis formaciones de *storytelling* a mis alumnos, a la hora de hablar en público: «La entrada siempre *up* (arriba) y la salida ¡igual de *up* que como entraste!». Pues en el ciclo de vida de nuestros empleados, igual. Porque el valor bursátil de una marca tiene un coste muy alto en el mercado...

Ahora démosle la vuelta a la manera de enfocarlo por si hay alguien pensando eso de «las empresas no son ONG». ¿Qué beneficios tiene para la empresa generar un plan de retiro? Beatriz Roca enumera los siguientes:

- Ayuda a humanizar la finalización de la relación profesional, lo que se traduce en un impacto positivo en el *employer branding* (la imagen de la empresa dentro y fuera), además de potenciar el compromiso de sus empleados actuales.

- Incrementa la fidelización del talento, suaviza el proceso de desvinculación para ambas partes y complementa de forma natural la responsabilidad social corporativa (RSC).

- Asegura la transmisión y retención del *know-how* de la empresa.

- Asiste en el diseño y la implementación de un plan de continuidad, aportando una vía adicional para la gestión de la diversidad generacional al incluir la posibilidad de implementar programas de mentoría o proyectos multigeneracionales.

- Ayuda a tener en nuestros antiguos empleados a los mejores embajadores de nuestra empresa, haciendo que sea más fácil encontrar a sucesores.

- Ayuda a cambiar la percepción de olvido hacia el talento sénior.

A lo anterior se podría añadir que:

- Incluso después de que los empleados se hayan jubilado, las organizaciones todavía pueden, en cierta medida, aprovechar sus habilidades y conocimientos especializados en áreas como la historia de la empresa y los contactos con clientes.

- En el caso de dificultad para encontrar un perfil de relevo adecuado, es más fácil llamar a antiguos empleados para cubrir el déficit.

Y para el empleado, ¿qué beneficios tiene?:

- Un reconocimiento formal y real por parte de la empresa (importante en esa recta final).

- Una oportunidad de preparación y transición gradual a una nueva etapa vital —en el ámbito profesional y en las demás áreas de la vida—.

- El diseño consciente de un nuevo proyecto de vida, anticipándose a todos esos problemas antes mencionados y minimizando la probabilidad de sufrir la inadaptación en una forma muy acusada.

- Aprendizajes a través de un cambio de rol a lo largo del programa (mentoría/formación), lo que contribuye a un cierre positivo y satisfactorio de su trayectoria profesional en la empresa.

- Mantenimiento de lazos y nexos con la empresa por si se quiere retomar alguna colaboración laboral en el futuro (o también mentorías, asesorías, etc.).

Esta política corporativa de jubilación podría incluir en sus planes, por ejemplo:

- Poner a disposición de los exempleados servicios de asesoramiento, *coaching* y formación, como hemos visto.

- Proporcionar asistencia en la búsqueda de una nueva posición mejor adaptada a los intereses del empleado sénior.

- Aportar formas flexibles de jubilación que permitan una reducción gradual de las horas de trabajo o trabajar parcialmente.

- Ayudar en el asesoramiento para que puedan emprender fuera de la organización.

- Proporcionar mentorías intergeneracionales para conservar el conocimiento.

• Poner en marcha programas de bienestar atendiendo a factores como productividad, compromiso o absentismo.

• Ofrecer incentivos a las conductas saludables, como ayudas para la cuota del gimnasio o descuentos en la prima del seguro de salud.

• Brindar oportunidades para que los jubilados se mantengan en contacto con sus colegas.

Por supuesto, ayudar en la planificación financiera:

• Aumentando la concienciación sobre la necesidad de ahorrar para la jubilación.

• Creando un plan de ahorro para la jubilación en la empresa para que los trabajadores aporten una parte de su salario (hay muchas iniciativas en otros países que se pueden copiar, porque están funcionando muy bien).

• O, la que más me gusta: buscar el propio camino de la corporación a través de la configuración de un *senior living lab,* en el que, de manera intergeneracional e innovadora, contando con todos los *stakeholders* necesarios (e incluyendo las ideas arriba mencionadas), se piensen, identifiquen y diseñen ideas y soluciones *ad hoc.*

4. Planificación financiera, clave para la nueva longevidad

¿Sabías que todas las aportaciones al sistema público de pensiones que haya hecho un trabajador que se jubile hoy se agotan tras doce años de pensión cuando —como mínimo— le quedarían aún por delante diez años más de vida? Son cálculos del BBVA para el sistema español, pero nos vale a todos, seamos de donde seamos, ya que, por lo general, los seres humanos subestimamos nuestra longevidad (lo que nos queda por vivir) ¡pero sobreestimamos lo que nos durará el dinero! No somos especialmente racionales respecto al ahorro de cara al retiro.

Según el Estudio Anual de Preparación para la Jubilación que elabora Aegon y recoge el Centro Internacional sobre Envejecimiento (CENIE), España es el segundo país menos preparado para enfrentarse a los problemas demográficos que llegarán en un futuro cercano, después de Japón. Justo los dos países con una mayor esperanza de vida ¡son los que peor planifican su retiro! Sobre todo financieramente. En el otro extremo, los países que más ahorran y mejor preparan su jubilación son India, China, Brasil y Estados Unidos, y en Europa, Alemania y Reino Unido. Este estudio mide el nivel de compromiso que contraen los trabajadores en la planificación de la jubilación en función de algunas preguntas que recomiendo que nos hagamos todos de cara a nuestra propia planificación financiera —siempre mejor como carrera de fondo que como *sprint*—:

1. ¿Hasta qué punto se siente usted responsable de asegurarse de que tendrá suficientes ingresos cuando se jubile?

2. ¿Cómo calificaría su nivel de concienciación sobre la necesidad de planificar financieramente su jubilación?

3. Si piensa en el dinero que está apartando para su jubilación, ¿cree que está ahorrando lo suficiente?

El problema, además de no poder ahorrar cuando se gana lo justo para sobrevivir, en muchas ocasiones está relacionado con una insuficiente planificación y falta de conocimientos (escasa cultura financiera). Ya lo decía Cervantes: «El hombre que se prepara tiene media batalla ganada». Claramente hay una mitad que en este futuro líquido y digital vamos a tener que ir construyendo y lidiando según se nos vaya acercando, pero preparémonos en todo lo que podamos con la otra mitad. ¿Cómo? Escuchando a los que saben más de esto. Déjame presentarte a Belén Alarcón, directora de Asesoramiento Patrimonial de Abante, cuya empatía y cercanía hacen que los números y los futuribles financieros complicados se transformen en sencillo entendimiento. «Cuando queremos pasar del deseo a la acción, el obstáculo que con mayor frecuencia nos paraliza es el dinero y, sobre todo, la incertidumbre económica. Es aquí donde cobra valor la planificación financiera como la herramienta con la que, haciendo unos números, enseñamos a nuestro primitivo cerebro que, en el 80 % de los casos, exagera los peligros relacionados con el dinero y que, con una buena organización de las finanzas personales, se pueden conseguir muchos más objetivos de los que uno se imagina», explica Alarcón. «Una correcta planificación financiera requiere que, en primer lugar, se defina un plan personal que incluya todo lo que es más importante para nosotros y nuestra familia para, en segundo lugar, definir el plan de ahorro e inversión que nos ayudará a conseguirlo. La planificación financiera te da un porqué y un para qué ahorro e invierto, y es que, como decía Nietzsche, "el que tiene un porqué encuentra más fácilmente un cómo"».

Las vidas más largas requieren una mayor planificación y una mejor educación financieras. ¿Qué cinco cosas deberíamos grabarnos a fuego? «Vivir más años con una mejor salud significa que nuestro plan personal y financiero tiene que ser diferente al de nuestros padres y no debe ser improvisado. Debemos mirar al futuro de una manera más creativa», asegura Alarcón. «Mis recomendaciones para encontrar el equilibrio, basándose en la experiencia adquirida ayudando a planificar la jubilación a más de 3000 personas en los últimos veinte años, son:

»Seguir la fórmula del doctor José Antonio Herce. Edad de jubilación = esperanza media de vida esperada para mi generación – 15-20 años. Es decir, en mi caso, que soy cuarentañera, tengo que pensar en jubilarme a los ochenta y también pensar en tener un equilibrio que me permita llegar a los 65 años con fuerza, porque una carrera de cincuenta años no se puede hacer siguiendo las mismas pautas que una carrera de 35 años:

»En primer lugar, desde el punto de vista financiero, para muchas personas jubilarse a los 65 años no será algo que se pueda plantear porque:

»1. Necesitaremos muchísimo más dinero si todos los años que vivamos de más son años improductivos;

»2. Dispondremos de menos recursos, porque el sistema de pensiones no está preparado para asumir el coste económico del incremento esperado de la esperanza de vida;

»3. Tendremos que asumir más riesgo con nuestras inversiones y profesionalizar nuestras decisiones de inversión. Nuestros padres nos han dicho que al invertir tenemos que ser conservadores. Ellos, siendo conservadores, obtuvieron una rentabilidad anual media del 8 %, lo que significaba que en veinte años multiplicaban su capital por cinco veces. Hoy, con rentabilidades del 2 % para los activos conservadores, en el mejor de los casos, necesitamos ochenta años para multiplicar el capital por cinco veces.

»En una vida de cien años, jubilarse a los 65 años y ser conservadores significa que nuestro esfuerzo de ahorro debería incrementarse entre veinte y treinta veces para acceder a una jubilación similar en términos económicos a la que tuvieron las generaciones que nos preceden.

»En segundo lugar, para encontrar la fórmula que mejor encaja con cada uno de nosotros (edad de jubilación y plan de ahorro e inversión necesario), la mejor herramienta es realizar una planificación personal y financiera. Con ella le enseñaremos a nuestro yo futuro cuáles son las consecuencias de las decisiones personales, profesionales y económicas que nuestro yo presente tiene pensado tomar para que, si no le gusta lo que ve, pueda cambiarlas».

El informe de Aegon señala la afiliación automática a los planes de contribución, medida que defiende el Premio Nobel de Economía 2017, Richard H. Thaler, como una posible solución. Esta opción, que ha conseguido buenos resultados en los países donde se ha implementado, consiste en inscribir automáticamente a los empleados en un plan de pensiones para que empiecen a ahorrar una parte de su salario y solo tengan que intervenir si deciden no hacerlo. También hay expertos que consideran la renta básica para todo el mundo. De momento ya sabemos que los finlandeses se están «descolgando» del plan de renta básica que iniciaron hace unos años como experimento, pues los resultados indican que no se estimuló el crecimiento en el empleo, aunque aún habrá que ver qué ocurre con los que hay en marcha en Escocia, Canadá, Holanda, Kenia e India.

5. Simulacro de planificación de nuestra jubilación

Hagamos con Belén Alarcón una simulación de planificación financiera para llevar a cabo que consta de cuatro pasos:

1. Definir tu objetivo de jubilación.
2. Calcular cuánto te cuesta tu objetivo y señalar los plazos.
3. Valorar tus recursos: patrimonio actual y capacidad de ahorro.
4. Definir la rentabilidad que necesitas para cubrir el déficit entre tus recursos y el coste de tu objetivo.

«Veámoslo con un ejemplo: imagina que tienes 35 años, empiezas a tener capacidad de ahorro y quieres empezar a pensar en tu futuro. Tras una reflexión sobre cuál es el nivel de vida que te gustaría tener en la jubilación, llegas a la conclusión de que te gustaría asegurar 2000 euros mensuales más lo que la Seguridad Social te dé. Además, estás dispuesto a asumir que tu rentabilidad será baja, puesto que lo que no quieres es asumir riesgo con tus inversiones, ni tener fluctuaciones en su valor.

»Con esta información, has llegado a una conclusión: para llegar a mi objetivo tengo que ahorrar 25 000 euros al año si lo que quiero es ser conservador (rentabilidad = 2 %). Como no puedo ahorrar esa cantidad, he analizado qué pasaría si el objetivo de rentabilidad fuese superior. El resultado es que, con una rentabilidad del 4 %, el objetivo de ahorro anual baja a 13 000 euros, y con una rentabilidad del 6 %, se reduce a 7 100 euros, que, curiosamente, coincide con la cantidad que puedo ahorrar. También he analizado lo que pasaría ahorrando esta cantidad, pero siendo conservador, y he observado que a los 75 años me quedaría sin dinero de ser esta la estrategia elegida.

»Por tanto, la clave está entre elegir ser conservador y no llegar a tu objetivo o asumir algo de riesgo para alcanzarlo hoy que eres joven y dispones de plazo.

»Tras reflexionar sobre ello, has decidido tirar por la calle de en medio. Tu estrategia va a ser: invertir un 35 % en bolsa —el máximo que te permite tu perfil de riesgo— y aspirar a conseguir una rentabilidad del 4 %, incrementar un poco tu esfuerzo de ahorro y ahorrar 10 000 euros anuales y, tras hacer un análisis detallado de los gastos que verdaderamente consideras importantes, bajar el objetivo de rentas de 2000 a 1500 euros mensuales. Además, para que tu fuerza de voluntad no decaiga, le has enseñado a tu yo futuro qué le pasaría si empezara su plan de ahorro e inversión dentro de diez años, cuando tengas 45 años. Tras hacer unos números con el escenario elegido tras la reflexión anterior, has visto que empezar diez años más tarde significaría reducir el objetivo de rentas a la mitad (750 euros/mes frente a 1500 euros/mes) o quedarse sin dinero a los 79 años».

Cuanto antes empecemos a ahorrar, menor será el esfuerzo que tendremos que hacer para conseguir nuestros objetivos. Además, al estar durante más tiempo «invertido» —sí, alguna cabriola nos va a tocar hacer seguro para poder ahorra—, se mitiga el efecto de la volatilidad en el corto plazo y se multiplica el efecto del interés compuesto. ¿Interés compuesto? «Es lo que Albert Einstein definió como la mayor fuerza del universo», explica Alarcón, «consiste en ir reinvirtiendo los beneficios que vaya obteniendo, lo que le va a permitir sacar más partido a sus finanzas y obtener un capital mayor con el que financiar sus objetivos».

Definitivamente, con las finanzas y el ahorro, carrera de fondo siempre mejor que *sprint*. Menos mal que tenemos por delante una *long life* (que cantaría Taylor Swift) para planificarnos...

8

LONG
LIFE
LONG

Claves de la buena vida longeva

SÍ, YO TAMBIÉN he metido alguna vez el bote de mayonesa en el cajón de betún de los zapatos y me he vuelto loca buscándolo por todas partes. O he dejado algún objeto, seguro, no, segurísimo, en un punto determinado y aparece en otro lugar extraño. Por no hablar de las veces que se me escapa mentalmente algún nombre/cosa/idea que tengo en la punta de la lengua y noto las conexiones neuronales ahí, intentándolo..., pero nada, no hay manera. O bien un duende irlandés se me ha colado en casa o bien será que «se me va la cabeza, cosas de la edad, es que ya no sé ni cómo me llamo...». Será mejor eliminar ese estilo de mensajes y pensamientos. Si no ha sido un duende —no le negaré tres veces, no sea que también se esfume la posibilidad de encontrarme un día un caldero de oro al final de un arcoíris— estos despistes deben ser consecuencia de tener la mente a mil con tanta activación de competencias *knowmad,* ser un *digital explorer* y además trabajar en *Agile. Mea culpa.* Pero por cuestión de edad no, no es justo.

Nos dice el neurólogo y neurocientífico argentino Facundo Manes en su libro *Usar el cerebro* que hoy podemos tener un cerebro joven hasta los noventa años o más. Y es que, por primera vez en la historia, hay más gente que nunca de 65-90 años, sí, pero además con un cerebro que funciona perfectamente. Esto no quita, por supuesto, que aprendamos todo aquello que podamos sobre cómo tenerlo estimulado y bien alimentado y otra serie recomendaciones que puedan ayudarnos a llevar esta vida longeva lo más saludablemente posible. Aunque aún parece que el ser humano tiene una especie de «obsolescencia programada» genética cuando rondamos los cien años, recordemos que cada día que seguimos en este mundo son cinco horitas ganadas a la muerte.

1. *Long live long...* en busca de la longevidad activa

Actualmente el límite de la vida humana está en torno a los 115 años, con varios supercentenarios mediterráneos —Italia, España y Francia— entre ellos (parece que el caso de la francesa Jeanne Calment, que vivió hasta los 122, podría ser falso, así que queda descartada, por si acaso). Pero podría alcanzar los 120 años a finales de este siglo. La cuestión, obviamente, no es vivir mucho, sino vivir mucho estando bien. Esto es lo que se conoce como *longevidad activa*. El gerontólogo Leonard Hayflick, autor de *Cómo y por qué envejecemos*, hace muchos años nos recordaba la diferencia entre edad *cronológica* y *biológica*: «Los biogerontólogos tienen la obligación de remarcar que la meta en la investigación en envejecimiento no es la de fomentar la longevidad humana independientemente de sus consecuencias, sino aumentar la longevidad activa, libre de incapacidades y dependencias funcionales». Esa idea sí la compramos, vivir mucho y sanos, con las facultades bien puestas. Ese es el reto de la biomedicina, de biogerontólogos y neurobiólogos: ser ultralongevos en activo, como el médico y presidente emérito de la Universidad Internacional de St. Luke, el doctor Shigeaki Hinohara, quien trabajó hasta los 100 años. Hinohara era además un doctor experto en longevidad, con lo cual podemos tomar sus consejos para una vejez saludable con cierta credibilidad o, al menos, curiosidad:

1. **Comer para vivir, no vivir para comer.** «Para el desayuno tomo café, un vaso de leche y un poco de jugo de naranja con una cucharada de aceite de oliva. El aceite de oliva es excelente para las arterias y mantiene mi piel saludable. El almuerzo consiste en leche y algunas galletas, o nada cuando estoy demasiado ocupado, concentrado en mi trabajo».

2. **Pasar de las reglas estrictas.** «Cuando éramos niños y nos divertíamos a menudo nos olvidábamos de comer o dormir. También podemos mantener esa actitud como adultos. Es mejor no cansar el cuerpo con demasiadas reglas, como la hora del almuerzo o la hora de acostarse».

3. **Tener un calendario activo y siempre planear con anticipación.**

4. **Compartir lo que sabes.** «Doy 150 conferencias al año, algunas para cien niños de escuela primaria, otras para 4500 hombres de negocios. Generalmente hablo sesenta o noventa minutos de pie para mantenerme fuerte».

5. **No relajarse en la actividad física diaria.** «No uso ascensores ni escaleras mecánicas y subo dos escalones a la vez para mover los músculos».

6. **Divertirse es mejor que quejarse.** «Emular al niño que olvida su dolor de muelas a través de la diversión del juego. Los hospitales deben atender las necesidades básicas de los pacientes: en St. Luke tenemos música, terapias con animales y clases de arte».

Enseguida cruzaremos estas recomendaciones del doctor con otros estudios, pero antes, una pregunta clave: la longevidad, ¿se hereda o depende de mí? Porque si el destino ya está escrito en mi ADN, *pa'qué llorar, pa'qué sufrir...* Todo parece indicar que el 20-25 % está en los genes (genómica) y el 75-80 % depende de factores medioambientales y de cómo nos cuidamos (estilo de vida). Así que sí, una gran parte está en nuestras manos.

Empecemos con ese 25 % con el que no podemos hacer nada... O quizás sí. Porque desde que fuimos capaces de secuenciar el genoma humano, esto es un no parar. Ya se han identificado genes relacionados con la longevidad (variante E2 de APOE, FOXO3A, CETP, etc.) que abren vías de investigación novedosas. De momento, lo que no se ve cercano es que se puedan modificar los genes de la eternidad. ¿La culpa? De la epigenética, pues muchos de los genes se modifican en contacto con las variables del entorno. Los gerontógenos, genes de la longevidad, pueden extender la vida útil en un 40-100 % por una mutación de su función o pérdida. Se

En la longevidad, todo parece indicar que el 20-25 % está en los genes (genómica) y el 75-80 % depende de factores medioambientales y de cómo nos cuidamos (estilo de vida).

ha descubierto que están presentes en el gusano redondo y la mosca de la fruta y sí, se cree que estos genes también desempeñan un papel fundamental en los seres humanos. Aún hay más: se podrá saber cómo vamos a envejecer estudiando nuestros biomarcadores. Dicho de otra manera, observando cómo se acortan los telómeros (extremos de los cromosomas) con el paso del tiempo. Hay una alicantina, la científica María Antonia Blasco Marhuenda, que es una experta en este tema. Blasco es la fundadora de la empresa de biotecnología Life Lenght, donde desarrollan una tecnología que permite conocer la longitud de los telómeros y la previsión de división celular y, por tanto, calcular la esperanza de vida individual. Ya hay experimentos con ratones que han demostrado que al activar la telomerasa se aumenta su esperanza de vida hasta un 24 %... Impresionante.

Además, cada vez que una célula se divide los telómeros se van desgastando y, cuando estos se acortan, las células dejan de dividirse y envejecen o mueren, causando así enfermedades neurodegenerativas o cardiovasculares. La telomerasa es una sustancia que repara los telómeros; presente en el desarrollo embrionario, y que cuando nacemos dejamos de producirla en la mayoría de las células.

¿Existen otros indicadores? El perfil metabólico o la microbiótica (las bacterias que se encuentran en el intestino y en la boca, vitales para la salud metabólica y digestiva) se van modificando con el envejecimiento y constituyen un signo de la edad biológica —más que cronológica— de la persona. Averigüemos qué hacen con sus gerontógenos en los lugares más longevos del planeta...

2. Las zonas azules del planeta: Cómo viven los que viven bien

Nos vamos de viaje a cinco *zonas azules,* como denominó el experto en longevidad Dan Buettner, que son los lugares del mundo donde más se vive: la isla griega de Icaria, Okinawa (Japón), Nicoya (Costa Rica), Loma Linda (California, Estados Unidos) y Cerdeña (Italia). Pero, con el permiso de Buettner, voy a incluir una sexta zona azul: España. Porque ¡ya somos la nación más saludable del mundo! Así lo asegura la edición 2019 del Bloomberg Healthiest Country Index, que clasifica 169 economías. Y España también es la más longeva, con una esperanza de vida para 2040 de casi 86 años de media, por delante de Japón, Singapur y Suiza (datos del Institute for Health Metrics and Evaluation de la Universidad de Washington).

¿Hábitos saludables? Paella, sí, pero sobre todo ensaladas aliñadas con aceite de oliva (dieta mediterránea), sol, paseos y chequeos (medicina preventiva). En Cerdeña también andan, comen vegetales frescos, beben leche de cabra y llevan una vida sencilla, sin estrés. ¿Okinawa, Nicoya...? Similar: actividad física moderada pero constante, dieta saludable y vida apacible (con siestas incluidas). Pero todas estas zonas tienen algo más en común que es un claro detonante de la longevidad: pertenecer a círculos sociales —familia, amigos, vecinos...— y tener un propósito de vida, una razón para vivir.

Las claves de una buena vida longeva podrían resumirse en:

1. Práctica de ejercicio diario comedido (aeróbico).
2. Dieta sana.
3. Descanso.
4. Vida tranquila.
5. Relaciones sociales (apego biológico).
6. Una razón por la que vivir.

Afinemos un poco: no basta con comer bien; también habría que comer poco —las dietas siempre deben llevarse a cabo con supervisión médica—. Ya se sabe que las dietas hipocalóricas y los ayunos ralentizan el envejecimiento. Se ha comprobado —en nuestros amigos los ratones, gusanos y moscas de la fruta— que la restricción calórica aumenta su esperanza de vida. En los humanos el ayuno en días alternos también es eficaz para aumentar la longevidad. ¿Por qué? Porque ayuda a bajar la tensión arterial, mejora la sensibilidad a la insulina y se reduce la inflamación basal.

Incluso se está experimentando con posibles fármacos que nos ayudarán a ralentizar el metabolismo. A lo mejor los de carácter tranquilote están de enhorabuena... ¿Será por eso por lo que las tortugas viven doscientos años y las almejas quinientos? Aunque tenemos por ahí el estudio que nos asegura que hacer ejercicio físico puede aumentar la esperanza de vida en 3.4 años. Solo caminar rápidamente ya nos da, como en los videojuegos, un *extra life* de 1.8 años. Habrá que replantearse lo del sofá.

Aún podemos concretar más. Según la Universidad de Harvard y Tufts (Estados Unidos), quienes comen más temprano viven más. El horario ideal: desayuno entre 7 y 7.30, comida entre 12 y 12.30 y cena entre 18 y 18.30. Uy. Sobre todo para los de la península ibérica. Siempre nos quedará el «ni caso a los horarios» del doctor Hinohara...

3. Tener el cerebro estimulado y bien alimentado

Y ya que mencionamos al doctor Hinohara, qué gusto tener la cabeza así, a pleno rendimiento y poder seguir aportando valor a otras personas y sentirse útil hasta el final. Por desgracia, las enfermedades neuronales (demencia senil, alzhéimer, etc.) aún son uno de nuestros grandes males y, sobre todo, miedos. ¿Cómo envejece el cerebro? Una proteína llamada quinasa M zeta (PKMzeta) aparece en el tablero de juego de la construcción de la memoria a largo plazo y también las neuronas de von Economo. Ya se sabe que los *superagers* (más de cien años) tienen más neuronas de estas que el promedio de las personas de ochenta, incluso que la de los chavales de veinte. Estas neuronas sirven para aumentar las facultades de comunicación y nos hacen más extrovertidos y menos neuróticos y, por lo tanto, más resistentes a los golpes de la vida (a fluir con el cambio). Las proteínas amiloides hacen que conservemos los poderes de cognición y memoria. Pero hasta que podamos comprar estas proteínas encapsuladas en la farmacia —nunca se sabe—, ¿qué podemos hacer para mantener el cerebro saludable?

No dejar de movernos. A partir de los 65 años el hipocampo, que es fundamental para la consolidación de la memoria, se empieza a atrofiar.

Sin embargo, las personas que caminan y que están activas, no tienen esa atrofia. Definitivamente, di adiós al sofá y así ganas en ventaja competitiva frente a ese 60 % de la población mundial que, según la Organización Mundial de la Salud (OMS), no realiza la actividad física necesaria. ¿Más beneficios? El ejercicio es ansiolítico y antidepresivo y refuerza el pensamiento creativo. Y ya sabemos que necesitamos sí o sí potenciar nuestra creatividad por el bien de nuestra empleabilidad. ¿Qué hay de nuestra flexibilidad mental? Como explica Raquel Marín en su libro *Dale vida al cerebro*, no venimos programados, sino que podemos cambiar las cosas ya que las neuronas se regeneran (neurogénesis). El cerebro, por tanto, sigue creciendo en la etapa adulta y la plasticidad neuronal existe toda la vida. Por eso debemos cuidar ese hipocampo que nos ayuda a la memoria y a la capacidad de aprendizaje —*longlife learning,* recuerda—. Qué suerte tener cerebros plásticos, moldeables como el agua, y la época en la que nos ha tocado vivir.

Si queremos mantener el cerebro en forma, Marín nos recomienda:

• Empezar nuevos proyectos.

• Hacer actividades de memoria y cognitivas.

• Relacionarnos con los demás.

• Conversar.

• Leer.

• Experimentar emociones.

• Enfrentarnos a nuevos retos.

Todo ello, por cierto, podemos obtenerlo del trabajo; la nueva longevidad laboral —con propósito— influiría, por tanto, en mantener nuestro cerebro más sano. Eso... y alguna copita de vino o una cañita, porque la vida hay que celebrarla. Y es sano. No más de nueve vasos de vino o siete pintas de cerveza a la semana, eso sí. Parece que el alcohol nos protege frente al estrés oxidativo, y mucha más si se trata de una uva *cabernet sauvignon* o *merlot*).

Pero espera, que aún hay más. Si te habías quitado el café porque creías que era perjudicial, puedes volver a recuperarlo. Parece que es otro alimento «supera *age*». Un estudio británico publicado en la revista *Jama Internal Medicine* asegura que esta bebida puede hacernos vivir más tiempo, ¡incluso quienes toman hasta ocho tazas de esta bebida al día! Los bebedores de café tienen un 10-15 % menos de probabilidades de morir que aquellos que no consumen la bebida –y vale el café instantáneo, molido o descafeinado–. Tampoco olvidemos cuidar nuestra prebiótica intestinal, pues ya sabemos que algunas bacterias del intestino influyen en los trastornos neurodegenerativos.

4. Somos seres sexuales, no importa la edad que se tenga

«La vejez disfruta de los placeres lo suficiente, aunque los vea de lejos». Traigo esta frase de Cicerón, uno de los primeros eruditos en escribir sobre la vejez, porque resume muy bien lo que nos pasa hoy con el tema de la sexualidad asociado a las personas séniors plus: existe una mezcla entre hipocresía, prejuicio y desconocimiento. Cicerón, el de los «placeres de lejos», no dudó en divorciarse de Terencia —con quien estuvo más de veinte años casado— para unirse a su joven pupila Publilia, así que lo de «de lejos»... más de boquilla que otra cosa. Y es que la sexualidad si acaso cambia, como las propias personas, pero por hacernos mayores ¡no desaparece!, y sin embargo nos desagrada pensar que es así. Menos mal que siempre hay activistas del cambio, como Madonna, quien a sus sesenta años sigue siendo un icono de la liberación sexual: «Si tengo que abrir la puerta para que las mujeres puedan ser tan sexuales y atractivas a sus cincuenta o sesenta como cuando tenían veinte, que así sea». En este caso, el edadismo por supuesto también afecta a los hombres. Ni siquiera hablamos del derecho o de la libertad de ser o sentirse atractivo si te da la gana, sino de tener sexo como adultos. Sin embargo, cuando somos mayores se nos trata en esto como a niños. La revista *Gerontology: Social Sciences* denunció hace tiempo el conflicto entre la autonomía y la protección respecto a la libertad sexual en las residencias, pues el personal y los administradores crean un ambiente de vigilancia. Aunque todos estos lugares prometen «proveer un ambiente hogareño, privacidad y autonomía», esta se ve significativamente restringida en cuanto a las opciones de sexualidad e intimidad de sus inquilinos mayores.

No olvidemos que las relaciones sexuales están asociadas con el bienestar psicológico y físico, con la autonomía y con la longevidad. Es más, según un estudio de la Universidad de California, las personas que tenían relaciones sexuales una vez a la semana o más contaban con telómeros más largos. No hay mucho más que añadir al respecto. Bueno, sí, otra fase de Madonna que viene al pelo para el siguiente tema: «Si tienes un problema con la manera en la que visto, es simplemente un reflejo de tus prejuicios».

5. Ser y parecer más jóvenes

No podemos pasar de puntillas por el tema de la apariencia física, cómo nos vemos, la imagen que desprendemos. En teoría lo estético no es salud. ¿Estamos seguros? Ya sabemos cómo el aspecto impacta e influye de manera directa en la psicología de las personas. Vernos bien, sentirnos bien por fuera, tiene conexión directa con sentirnos también bien por dentro. Y al revés. Muchas personas séniors que se sienten jóvenes quieren también que esa vitalidad o sentir biológico se refleje en el exterior. La Sociedad Española de Cirugía Plástica, Reparadora y Estética (SECPRE) calcula que los mayores de sesenta años son ahora un 10 % de sus pacientes. En tres años las búsquedas en internet de los hombres sobre estética han aumentado un 19 %, y subiendo. Uno de cada cinco hombres mayores de cuarenta años ya se ha realizado algún tratamiento estético o intervención para mejorar su aspecto físico.

Pero es que mantener el cuerpo atlético, en forma, es también algo que cada vez interesa más, por suerte —ya hemos visto antes los beneficios que tiene—: dicen varias patronales de gimnasios que los mayores de 65 años hacen más ejercicio —más tiempo, pero de menos intensidad— que los menores de 35 años, porque no solo es un hábito físico, sino también un acto social que les permite relacionarse con otras personas. *Aquagym, bodybalance...* pero también actividades más potentes, como zumba o *bodypump*. ¿Hacemos gimnasia solo para ganar en agilidad o quizás también para perder peso, para vernos y sentirnos bien? Como diría la diva del pop: «¿A quién le importa?».

No nos volvamos locos con lo del edadismo en la medida de lo posible. Porque si consideramos *edadista* cada producto etiquetado como *antiaging,* por extensión también consideramos *edadistas* a las mujeres que los consumen y utilizan... Y, sinceramente, no creo que debamos centrarnos en esto. Si las marcas deciden renombrar sus productos para evitar términos controvertidos, mucho mejor. Pero, como dije al principio, tanto respeto se merece la persona que decide lucir canas como la que no, quien quiere lucir sus arrugas como quien no, quien se maquilla como quien no, quien hace una dieta como quien no... Y así podría estar todo el día. ¿Salud, estética...? Basta con ser honestos con nosotros mismos para darnos cuenta de que no podemos poner una línea divisoria entre lo que sí o no es aceptar la vejez —¿eso qué significa exactamente?—. Y tampoco tenemos potestad para juzgar a los demás. Busquemos en Instagram #over50 y veremos que si hay algo que nos define es el empoderamiento de la edad desde la máxima diversidad.

6. La soledad es lo que de verdad nos mata

La soledad es malísima para nuestra salud y nuestra vida longeva. Incluso teniendo enfermedades crónicas o graves, las personas que están rodeadas de gente que las quiere tienen altos sus índices de felicidad (o satisfacción con la vida). En estos tiempos hay más gente sola que nunca. Personas que no han tenido descendencia, que sus seres queridos han fallecido o que están separados geográficamente de la familia... hay mil causas. La soledad aumenta el riesgo de que una persona sufra una enfermedad cardíaca y un derrame cerebral, algo que es tan peligroso como tener obesidad o fumar. Aumenta la tristeza y desciende la autoestima, por lo que la persona sale menos, se retrotrae, tiene menos ganas de hacer cosas.

El «Experimento de la soledad», llevado a cabo por la BBC en colaboración con investigadores de la Universidad de Manchester, entre otras universidades, preguntó a más de 55 000 personas de todo el mundo cuestiones relacionadas con la soledad. Algunas de sus conclusiones te sorprenderán, pues contra todo pronóstico:

1. Los jóvenes son quienes más sufren de soledad. El 40 % de los jóvenes de 16 a 24 años dicen sentirse solos, en comparación con solo el 27 % de los mayores de 75 años. Coincide con una encuesta realizada en Estados Unidos por la aseguradora Cigna según la cual la generación Z reportó las tasas más altas de soledad en comparación con otros grupos de edad. ¿Qué está pasando?

2. La soledad genera un estigma: A las personas no les gusta admitir que se sienten solas porque no quieren que otros piensen que hay algo malo en ellas. Qué duro.

3. Las personas a menudo eligen estar solas, pero no la soledad; los participantes dijeron que la soledad era la sensación de no tener a nadie con quien hablar y de no tener a nadie que realmente te entienda.

Tan terrible es, que una pequeña charla durante un viaje en transporte público o una sonrisa de un extraño ayudó a sentirse mejor a un 88 % de las personas que se sentían solas según una encuesta británica de YouGov. Se me ponen los pelos de punta. ¿Cuántas veces sonreímos a personas que no conocemos? ¿Damos conversación a otras personas en el ascensor o en la sala de espera del médico? No es que eso solucione el problema estructural de la soledad, ni mucho menos, pero es que podemos hacer sentir mejor a alguien con tan poco... Mientras, trabajemos en acciones sociales de mayor envergadura: *cohouses,* escuelas mixtas de edad o incluso la apertura de un Ministerio de la Soledad, como el que tienen en Gran Bretaña. Cualquier cosa es poco con tal de no acabar como en Tokio, donde la soledad es un problema social tan grave que, como anécdota triste, hay hasta un café famoso por poner un peluche gigante como compañero de mesa y donde es habitual pagar a actores para hacerse selfies. Los países latinos, de buen capital relacional, estamos a tiempo de no llegar a eso. Qué curioso que esté en el propio Japón una posible respuesta a parte de estos problemas... ¿Os acordáis de esa zona azul llamada Okinawa? Regresemos a ella.

7. *Ikigai*: Encontrar la razón de ser

Al norte del archipiélago de Okinawa (Japón) está Ogimi, la aldea de los centenarios, lugar que tiene el honor de ser la localidad con el mayor índice de longevidad del mundo. Además de vivir muchos más años que el resto del mundo, también:

• Tienen menos radicales libres en la sangre (responsables del envejecimiento celular) debido a la cultura del té y a la costumbre de ingerir solo hasta saciar su estómago en un 80 %. Casi no comen arroz y sí muchos productos del mar.

• Padecen menos enfermedades crónicas (cáncer o dolencias cardíacas) y afecciones inflamatorias.

• Los casos de demencia tienen también un índice notablemente más bajo y la menopausia en las mujeres es mucho más suave.

• Hombres y mujeres mantienen un nivel elevado de hormonas sexuales hasta edades muy avanzadas.

Parte importante de la salud y longevidad de sus habitantes se debe a su actitud *ikigai* ante la vida, lo cual procura un sentido profundo a cada día. ¿Y qué es *ikigai*? Una razón de ser, un sentido, un propósito. Como nos explica Barone —a quien ya conoces por mYmO y quien se ha especializado también en esta «técnica» japonesa ancestral—, «el *ikigai* se puede traducir como el propósito vital: lo que se nos da bien porque nos gusta. Lo que nos apasiona», explica. «Preguntarse cíclicamente qué nos gusta, dónde y cómo nos podemos vincular a esas pasiones es de vital importancia, no solo para nuestra satisfacción plena, sino para descubrir otras oportunidades, otros talentos. Los seres humanos tenemos muchos talentos. Lamentablemente muchas veces nos morimos sin descubrir la mitad de ellos. La conexión con lo que nos apasiona facilita que vayamos disfrutando del camino y que podamos ir descubriendo nuevas potencialidades. El *ikigai* es algo dinámico como la vida misma».

En Ogimi, por ejemplo:

• Todos los habitantes tienen un huerto.

- Todos pertenecen a alguna asociación de vecinos, que son como familias.

- Celebran hasta las cosas más pequeñas de la vida, y cantan, bailan, disfrutan...

- No se retiran de la vida activa. Ni siquiera tienen una palabra para definir «jubilación». Eso sí, amoldan su ritmo de trabajo a sus capacidades, sin estrés.

- Están siempre ocupados, pero con tareas diversas, que también son relajantes.

¿Se puede encontrar un *ikigai* cuando no vives en un lugar paradisíaco ni tienes un huerto? Claro que sí. «Cada persona lo puede encontrar caminando. No es algo mental, es algo que se experimenta desde la práctica», aclara Barone. «Una manera es dedicar tiempo para uno mismo. Algunos lo encontrarán leyendo, otros tocando un instrumento, otros dando un paseo. No importa. La conexión es interior y la herramienta es indiferente. Eso sí, cada puerta que se abre conlleva otras sorpresas y siempre hay recompensas». Como impactar en positivo en los demás. «El *ikigai* es algo que impregna todo de manera transversal. En todas las disciplinas orientales, incluido el yoga, se busca la felicidad no solamente en beneficio propio sino para ser útiles a la comunidad», matiza Barone.

Todos somos uno, a la vez que el uno es el todo. Que cada persona esté más en contacto consigo misma, manteniéndose vinculada a su pasión y propósito, es directamente proporcional al grado de felicidad de la comunidad entera. Es lo que allí denominan *yui-maru* (espíritu de cooperación mutua). No solo se ayudan en labores del campo, sino también a la hora de construir una casa o de prestarse voluntarios en servicios públicos. El sentimiento de pertenencia y ayuda mutua aporta seguridad y nos hace vivir mejor; cuando tienes una red los problemas se llevan de otra manera.

En Okinawa trabajo y pasión son lo mismo, y su gran secreto a voces es que se mantienen siempre activos. Nunca se retiran de la vida.

9

INNOVACIÓN EN EL *REVERSE AGING*

Hackear el proceso de envejecimiento

UN MANZANO maduro puede llegar a producir 750 manzanas. Eso significa un total de 495 000 manzanas por hectárea. Se calcula que existen más de 7500 tipos de manzanas y que se tardaría unos veinte años en poder degustarlas todas... Muchas manzanas, de las cuales solo tres –cuatro con la de Blancanieves– han conseguido ser dignas de recuerdo y pasar a la inmortalidad: la manzana mordida de Apple, la tentadora manzana roja de Adán y Eva y la que iluminó a Newton con su golpe en la cabeza. Todas son manzanas simbólicas, metafóricas y —curiosamente— están relacionadas con la caída. Me pregunto qué habría hecho Newton si la serpiente le hubiera ofrecido a él la manzana... Estoy casi segura de que cogerla. Porque no eres científico —ni *silver surfer*— si no experimentas y, porque, al fin y al cabo, la serpiente ofrece el fruto del árbol de la vida, de la inmortalidad... Y justo la inmortalidad es lo que se pasó media vida buscando el genio inglés: además de dedicarle muchas horas a la gravitación universal, se pasaba otro tanto generando la receta del mercurio sófico, una sustancia clave del proceso alquímico para lograr la famosa piedra filosofal. Sí, con lo listo que era... creía en una posible inmortalidad del ser humano. Y sí, las empresas más listas de hoy también parecen pensar igual.

Los fundadores de las compañías tecnológicas más conocidas del mundo, desde Google hasta PayPal, están invirtiendo cientos de millones de dólares en desafiar a la muerte. Los multimillonarios de la tecnología han detectado aquí un área próspera de innovación. Larry Ellison, fundador de Oracle, es uno de los financiadores más generosos: durante más de una década ha estado donando unos 45 millones de dólares anuales para resolver el «problema» del envejecimiento. El objetivo de las investigaciones es dar marcha atrás o parar el proceso de envejecer *(reverse aging)*. Al cofundador de Google, Serguéi Brin, se le despertó el interés al descubrir a través de una prueba genética que podría desarrollar párkinson, y ha donado cincuenta millones de dólares para curar esta y otras enfermedades asociadas a la vejez. Y Peter Thiel, cofundador de PayPal, ha donado seis millones de dólares a la Fundación SENS, dedicada a la investigación de la longevidad, cuyo objetivo es luchar contra la muerte. El mercurio sófico del siglo XXI está compuesto de algoritmos.

1. ¿Nos ayudará la tecnología a vivir para siempre?

Quizá la pregunta más importante sea la que se planteó Brian May y se acabó convirtiendo en un tema de éxito para Queen: *Who wants to live forever?* Pues está claro que los multimillonarios de la tecnología sí, y probablemente mucha gente más; puede que todos en el fondo, si supiéramos como responder adecuadamente a tantas cuestiones que se nos abren —muchas de ellas éticas—. Pero de momento no nos hagamos ilusiones, no vamos a vivir para siempre. Los científicos creen que por ahora existe un límite máximo en el tiempo de funcionamiento de los cuerpos humanos —alrededor de los 115 años, como ya vimos— y que no será un salto evolutivo el que nos lleve a la condición de inmortalidad, aunque las tecnologías médicas y las innovaciones sociales sí podrían llegar a hackear el proceso de envejecimiento de las células y revertirlo, y por tanto conseguir vivir indefinidamente.

Lo que está claro es que ser supercentenarios, vivir más allá de los cien años, será de lo más habitual en el futuro cercano y, por tanto, sociedad, gobiernos, corporaciones ¡y personas! debemos prepararnos para esta inevitable y brutal reorganización de la fuerza laboral global.

De momento la inteligencia artificial ya puede predecir si vas a tener una vida larga y saludable.

Basta una pequeña muestra de sangre a la que se le suman algunos parámetros como la dieta que seguimos, el ejercicio que realizamos y las exposiciones ambientales, y el resultado es un combinado de datos que analiza la inteligencia artificial y... tic, tac... le quedan a usted X años de vida. No es broma, esta tecnología la ha desarrollado el Centro de Envejecimiento Saludable de la Universidad de Copenhague y, según los investigadores, puede revelar si cambios en el estilo de vida o introducir medicamentos pueden aumentar las posibilidades de vivir de una persona.

Para entenderlo mejor, la capacidad de poder mezclar gran cantidad de datos obtenidos de distintos biomarcadores del envejecimiento permite que se genere una imagen bastante precisa de la edad biológica de una persona. Los programas desarrollados (Aging.AI) ayudan a determinar si la edad corporal de un individuo corresponde con su edad real, además del riesgo de desarrollar enfermedades relacionadas con el envejecimiento. Y «si el algoritmo descubre que es más joven que la edad que muestra su DNI, entonces tiene mayores posibilidades de vivir una vida larga», según apunta el estudio. ¿Os acordáis del holandés Emile Ratelband? Pues eso. Lo mismo en un futuro dejamos de «medirnos» por la edad cronológica y pasamos a hacerlo por la biológica.

Pero esto es solo el principio... Grandes tecnológicas como Google, Intel o IBM llevan mucho tiempo invirtiendo en computación cuántica, que va a tener una tremenda importancia en el diseño de fármacos, en la genómica y, en general, en casi todos los campos de la bioinformática.

2. Formar parte de la generación eterna

Mira por dónde, estábamos ya con la curiosidad de cómo llamaríamos a la generación que siga a la Z y a lo mejor aquí está la respuesta. Generación E, de eterna. Uno de estos «optimistas acelerados tecnológicos» que cree, y mucho, en la longevidad es Alex Zhavoronkov, autor de *The Ageless Generation: How Advances in Biomedicine Will Transform the Global Economy* («La generación eterna: Cómo los avances en biomedicina transformarán la economía global»). El profesor ruso lo tiene claro: «En un futuro no muy lejano, la ciencia médica tendrá la tecnología para frenar e incluso revertir el proceso de envejecimiento en sí». Zhavoronkov, fundador y CEO de Insilico Medicine, compañía de inteligencia artificial y bioinformática enfocada exclusivamente en el envejecimiento y las enfermedades relacionadas con la edad, está convencido de que él vivirá más de cien años... Mientras tanto, toma suplementos, hace dieta hipocalórica, se ejercita y evita ir en coche... pues hasta que los conduzca la inteligencia artificial hay un riesgo de accidente que él prefiere —literalmente— no correr.

Algunos científicos que comparten esta visión a largo plazo son el gran inventor estadounidense, impulsor de la Universidad de la Singularidad y director de Ingeniería de Google, Raymond Kurzweil, y, por supuesto, el gerontólogo biomédico inglés Aubrey de Grey, director científico de la Fundación de Investigación SENS y editor jefe del *Rejuvenation Research*. No hablamos de personas sin preparación precisamente... Este último asegura que la medicina regenerativa puede prevenir el proceso de envejecimiento trabajando en el desarrollo de lo que denomina Estrategias para la Ingeniería de la Senescencia Insignificante (SENS). Ha identificado siete tipos de daños moleculares y celulares causados por procesos metabólicos esenciales y unas terapias diseñadas para repararlos. Proyecta que la vida humana se extenderá a cientos y posiblemente a más de mil años. Esto sería posible porque, para cuando alguien nacido hoy cumpla cien años, el estado de la inteligencia artificial y la ciencia médica habrán avanzado hasta tal punto que la persona posiblemente pueda vivir hasta los 150 años. Cincuenta años después, ocurre la misma progresión, lo que eleva las posibilidades del individuo de llegar así hasta... la eternidad más eterna. El riesgo de muerte en edades extremas parecería así estabilizarse, lo que daría esperanzas de que aún no hemos llegado a la fecha de vencimiento.

De hecho, el cáncer ya es una enfermedad crónica y no mortal para el grupo de investigadores israelíes AEBi, que asegura haber dado con su cura. El tratamiento tiene el nombre de MuTaTo (toxina multiobjetivo, por sus iniciales en inglés) y es un antibiótico para el cáncer. ¿Su éxito? Combinar varios péptidos para cada célula cancerosa al mismo tiempo junto con una fuerte toxina peptídica, que mataría específicamente las células cancerosas, lo que haría que no se vieran afectadas por las mutaciones (*grosso modo*, para entenderlo bien hay que visitar aebi-bio.com).

Con que las personas vivan solo tres años más de lo esperado los costes relacionados con las pensiones, tanto en economía avanzada como emergente, podrían aumentar un 50 %.

Parece que no hemos alcanzado nuestro límite biológico de vida útil... Y el reto es enorme a muchos niveles. Un análisis realizado por el Fondo Monetario Internacional indicó que con que las personas vivan solo tres años más de lo esperado los costes relacionados con las pensiones, tanto en economía avanzada como emergente, podrían aumentar un 50 %. ¿Tres años? ¡Pero si vamos a un ritmo de dos meses y medio de vida extra cada doce meses! La cantidad de cambios que nos esperan. El momento de prepararse para una larga vida es ahora, si no queremos que la vida se nos haga eterna.

3. Inteligencia artificial aplicada al bienestar y a la salud de los séniors

Edades más largas equivale a necesidad de nuevas terapias de salud preventiva, medicina personalizada y control de enfermedades, como ya hemos visto. Tener mayor calidad de vida e incluso, si se puede, frenar el envejecimiento es el objetivo de la tecnología biomédica, uno de los sectores que más oportunidades económicas está generando. Pero no es el único. El negocio de la longevidad está destinado a convertirse en «la industria más grande del mundo», según el conocido inversionista británico Jim Mellon. Hagamos un pequeño recorrido por sectores, ideas y empresas que ya están generando innovación en torno a los séniors del hoy y del mañana —muchas de ellas ayudándose de la inteligencia artificial— para ver nuestro futuro con optimismo y, de paso, que sean fuente de inspiración para los emprendedores *silver surfers*. Eso sí, sin olvidar que en nada se parecen las necesidades de una persona de 60 años a las de una de 90 años y que el cambio será una constante, y, por tanto, las problemáticas y necesidades siempre dinámicas. Ya veremos qué ocurre cuando el 5G también llegue a nuestras vidas...

- **Vigilancia de la salud en el hogar.** Su nombre básico es *teleasistencia médica.* Hacia ello vamos. Biotricity, por ejemplo, es una empresa de tecnología de diagnóstico médico que está introduciendo la inteligencia artificial para mejorar la monitorización en remoto de pacientes. CarePredict también la está utilizando para detectar los cambios en la actividad y los patrones de comportamiento de las personas para la detección precoz de problemas de salud. Los asistentes virtuales basados en la voz, como Amazon Echo y Orbita Health, también utilizan la inteligencia artificial para recordar la toma de los medicamentos y la coordinación de la atención para las personas mayores. Si vives lejos o tienes problemas de movilidad, pon un Care Angel en tu vida: enfermeros y cuidadores en remoto que velan por tu salud.

- **Dispositivo inteligente para asistirte en tu día a día.** Compañías como Apple y Fitbit ya han hecho que los rastreadores biométricos portátiles inteligentes estén disponibles para los pacientes ancianos y geriátricos y sus necesidades: verificar las inconsistencias en sus datos biométricos, detectar una caída significativa o fuerte en algún nivel y hacer sonar una alarma. La función de AiCare es similar y cien por cien personalizable.

- **Dispositivo inteligente de detección de caídas.** Las caídas en pacientes geriátricos suelen traer muchas dolencias extras encadenadas. Si esto sucede, empresas como Xsens, Kardian y Qventus han generado detectores de caídas alimentados por inteligencia artificial para conseguir una atención inmediata.

- **Compañeros robóticos.** La falta de cuidadores capacitados para ayudar a los pacientes ancianos que viven solos y requieren asistencia diaria ha generado toda una flota de ayudantes robóticos: ElliQ, de Intuition Robotics; Dinsow, de CT Asia Robotics; RoboBear, de Riken Robots, o Mabu, de Catalia Health... Los asistentes virtuales dan conversación personalizada, obtienen datos sobre tratamientos, mantienen a los adultos mayores activos, les conectan con sus familias y con el mundo exterior...

• **Investigación antienvejecimiento.** Uno de los mayores impactos de la inteligencia artificial es ayudar a los investigadores a comprender el proceso del envejecimiento y a desarrollar métodos para retrasarlo —esto también se llama *antiaging*—. Algunas empresas que están en ello son Calico, Insilico Medicine o Nuritas.

4. El auge de *startups* relacionadas con el *age 5.0*

La nueva longevidad humana, sumada al poder adquisitivo de los actuales *silvers* mayores de cincuenta, está abriendo todo un universo de oportunidades de negocio. Según el Oxford Economics y la AARP (asociación de personas mayores de Estados Unidos), si la *silver economy* fuera un país, sería la tercera economía más grande del mundo. Recordemos: el banco estadounidense Merrill Lynch dice que para finales de esta década el gasto anual de los consumidores mayores de 60 años en todo el mundo alcanzará los quince billones de dólares. Son muchos dólares, casi tantos como manzanas.

Además de los sectores que ya hemos visto, están naciendo decenas de *startups* en torno a la nutrición, la actividad física, la vivienda, el ocio, la formación permanente *(longlife learning)*… De ahí que organismos públicos y entidades privadas estén desarrollando programas de incubación para ayudar y potenciar este auge de *startups* ligadas al *age 5.0*. Demos un pequeño paseo por algunas; por ejemplo, las que se presentaron a los premios Innovating for Aging, del International Longevity Centre (ILC), para que nos ayuden a hacer nuestra mente más amplia… Bienvenidas la creatividad y la tecnología al servicio del bien.

• **Behavioral Insights Team:** Compañía de propósito social que tiene como objetivo conectar a las personas mayores a través de una plataforma de accesible y de bajo coste para combatir el aislamiento social.

• **Chatty Café Scheme:** Pretende que los cafés reserven una mesa de conversación *(chatter y natter)* para animar a «extraños» a hablar entre ellos —sí, ¡mil veces mejor que con un peluche!— y paliar la soledad de muchas personas.

• **Walk With Path:** Especializada en productos para mejorar la movilidad y reducir el riesgo de las caídas.

• **Echo:** Aplicación que permite a los usuarios (pacientes o cuidadores) solicitar recetas y recibir medicamentos en la puerta de casa, con recordatorios inteligentes de cuándo deben tomárselos y cuándo se agotarán para reponerlos.

• **Toucan:** Aplicación que permite a los usuarios compartir el estado de su saldo bancario con un amigo o cuidador de confianza que utiliza un sencillo sistema de semáforo para informarles sobre su estado financiero.

• **Unforgettable.org:** Diseña productos «deseables, efectivos y asequibles» para personas con demencia, pérdida de memoria y otros desafíos; por ejemplo, tiene relojes que dan a los usuarios mensajes verbales sobre la hora, el día y la fecha.

• **Seismic:** Diseña ropa inteligente *(powered clothing)* que integra robótica discreta, diseñada para ayudar a moverse mejor al trabajar en colaboración con su cuerpo para darle fuerza, estabilidad y potencia. Es una especie de exoesqueleto de diseño.

En esta nueva era de longevidad, la educación, la planificación financiera y el progreso científico están más interconectados que nunca y, por lo tanto, requerirán un período de colaboración sin precedentes entre los sectores público y privado y la ciencia y la sociedad. Y eso significa empezar siempre por los propios implicados, los propios *silvers* plus, algo que, por ejemplo, se toman muy en serio en la empresa de San Francisco Tech-enhanced Life, que ayuda a los adultos mayores a participar en la industria de la tecnología no solo como consumidores informados, sino también como contribuyentes (*silvers* a los que llaman *exploradores de la longevidad*).

Durante sus reuniones, los exploradores (mayores de 60 años) discuten sus necesidades, generan una lluvia de ideas para solucionar los desafíos del envejecimiento y realizan exploraciones de productos, donde evalúan y recomiendan productos y servicios existentes. Los resultados de estas sesiones se publican en TechenhancedLife.com.

Aquí todos los innovadores tienen cabida, da igual la edad, porque de eso va el futuro, de convivencia intergeneracional, de «usar la felicidad para optimizar la longevidad». Bajo ese eslogan, la Stanford Center on Longevity Design Challenge invita a estudiantes universitarios de todo el mundo a diseñar productos, servicios o herramientas que ayuden a las personas a vivir mejor a medida que envejecen. De este reto salió la vajilla Eatwell, de la joven taiwanesa Sha Yao, quien se inspiró en las necesidades de su abuela, que padecía alzhéimer. Sencillamente, genial.

5. Los temas clave en el envejecimiento para 2025

No podemos mirar al futuro sin mencionar Aging2.0, una comunidad que está liderando el camino del envejecimiento (como en España el Centro Internacional Sobre el Envejecimiento [CENIE]). Defender la calidad de vida de las personas mayores y apoyar el emprendimiento en este ámbito es el propósito de esta comunidad internacional fundada por Stephen Johnston y con sede en San Francisco. Sus cifras llaman la atención: tiene una red de más 15 000 personas, está presente en más de veinte países y con unas 3000 *startups* registradas. Sus áreas de trabajo son ocho: bienestar financiero, movilidad, vida diaria, cuidados, coordinación en la atención, salud cognitiva, compromiso y propósito y fin de la vida.

Tras haber participado en los talleres creativos de la «Future Agenda 2025», han encontrado 34 subtendencias sobre el envejecimiento a nivel mundial. Y ¿qué han detectado? Sí, exactamente «todo eso» de lo que venimos hablando. Veamos algunas:

• Fuerza de trabajo diversificada por edad. Los cambios demográficos en curso están alterando fundamentalmente casi todos los aspectos de la vida tal como la conocemos. Las fuerzas de trabajo son cada vez más viejas y están más diversificadas que nunca en la historia.

- Mirar hacia el futuro. En lugar de avanzar por casualidad, necesitamos un pensamiento estratégico: ayudar a individuos y naciones a prepararse para garantizar que las vidas más largas sean de calidad.

- Jubilación no viable. Para muchos la jubilación a los 67 años es económicamente inviable. La realidad es que pocos trabajadores pueden financiar una jubilación de treinta años con una carrera de cuarenta años. Las sociedades tampoco pueden sostenerlo.

- Mayor bienestar. Tanto el trabajo remunerado como el no remunerado se asocian con mayor bienestar, retraso en la discapacidad, disminución del riesgo de mortalidad y menos enfermedades y dependencias.

- Trabajar más tiempo. Para aquellos que tienen ahorros de jubilación inadecuados, la solución más obvia es trabajar más tiempo. Sin embargo, una barrera potencial importante es que los empleadores siguen siendo ambivalentes respecto a los trabajadores mayores.

- Atención al envejecimiento. A medida que la población envejece, el sector de atención médica cambia la forma en la que brinda apoyo, con más coordinación entre los proveedores de servicios y más atención en el hogar. También hay una conversación sobre el derecho a morir de las personas.

- Adaptación a las poblaciones que envejecen. En los países desarrollados, el 80 % de las personas mayores vivirán en ciudades en 2050, mientras que las ciudades de los países en desarrollo albergarán al 25 % de la población de más edad.

- Apoyar a la fuerza laboral que envejece. A medida que las principales economías sufren cada vez más relaciones de dependencia, el desafío de apoyar a una fuerza laboral cada vez más vieja exige repensar el aprendizaje de por vida y una aceptación más amplia del coste de los empleos flexibles a tiempo parcial.

- Prolongar el espíritu empresarial. Proliferarán los productos y servicios dirigidos al envejecimiento de la población, pero las personas mayores también participarán activamente en la innovación, desarrollando nuevas oportunidades económicas para todos, tanto dentro como fuera del espacio de envejecimiento.

- Redefinición del propósito. Los planes de vida deberán reconocer una «vejez» prolongada, lo que llevará a la búsqueda de un propósito más allá de la noción tradicional, pero arbitraria, de *jubilación*.

- Cuidado de los padres. Las organizaciones modifican las prácticas de empleo: El permiso para el «cuidado de los padres» es tan importante como el tiempo libre para el cuidado de los niños.

6. El verdadero bienestar para los *silver surfers* de 2050

Como siempre, qué bien que haya expertos que midan y trabajen con datos que permitan que las intuiciones se sostengan... Según una investigación llevada a cabo por Christopher Barrington-Leigh (profesor de la Universidad McGill en Canadá) y Eric Galbraith (Instituto de Ciencia y Tecnología Ambientales de la Universidad Autónoma de Barcelona), el bienestar global en las próximas décadas dependerá de factores no materiales.

Los investigadores diseñaron un enfoque matemático para hacer este pronóstico con un modelo estadístico que ha combinado variables económicas materiales (como el PIB per cápita y la esperanza de vida) con otras sociales (como la libertad, la corrupción gubernamental y las ayudas sociales) para llegar a la conclusión de que serán factores no materiales los que tendrán un papel más importante que el dinero en el bienestar futuro (proyección de felicidad mundial para 2050). «Utilizamos cuatro de las preguntas formuladas en la Encuesta Mundial de Gallup, que han sido respondidas millones de veces por personas en 119 países», explica Galbraith. «Nos enfocamos en algunas preguntas que son estadísticamente las más relacionadas con cuán satisfechas las personas dicen que están con sus vidas; es realmente poderoso tener un conjunto de datos tan grande». Pero ¿qué entendemos por *bienestar*? «No están necesariamente relacionadas directamente con la satisfacción de las personas con la vida, pero están de acuerdo con las razones importantes. Por ejemplo, la percepción de corrupción en el Gobierno y las empresas se relaciona con la falta de confianza dentro de una sociedad, así como con la sensación de estar en un país mal administrado, lo que hace que las personas queden insatisfechas», explica el profesor. «Básicamente, las variables no materiales reflejan cómo de bien se sienten las personas dentro de su sociedad: si están seguras, tienen relaciones sólidas, se sienten orgullosas de su sociedad, les gustan sus vecinos...».

Los resultados muestran que es probable que los cambios futuros en las variables materiales, como los proyectos de la OCDE en materia económica, produzcan mejoras modestas (aumento del 0 al 10 % por encima de los niveles actuales), mientras que los escenarios basados en variables no materiales van desde un aumento del 30 % en el caso más optimista hasta una caída del 35 % en el más pesimista del declive social. Estos últimos escenarios son mucho más determinantes y poderosos.

Por último, el profesor Galbraith comparte con nosotros una reflexión final: «No deberíamos sacrificar comunidades, relaciones y geografías en el altar del PIB. A corto plazo, es mejor enfocarse en las cosas que los psicólogos han demostrado que son buenas para nosotros, como la amistad, familia y vecindad... [Hay que] Hacer un mayor esfuerzo para mejorar nuestros Gobiernos y servicios públicos, que, cuando no son corruptos y funcionan correctamente, dan grandes recompensas a todos en la sociedad por costes relativamente bajos. Necesitamos revisar nuestros sistemas de valores para no pasarnos la vida persiguiendo los fugaces euros en lugar de construir con paciencia las cosas que realmente hacen que la vida sea genial».

Por cierto, la medida de bienestar del Gallup World Poll en 2017 era de 5.24 sobre 10. Apenas un aprobado justito. Sin duda podemos y debemos, hacerlo mucho mejor. ¡Practiquemos el *ikigai*! Busquemos nuestros dones y talentos, perdámosle el miedo a cambiar y, sobre todo, cambiemos lo que nos hace mal; mantengamos cuerpo y mente en activo buscando ser de utilidad a los demás, que es lo que nos colocará en la ola del éxito; seamos profesionales ágiles, aprendices constantes; respetemos y dignifiquemos a nuestros mayores, por ellos mismos y como reflejo de nuestro mañana y, por supuesto, cuidemos la empleabilidad asociada a la nueva demografía y longevidad.

Que podamos ser tan libres y abundantes que ya no quepamos en nosotros mismos y nos dé por contagiar a los demás. Somos la suma de todos.

Bienvenido a una vida *silver* llena de oportunidades *surfer*.

EPÍLOGO

Raúl y Paul *a priori* tienen poco en común. Raúl, con algún reflejo blanco en su pelo, ya ha estrenado la década de los cincuenta y nuestro amigo Paul disfruta de pertenecer a esa generación tan de moda, la Y, los *millennial*; tiene 35 años, es creativo, muy sociable y disfruta de su tiempo como si no existiera un mañana. Tiene un trabajo estable, no tiene cargas familiares y es realmente activo en las redes. Por su parte, Raúl, con 51 años, vive preocupado. Desde hace aproximadamente seis años se siente esclavo del reloj; siempre ha vivido con prisa, pero es últimamente cuando empieza a sentir que ya ha jugado la primera parte del partido y está ya por el final de la segunda. Aparentemente, es la época dorada (ocaso) de su vida profesional, pero se siente joven, capaz y hasta mejor que nunca; además, atesora una experiencia y relaciones con un gran valor tangible en el mercado laboral y en su vida personal.

¿Sus vidas son tan distintas? Ambos son jóvenes, capaces de conciliar la vida profesional con el ocio, están conectados, son deportistas... Podrían ser padre e hijo, pero en realidad son muy amigos. Raúl y Paul, Raquel y María... Podríamos ser cualquier lector de este libro. Analizar y entender sus situaciones nos ayudaría a comprender este mundo de cambio que estamos viviendo y que no somos capaces de digerir. Se habla de la vida laboral de los robots, de cómo éstos van a tener que cotizar porque van a desaparecer muchísimos puestos de trabajo; el debate nacional es qué futuro tienen nuestros hijos y cómo educarlos para que puedan vivir dignamente, y todo esto nos hace olvidar el presente, la tradición y el modelo histórico de maestro-aprendiz que se ha desarrollado durante miles de años y nos ha llevado al éxito del mundo moderno laboral. El sistema de consumo ha dado un giro de 360 grados en los últimos años, las cifras determinan que pasamos conectados más de 23 horas semanales. En España, según la Escuela Nacional de Salud, el 10.7 % de la población consume tranquilizantes o pastillas para dormir... Si mi abuelo levantara la cabeza alucinaría (perdona la expresión Paul, quizás ésta no la conozcas). Pero tranquilos, no estamos locos; las rutinas y los hábitos cambian porque se han modificado las circunstancias y los cambios nunca fueron malos. Ya lo dijo Charles Darwin: «No es la especie más fuerte la que sobrevive ni la más inteligente, sino la que acepta mejor el cambio».

¿Y quiénes han sobrevivido mejor a los cambios? Aquellos que sufrieron la fuerte crisis económica que sacudió el mundo a partir de 2008. Ellos se han adaptado a los cambios sociales y tecnológicos más recientes a la fuerza, y se puede asegurar que la especie dominante a la que hacía mención nuestro admirado Darwin no es otra que la que tiene canas hoy en día. Cada vez somos más activos en las redes sociales, consumimos más y con mayor calidad; en definitiva, somos el futuro-presente.

Raquel, en su forma visionaria de presentar a los *knowmads*, aceleró con su obra un movimiento de colaboración en muchas personas y empresas. Desde The Knowmads Hub impulsamos su teoría hacia la práctica. En esta obra puedo observar aún más: hay un problema social que se presenta de forma encubierta, algo que afecta a los valores de las personas en un mundo global, imparable y donde la tradición, experiencia, relaciones personales tienen aún mucho que decir a la robótica, la inteligencia artificial y el *big data*, y a ese nuevo ente cuyo nombre de pila es *algoritmo*. Un algoritmo se emplea para resolver problemas, desde un estado inicial y una entrada, después da unos pasos sucesivos y se llega a un estado final que aporta una solución. Pues bien, necesitamos ese algoritmo que resuelve la conexión entre el mundo de Raúl y Paul; una sabia convivencia con espíritu *knowmad*, de colaboración verdadera y creación, donde esas miles de incubadoras llamadas *startups* (antes empresas pequeñas) que venden la falsa figura del emprendimiento a muchos amigos del joven Paul, puedan ser sostenibles y no cierren a los 16 meses por no tener algún amigo de Raúl que les aporte *know-how,* experiencia y hasta realismo. Seguro que nuestros amigos Raúl y Paul, todos nosotros, que de una forma u otra estaremos en ambas situaciones a lo largo de nuestra vida, encontraremos una solución global donde lo *coolhunting* sea ir de la mano para lograr un fin común.

Yo, por mi parte, llamaré a Paul para invitarle a cenar esta noche, después de salir del centro de *coworking*, porque han abierto un restaurante donde dos robots, con tecnología del MIT de Boston, replican las mejores recetas de estrellas Michelin. Aunque si no le apetece... siempre tendremos un sitio maravilloso en el bar de la esquina donde sirven los mejores huevos fritos con patatas de la ciudad acompañados de una buena Estrella Galicia. ¿Te animas Raquel?

Gracias por volver a ser precursora y visionaria.

Raúl Sánchez
CEO Fundador de The Knowmad Hub

¿SABES CÓMO SERÁN LOS TRABAJADORES DEL FUTURO?

CONOCE *KNOWMADS*, EL *BEST-SELLER* DE RAQUEL ROCA

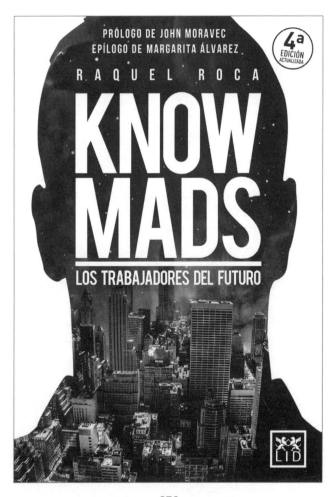

¿QUÉ ES UN *KNOWMAD* O NÓMADA DEL CONOCIMIENTO?

En este capítulo analizaremos este concepto, creado por el doctor John Moravec. Experto en todo lo concerniente al futuro del trabajo y la educación, redactor del proyecto Knowmad Society, codirector del proyecto *Aprendizaje invisible* y fundador de Educación Futures LLC, entre otras cosas (john.moravec.us), Moravec predica con el ejemplo: es un hombre abierto, agradable, dispuesto a ayudar, conector, generador de conocimiento y rápido para estar, tecnológicamente hablando, al otro lado del hilo cuando se le necesita. El término *knowmad* es un neologismo que combina las palabras *know* (conocer, saber) y *nomad* (nómada) y que se refiere a los trabajadores nómadas del conocimiento y la innovación. Empecemos por lo básico: ¿qué entendemos por conocimiento? La comprensión personal de datos e información que es interiorizada tanto explícita como tácitamente y que se manifiesta en el individuo en forma de pericia o habilidades.

Entre algunas de las características de los *knowmads* están las de ser innovador, imaginativo, creativo. Son capaces de trabajar en colaboración con casi cualquier persona, en cualquier momento y lugar. Son personas flexibles, que valoran su libertad en cuanto a la gestión de su tiempo y de su trabajo, responsables de sí mismas, que saben cómo sacarle todo el jugo a las nuevas tecnologías y las usan a su favor, que creen en la suma y la colaboración; son personas sociables y sociales, a las que les gusta expandir el conocimiento —en red— y que están preparados para aprender —o desaprender si hace falta— de un modo no convencional. Son conscientes de que los avances en tecnología han convertido al conocimiento en el principal activo de la economía (trabajos que no puedan ser sustituidos por un robot o un *software),* por lo que aprovechan cualquier canal, formato, vía o experiencia para formarse, constantemente. En palabras del autor de *Aprendizaje invisible:*

> «Ya sea de manera visible o invisible, en línea, cara a cara o de forma combinada *(blended),* lo más importante es que cada cual sea capaz de hacerlo por sí mismo *(do it yourself),* creando contenidos por sí solo o con su comunidad *(user generated content),* sin temor a aprender haciendo *(learning by doing)* o a aprender entre pares *(peer based learning)».*

Como trabajador del siglo XXI y, por lo tanto, de la sociedad de la información, del conocimiento y de las nuevas tecnologías —con la consiguiente desaparición de la necesidad de ubicación física gracias a la virtualización— los *knowmads* tienen la capacidad de contextualizar su espacio de trabajo en cualquier momento: eligen cuándo teletrabajar y cuándo hacerlo de modo presencial; pueden trabajar en línea desde casa, en un espacio de cotrabajo, en la oficina o una cafetería con wifi... Apuestan por intercambiar información e ideas con otros profesionales para potenciar la generación de ideas, productos y servicios que sean diferentes, más completos e innovadores, que los que conseguirían si trabajaran de modo individual. Como explica el propio Moravec:

> «De alguna manera, podría decirse que estamos construyendo el futuro a medida que este va sucediendo. Con el aprendizaje y la enseñanza colectiva y entre pares, somos responsables de ayudarnos mutuamente para identificar cuáles son nuestros elementos en el camino hacia un desarrollo personal y *knowmádico*».

Ser *knowmad* es también sinónimo de estar conectado y, como su experiencia vital y profesional es una experiencia conectada y en red, difuminan las fronteras entre lo que pertenece a un campo o a otro. Lo que le sirve o es de utilidad en la vida personal puede aplicarse a lo laboral y al revés. Viven en lo social y aplican lo social *(social business)* también en sus trabajos.

Pasaporte de habilidades

Hay una serie de rasgos distintivos y característicos, elaborados por Cristóbal Cobo y John Moravec e inspirado en las ideas expuestas por Stephen Collins en su presentación *I Am Knowledge Worker 2.0,* que ayudan a definir el perfil. Es lo que llaman pasaporte de habilidades, y que tendría 19 características. Las he concentrado y dotado de contenido, en los siguientes puntos.

1. No tiene una edad determinada. Contrariamente a lo que muchos piensan, no es algo que se ajusta sólo a los más jóvenes. No existen franjas de edad; cualquier edad es válida para adquirir una mentalidad nómada (recordar el apartado *Don't panic,* del capítulo 3).

2. No entiende su trabajo como un trabajo. Para un *knowmad* su oficio no le supone un trabajo (como metáfora peyorativa, no literal), porque disfruta con lo que hace para ganarse la vida, y lo integra como una actividad más de su quehacer cotidiano. Necesita una profesión que le motive y realice; y si el que desempeña actualmente no le motiva, busca las maneras de obtener otra labor que no considere como una carga. Esto le lleva a preferir contraprestaciones por el trabajo más ligadas a lo intrínseco que extrínseco: aceptar/buscar trabajos que le supongan una satisfacción y le realicen.

3. Inventivo e intuitivo, es un generador de ideas. Es una persona imaginativa, sabe buscarse la vida, los recursos. Pero, además de imaginar, tiene la capacidad de transformar lo imaginado en ideas productivas. Prefiere inventar a ejecutar sólo órdenes, es más proactivo que reactivo.

4. Está alfabetizado digitalmente. El *knowmad* es buen conocedor —y por supuesto usuario— de las nuevas tecnologías. Comprende cómo y por qué funcionan las tecnologías digitales y les saca todo el partido posible. Cuanto más las usa, y más aprende sobre ellas, mayor es su curva de aprendizaje, lo que le permite asimilar más rápido. El uso que les da a nivel particular le ayudan a implementarlo en su trabajo, y al revés.

5. Transforma la información en conocimiento y la comparte. Además de ser un gran consumidor de información, siempre alerta a lo que está pasando, siempre aprendiendo, es capaz de transformar dicha información en conocimiento útil, que luego comparte con sus comunidades (amigos, laborales, redes sociales, blogs...). Es consciente de que cuando se comparte se generan ideas aún más ricas y mejoradas. El conocimiento estático cada vez vale menos, ya que la información queda obsoleta cada vez más rápidamente y, por lo tanto, ha cambiado el valor de la experiencia. El talento, el éxito, depende cada vez más de la pertenencia a redes de conocimiento (donde se comparte) pues es donde se produce el conocimiento actualizado que genera valor. Prevalece el conocimiento en tránsito.

6. Le importan las personas. Como explica Moravec, «en esta sociedad del conocimiento en la que nos movemos, las personas desempeñan un papel crucial. El conocimiento no es algo impersonal como lo es el dinero.

No se encuentra en los libros, en las bases de datos o en un *software*. Estos sólo portan información. El conocimiento lo encarna siempre una persona, que es quien lo lleva, quien lo genera, quien lo aumenta o lo mejora, quien lo aplica, quien lo enseña y quien se lo transmite a otro sujeto. Por lo tanto, en esta sociedad son las personas las que ocupan el centro de todo». Y como le importan las personas, cuida a las personas.

7. Utiliza la información abierta y libremente. Consciente del valor de liberar el acceso a la información para todos, que esté abierta al mundo (igual que yo me beneficio de Wikipedia, ayudo a construir Wikipedia) el *knowmad* sabe que ahí radica la fuerza de una sociedad en la que todos deberíamos partir de la misma información. Y por consiguiente...

8. No entiende de fronteras. No entiende de límites geográficos, políticos, sociales, económicos, culturales... La tecnología le da la posibilidad de trabajar virtualmente desde cualquier parte del mundo, con cualquier persona de cualquier parte del mundo. Los únicos límites, como diría el escritor francés Laurent Gounelle, son aquellos que uno se impone a sí mismo. Su concepción del mundo no es local, sino global.

9. Tiene una gran capacidad para adaptarse y resolver problemas. El uso que hace de su creatividad, de su conocimiento personal y de las herramientas que tiene a su alcance (TIC incluidas), le convierten en una persona versátil y competente para la resolución de todo tipo de crisis y conflictos —algunos de ellos aún desconocidos— desde ángulos distintos. Esto se lo facilita el tener una visión holística de las cosas, así como una mentalidad flexible y abierta a los cambios. Es adaptable a diferentes contextos y entornos.

10. Es un creador de redes, siempre conectando a personas, ideas, organizaciones... Su mundo está formado por muchos mundos en red, siendo uno de sus puntos fuertes las redes sociales. Canales muy efectivos para descubrir la información, asimilar el conocimiento y compartirlo. Perfectos también para generar el trabajo en red y potenciar la marca personal que le da la visibilidad adecuada para llegar a cualquier lugar del mundo. Es competente para crear redes de conocimiento horizontales, en redarquía.

11. Asume que el aprendizaje es para toda la vida. Un *knowmad* es consciente de que siempre tendrá que estar aprendiendo, ya sea de manera formal (universidad, cursos...) como informal (en Internet, libros, conferencias...). Al asumir este hecho es capaz de aprender y desaprender con más facilidad en función de sus inquietudes o de las necesidades que vayan surgiendo. Sabe que tiene que evolucionar constantemente para que su talento, o ventaja competitiva, no deje de serlo. Esta capacidad de actualizarse le convierte en un profesional adaptable y moldeable, perfecto para los entornos laborales líquidos, en los que prima la diversidad y la innovación constante.

12. No le asusta la experimentación ni el fracaso. Su afán de conocimiento, su afán de información lo llevan a una continua experimentación que, lógicamente, no está exenta de errores, más que fracasos. Sencillamente los asume, extrae la lección que deba aprender de dicha experiencia, y continúa avanzando hacia delante.

13. Es responsable de sí mismo. Y, por lo tanto, líder de sí mismo, en cuanto que no espera sean otros, una empresa, el Estado... los que venga a buscarle ni tampoco deja en manos de otros su propia evolución profesional. Autogestiona su trabajo y se responsabiliza del mismo.

Como vemos, el *knowmad* tiene similitudes con muchos de los perfiles laborales que conocemos. Con el autónomo o *freelance* comparte la flexibilidad laboral, la capacidad de gestionar su propio trabajo y de trabajar por proyectos; también el trabajar en varios empleos distintos a la vez y con todo tipo de personas distintas. Con el emprendedor coincide en la necesidad de cambiar, adaptarse y resolver problemas sobre la marcha, al igual que aprender de los éxitos pero también de los fracasos.

Esto significa que la mayoría somos ya en parte nómadas del conocimiento, por lo que tan sólo necesitamos mejorar algunas áreas, generalmente las relacionadas con la alfabetización digital, el aprendizaje continuo, la generación de redes y el atravesar fronteras, para hacer la transición completa. Quizá los dos perfiles con los que el nómada más difiere son los empleados y empresarios clásicos. Quienes aún trabajan en esas empresas fordistas, sólidas, que vimos en páginas anteriores, y no han experimentado otra realidad (porque puede haber empleados que aun trabajando en estas empresas lo compatibilizan con otra actividad flexible y liberal en sus ratos libres, por ejemplo) pueden ser quienes tengan más dificultades para adquirir una mentalidad nómada, si bien hay técnicas y maneras, como veremos en el próximo capítulo, que ayudan a conseguirlo.

Los nómadas del conocimiento apuestan por realizar un trabajo vocacional, que les llene y motive, aunque sea en condiciones más inestables. Frente a la seguridad (quimera) que pueda ofrecer una empresa, si no son felices y no se realizan en ella, optan por escuchar su talento interno y buscan la manera de aportar con una labor que les realice.

Los *knowmads* consideran su tiempo como un bien muy valioso, por lo que se inclinan por aquellos entornos laborales en los que no se espera de los empleados que sacrifiquen su libertad por la presencialidad. Buscan entornos flexibles, en los que ellos tomen el control de la gestión de su tiempo, esperando que, a cambio de la consecución de los resultados acordados, el jefe o iguales confíen y deleguen en ellos la manera de llevar a cabo su labor.

El valor del trabajo casa mal también con el «a largo plazo» o «para siempre» y, si hace falta, se opta por trabajos o proyectos colaborativos. Creen en el trabajo en red, horizontal, en el que cada persona del equipo debe aportar. Son conscientes de la importancia de las nuevas tecnologías, en cuanto que les facilita precisamente la flexibilidad que ansían. Sus herramientas de trabajo suelen estar ligadas a un portátil u otros dispositivos móviles (portabilidad), y están digitalizados en todas las facetas de su vida.

Como lo digital es cambiante, ellos también se actualizan constantemente. No necesitan un título o, mejor dicho, hacer gala de un título para demostrar su valía. Como cuenta Moravec en *Aprendizaje invisible*, ¿qué tienen en común Walt Disney, Florence Nightingale, Woody Allen, Bill Gates, Steve Jobs, Mark Zuckerberg, Pablo Neruda o José Saramago? Además de ser extraordinariamente reconocidos por sus obras, todos ellos tienen en común que no necesitaron un título universitario para demostrar que eran talentosos en su especialidad. Todos, de una forma u otra, supieron cómo aprovechar su propio aprendizaje invisible [...].

26
años

nos queda mucho por hacer

1993 Madrid
2008 México DF
2010 Londres
2011 Nueva York y Buenos Aires
2012 Bogotá
2014 Shanghái
2018 Nueva Delhi